安徽省哲学社会科学规划青年项目"安徽省企业碳信息披露对关系专用性投资价值创造的传导机制研究"（AHSKQ2022D042）
安徽省优秀青年教师培育项目"基于ESG理念的碳信息披露质量对企业价值创造的影响机制研究"（tlxyrc202315）
铜陵学院人才科研启动基金项目"碳信息披露、关系专用性投资与价值创造"（2023tlxyrc35）
安徽省高校人文社会科学重大项目"安徽省物流业与制造业融合发展研究"（SK2014ZD050）

资助

基于ESG理念的碳信息披露质量对企业价值创造的影响机制研究

Research on the Influence Mechanism of Carbon Information Disclosure Quality
on Enterprise Value Creation Based on ESG Concept

刘捷先 ■ 著

中国财经出版传媒集团

经济科学出版社
Economic Science Press

·北京·

图书在版编目（CIP）数据

基于 ESG 理念的碳信息披露质量对企业价值创造的影响机制研究 / 刘捷先著 . -- 北京：经济科学出版社，2025. 1. -- ISBN 978 - 7 - 5218 - 6637 - 7

Ⅰ. TK01；F279. 23

中国国家版本馆 CIP 数据核字第 20257W36U8 号

责任编辑：杜　鹏　胡真子
责任校对：蒋子明
责任印制：邱　天

基于 **ESG** 理念的碳信息披露质量对企业价值创造的影响机制研究
JIYU ESG LINIAN DE TANXINXI PILU ZHILIANG DUI QIYE JIAZHI
CHUANGZAO DE YINGXIANG JIZHI YANJIU

刘捷先　著

经济科学出版社出版、发行　新华书店经销
社址：北京市海淀区阜成路甲 28 号　邮编：100142
编辑部电话：010 - 88191441　发行部电话：010 - 88191522
网址：www. esp. com. cn
电子邮箱：esp_bj@ 163. com
天猫网店：经济科学出版社旗舰店
网址：http: //jjkxcbs. tmall. com
固安华明印业有限公司印装
710 × 1000　16 开　14.75 印张　260000 字
2025 年 1 月第 1 版　2025 年 1 月第 1 次印刷
ISBN 978 - 7 - 5218 - 6637 - 7　定价：118.00 元
（图书出现印装问题，本社负责调换。电话：010 - 88191545）
（版权所有　侵权必究　打击盗版　举报热线：010 - 88191661
QQ：2242791300　营销中心电话：010 - 88191537
电子邮箱：dbts@esp. com. cn）

前　言

在全球气候问题的挑战下，人类与自然的关系被重新审视，可持续发展理念，特别是环境、社会与治理（Environmental、Social & Governance，ESG）的融合，已成为全球共识。企业价值创造不再局限于经济领域，而是逐步向社会和环境价值拓展。ESG 理念强调在企业管理中平衡经济、社会和环境效益，要求企业不仅要满足利益相关者的经济需求，还需在环境保护和社会责任方面有所作为。基于上述背景，碳信息作为连接企业与环境规制的重要桥梁，其披露质量对决策的有效性和宏观调控的科学性具有决定性影响。我国碳信息披露的现实困境，即企业在外部压力下的披露行为呈现"欲拒还迎"的矛盾状态，导致碳信息披露的价值功能难以发挥，企业披露的积极性受挫。信息质量是信息价值的基础，而我国尚缺乏明确统一的碳信息质量评价标准，导致碳信息质量评价存在"以量取胜"或以会计信息质量特征代替碳信息的评价倾向，在一定程度上影响了碳信息价值的实现，也对深刻揭示碳信息披露质量的价值内涵、改进碳信息披露质量评价方法和挖掘碳信息披露质量的保障机制提出了研究要求。

本书以前沿的理论视角和研究方法，对 ESG 理念下的企业价值创造内涵进行了界定，将经济、社会和环境价值纳入企业价值创造的范畴；构建涵盖多方利益主体的碳信息披露价值传导机制，为揭示碳信息披露质量的保障机制提供理论框架；设计了一套科学、可行的碳信息披露质量评价体系，深入探讨了如何激发企业内在动力、优化企业内外部治理结构和外部制度环境。

首先，本书界定了ESG理念下的企业价值创造内涵。本书遵循ESG理念，将企业价值创造定义为满足可持续发展要求并为利益相关者所共享的长期价值创造，具体包含经济价值、社会价值与环境价值三个范畴，并详细阐述了企业价值创造的基本要素、创造过程和计量方式。

其次，本书构建了多主体目标系统的碳信息披露价值传导机制的理论框架。本书以利益相关者共享价值最大化为目标，构造碳信息披露平衡多主体目标的价值系统，分析了碳信息披露在满足和均衡投资者、消费者及社会公众价值目标的条件下，通过其接收信息后的行为反馈对企业价值创造产生影响，进而清晰地刻画了碳信息披露由互动机制向价值机制转化的过程，据此构建涵盖多方利益主体和多条路径的价值传导机制的理论框架。

再次，本书构建了基于利益相关者碳信息需求的碳信息披露质量评价体系。本书以满足利益相关者决策需要的信息质量特征和披露内容为依据设计调查问卷，并就建立碳信息披露质量评价体系和构造质量评价指数展开规范研究和实证研究，为碳信息质量评价提供了一个可操作框架，为相关实证研究的开展提供了科学的计量基础，有助于指导企业建立与完善碳排放管理与披露制度。

最后，本书在多主体目标系统内研究内部控制对碳信息披露质量价值传导的调节作用。本书创新性地将内部控制纳入碳信息披露平衡多主体目标的价值系统，探讨了有调节的多重并行中介效应理论模型构建问题，立足公司治理层面，考察内部控制对系统内碳信息披露质量的价值路径的影响，进而揭示内部控制对外部制度的补充治理机制，有利于企业管理者差异化地完善内部控制建设，更有效地发挥内部控制在外部压力与内部管理中的"黏合剂"作用，使碳信息披露质量的价值效应最大化。

　　笔者期望本书能为学术界和实践界提供有益的理论支持和实践指导，共同推动构建和谐共赢的人类社会与自然环境关系。由于笔者学识有限，有些问题的研究还不够深入，本书一定还有一些不足之处，敬请各位专家、读者批评指正。

刘捷先

2024 年 4 月

目　　录

第1章　绪论…………………………………………………………… 1

　1.1　研究背景、目的及意义　……………………………………… 1

　1.2　相关研究文献综述　…………………………………………… 7

　1.3　研究思路、内容和方法　……………………………………… 30

　1.4　研究创新　……………………………………………………… 35

　1.5　本章小结　……………………………………………………… 37

第2章　基于 ESG 理念的碳信息披露质量价值传导机制的理论研究……… 38

　2.1　相关概念界定　………………………………………………… 38

　2.2　相关理论基础　………………………………………………… 61

　2.3　基于 ESG 理念的碳信息披露质量价值传导的机理分析　……… 65

　2.4　本章小结　……………………………………………………… 80

第3章　基于 ESG 理念的碳信息披露质量评价……………………… 82

　3.1　问题描述　……………………………………………………… 82

　3.2　碳信息披露质量评价体系的构建　…………………………… 84

　3.3　企业碳信息披露质量评价　…………………………………… 93

　3.4　本章小结　……………………………………………………… 100

第4章　基于 ESG 理念的碳信息披露质量价值传导路径的实证研究…… 102

　4.1　问题描述　……………………………………………………… 102

4.2　理论分析与研究假设 ⋯⋯⋯⋯⋯⋯⋯⋯⋯⋯⋯⋯⋯ 104

4.3　研究设计 ⋯⋯⋯⋯⋯⋯⋯⋯⋯⋯⋯⋯⋯⋯⋯⋯⋯ 115

4.4　实证结果分析 ⋯⋯⋯⋯⋯⋯⋯⋯⋯⋯⋯⋯⋯⋯⋯⋯ 125

4.5　本章小结 ⋯⋯⋯⋯⋯⋯⋯⋯⋯⋯⋯⋯⋯⋯⋯⋯⋯ 156

第 5 章　内部控制对碳信息披露质量价值传导调节效应研究 ⋯⋯⋯⋯ 158

5.1　问题描述 ⋯⋯⋯⋯⋯⋯⋯⋯⋯⋯⋯⋯⋯⋯⋯⋯⋯ 158

5.2　理论分析与研究假设 ⋯⋯⋯⋯⋯⋯⋯⋯⋯⋯⋯⋯⋯ 160

5.3　研究设计 ⋯⋯⋯⋯⋯⋯⋯⋯⋯⋯⋯⋯⋯⋯⋯⋯⋯ 163

5.4　实证结果分析 ⋯⋯⋯⋯⋯⋯⋯⋯⋯⋯⋯⋯⋯⋯⋯⋯ 166

5.5　本章小结 ⋯⋯⋯⋯⋯⋯⋯⋯⋯⋯⋯⋯⋯⋯⋯⋯⋯ 187

第 6 章　研究结论与展望 ⋯⋯⋯⋯⋯⋯⋯⋯⋯⋯⋯⋯⋯⋯⋯⋯ 189

6.1　研究结论 ⋯⋯⋯⋯⋯⋯⋯⋯⋯⋯⋯⋯⋯⋯⋯⋯⋯ 189

6.2　政策建议 ⋯⋯⋯⋯⋯⋯⋯⋯⋯⋯⋯⋯⋯⋯⋯⋯⋯ 192

6.3　研究展望 ⋯⋯⋯⋯⋯⋯⋯⋯⋯⋯⋯⋯⋯⋯⋯⋯⋯ 195

参考文献 ⋯⋯⋯⋯⋯⋯⋯⋯⋯⋯⋯⋯⋯⋯⋯⋯⋯⋯⋯⋯⋯ 196

后记 ⋯⋯⋯⋯⋯⋯⋯⋯⋯⋯⋯⋯⋯⋯⋯⋯⋯⋯⋯⋯⋯⋯⋯ 227

第 1 章

绪　　论

1.1　研究背景、目的及意义

1.1.1　研究背景

（1）ESG 理念的发展。

企业为股东和全社会创造更多价值是企业发展的目标与使命，能否实现可持续发展，不仅取决于企业内部经营绩效，还取决于企业经营派生的社会绩效和环境绩效。代表着环境（Environmental）、社会（Social）和公司治理（Governance），注重长期价值和可持续发展的 ESG 理念，与经济高质量发展要求不谋而合，日益受到利益相关者关注。

ESG 理念雏形来源于 20 世纪 50 ~ 60 年代的伦理投资（Ethical Investment），即投资者决策时优先排除存在道德缺陷的企业，比如压榨员工、破坏环境的企业（Wen，2021）。到了 20 世纪中叶，欧美国家开始意识到以牺牲环境为代价的发展模式，使人类面临生存威胁，于是强调保护环境、承担社会责任的投资出现。1972 年联合国首届人类环境会议在斯德哥尔摩召开，会上首次宣读了《人类环境宣言》。这次国际会议是 ESG 理念发展的重要转折点。1997 年，联合国环境规划署（CERES）联合美国环境责任经济联盟成立了全球报告倡议组织（Global Reporting Initiative，GRI）。该组织是全球范围内率先制定可持续发展报告准则的独立组织，GRI 发布的可持续发展报告准则要求企业编制具有规范性、结构性和系统性的报告披露企业经济活动对环境与社会的影响，为利益相关者提供评价企业可持续发展的重要依据。GRI 发布的报告准则也是目前全球实践度最高的标准体系之一。在国内，可持续发展思想与绿色发展思想其实早已融入了 ESG 理念。2003 年国家发布的《关于企业环境信息公开的公告》是首部有关环境保护监督的文件，其中要求重污染企业必须披露 5 类环境信息（王珊珊等，2020）。

（2）"双碳"目标的提出。

我国生态文明建设进入了以降碳为重点战略方向、推动减污降碳协同增效、促进经济社会发展全面绿色转型、实现生态环境质量改善由量变到质变的关键时期。自 2009 年中国加入哥本哈根协议后，碳减排关键指标逐渐与国际接轨。中国在哥本哈根联合国气候变化峰会上宣布 2020 年前单位 GDP 二氧化碳排放计划与 2005 年相比下降至少 40%，并将此作为国民经济和社会发展中长期规划中一项任务指标执行。在 2017 年中国提前超额达成目标，取得了单位 GDP 二氧化碳排放较 2005 年下降了 46% 的成绩。2020 年 9 月 22 日，习近平主席在第七十五届联合国大会一般性辩论上宣布"中国将提高国家自主贡献力度，采取更加有力的政策和措施，二氧化碳排放力争于 2030 年前达到峰值，努力争取 2060 年前实现碳中和"[①]。"双碳"目标是中国基于推动构建人类命运共同体的责任担当和实现可持续发展的内在要求作出的重大战略决策。碳达峰工作组于 2021 年 5 月正式启动，并提出了碳达峰碳中和工作的具体实施方案。2021 年 7 月 16 日，全国范围内的碳排放权交易市场正式全面启动，我国已迈出以市场化机制推动碳排放、碳中和的重要步伐。

（3）ESG 理念与"双碳"目标的有机融合。

2022 年 10 月，党的二十大报告明确指出，要积极稳妥推进碳达峰碳中和。完善能源消耗总量和强度调控，重点控制化石能源消费，逐步转向碳排放总量和强度"双控"制度。推动能源清洁低碳高效利用，推进工业、建筑、交通等领域清洁低碳转型。完善碳排放统计核算制度，健全碳排放权市场交易制度。提升生态系统碳汇能力。积极参与应对气候变化全球治理。

---

① 习近平在第七十五届联合国大会一般性辩论上的讲话（全文）[EB/OL]. http://www.xinhuanet. com/politics/leaders/2020 – 09/22/c_1126527652. htm.

企业是能源消耗与碳排放的主体，企业的碳减排成效直接影响我国"双碳"目标的实现。ESG 价值管理要求企业在追求经济价值之外承担更多的环境与社会责任，要求企业在作出涉及环境与资源相关的决策时，必须考虑对生态环境的影响，要求企业编制具有系统性、结构性的报告披露自身经济行为对环境与社会的影响，为微观主体决策与宏观经济调控提供重要参考。碳信息作为一种具有前瞻性的环境信息，不仅反映了企业现实的环境绩效，更通过企业应对气候变化的态度与策略反映了企业可持续发展的能力（Xiao et al.，2017；韩艳等，2020），既是协助实现碳核算、增强碳减排管理的环境规制手段，也是企业与外部利益相关者的互动媒介，影响利益相关者的决策与行为，继而产生重要的价值影响。将 ESG 理念融入"双碳"目标的现实背景，要求发展经济同时兼顾环境和社会影响，创造价值的方式应同时纳入经济、环境和社会三个维度，从更加宏观的价值视角去探究碳信息的价值功能，深入探讨可持续发展中碳信息对企业、环境和社会的重要作用，深化碳信息披露质量的价值内涵的理论认知，为碳信息披露质量的价值效应与传导路径提供有力的证据支持，这对促进经济社会绿色转型和"双碳"目标实现具有重要的理论与现实意义。

（4）碳信息披露的实践效果。

微观主体决策和宏观经济调控都需要完备的信息为支撑。碳信息的披露质量深刻影响决策的有效性和宏观调控的科学性。在具体实践中，我国出台了一系列法规以加强碳信息披露的制度建设，如 2007 年的《环境信息公开办法（试行）》，2008 年的《上海证券交易所上市公司环境信息披露指引》、2010 年的《上市公司环境信息披露指南》以及 2018 年修订的《上市公司治理准则》。这些法规对上市公司应当准确、及时、完整地披露碳信息提出了具体要求，迫于外部压力企业被动地披露碳信息（李力和刘全齐，2016；李慧云等，2016；陈华等，2015）。然而，这种依赖于外部压力的披露实践效果却不尽如人意，来自政府治理、媒体舆论、行业竞争和公众监督等约束，并未让公司高管层主动履行披露义务（朱炜等，2019），企业碳信息披露的内在动力不足。虽然企业碳信息披露的内容、方式有了明显的改进（卢馨和李建明，2010），但披露质量却出现了下降，披露内容呈现出选择性、应对性和自利性，存在"报喜不报忧""欲迎还拒"等披露怪象（陈华等，2013；王霞等，2013；沈洪涛等，2010），导致信息使用价值受到影响。信息披露的价值功能难以体现，抑制了企业披露的积极性。企业实施能源转型与技术革新需要资金支撑，碳排放数据的收集与发布又增加了企业的运营成本。因此，要实现可持续发展，促进企业价值持续提升，必须思考和解决碳信息披露质量面临的"内在动力不足"和"外部制度乏力"的现实困境。这对深刻揭示碳信息披露质量的价值内涵、改进碳信息披露质量评价方法和挖掘提高碳信息披露质量的制度保障机制提出了研究要求。

1.1.2　研究目的

本书的研究旨在通过揭示碳信息披露质量在可持续发展中的重要价值功能和传导机制，提高企业信息披露的积极性和有效性，并转变价值创造的模式，促进资源优化配置，为企业绿色转型，促进经济、环境与社会共同可持续发展提供重要信息支撑。研究主要目的如下。

（1）拓展关于企业价值创造的内涵研究并改进其价值评价方法。ESG 理念要求经济、环境与社会"三位一体"的可持续价值创造方式。在可持续发展目标导向下，价值创造的范畴由内部经济价值向外部环境价值与社会价值延伸，以往单一追求股东利益或经济效益的价值评价方式已不再适合当前的社会需要。因此，有必要进一步深入研究企业价值创造的内涵，并解决环境与社会价值难以量化的问题，实现与经济价值的有机融合。

（2）构建基于 ESG 理念的碳信息披露质量价值传导机制的理论框架。将碳信息披露质量的价值功能放在兼顾经济、环境与社会的综合效益范围内进行研究，更加能够凸显碳信息所反映的企业可持续发展的绩效与能力。企业价值创造范畴的扩大，价值创造的动因从内部挖掘向外部协同演化，价值创造的机遇与风险将在更大程度上取决于企业与外部利益相关者的互动关系，碳信息作为企业与外部利益相关者的互动媒介，其披露质量将深刻影响利益相关者的决策与行为，继而产生重要的价值影响。因此，有必要构建基于 ESG 理念的碳信息披露质量价值传导机制的理论框架，围绕碳信息披露质量的价值内涵，深入研究碳信息披露质量价值转化的过程及效果。

（3）构建基于利益相关者碳信息需求的碳信息披露质量评价体系。微观主体决策和宏观经济调控都需要完备的信息为支撑。作为具有前瞻性的环境信息披露，碳信息不仅是协助实现碳核算、增强碳减排管理的环境规制手段，也是企业与外部利益相关者的互动媒介，其披露质量将深刻影响决策的有效性和宏观调控的科学性。由于我国缺少统一碳信息披露规范和标准，使碳信息披露质量存在质疑，进而影响了碳信息的价值功能。为了度量碳信息披露质量，本书根据利益相关者决策需求构建评价碳信息披露质量的指标体系，构造质量评价指数，以综合反映企业披露的碳信息满足利益相关者需求的程度，为相关实证研究提供科学的指标计量依据，运用文本挖掘技术提高信息评价的效率。

（4）探讨内部控制对碳信息披露质量价值传导的调节。鉴于我国现有外部制度对碳信息披露质量的提升效果有限，有必要寻找一种补充机制以有效地促进企业相关治理活动，改进碳信息披露质量。内部控制具有直接促进规范组织决策和提升治理水平的功能，可以将外部制度压力转化为服务企业价值创造的行为（李志斌和章铁生，2017）。高质量的内部控制为保证企业财务报告可靠性和发展战略的实现提供了有力保障（Doyle et al.，2007；Ogneva，2007）。不仅如此，内部控制还可以对企业社会责任的履行（李志斌，2017）、环境信息的披露（Johnstone & Labonne，2009；Levitt，2019），甚至对环境信息披露与企业价值的关系产生重要影响（马文超等，2021）。因此，可以将内部控制制度作为外部制度的一种补充，将其纳入碳信息披露质量价值效应的理论框架，深入讨论内部控制对碳信息披露质量价值传导效果的调节。

1.1.3 研究意义

（1）理论意义。

①拓展了企业价值创造内涵的理论研究。从 ESG 价值管理视角考察企业经营过程中创造的综合价值，包含经济价值、环境价值与社会价值三个范畴，

并创新计量企业创造的综合价值，实现环境与社会价值与经济价值有机融合，为公共资源的价值计量提供了新思路。

②丰富了碳信息披露质量评价的方法研究。构建基于利益相关者信息需求的碳信息披露质量评价体系，为中国企业碳信息披露质量评价提供一个可操作性框架，丰富了关于信息披露质量的理论研究，更为相关实证研究的开展提供计量基础。

③深化了碳信息披露质量与企业价值创造之间的价值分析逻辑。构建多主体目标系统的碳信息披露质量价值传导机制的理论框架，深入研究以利益相关者关系为作用路径的，碳信息披露质量对企业经济绩效、社会绩效与环境绩效三个方面的综合影响，有利于厘清碳信息披露质量产生价值效应的机制与路径。

（2）实践意义。

①为评价企业价值创造的可持续性提供有益参考。从经济价值、环境价值与社会价值三个方面考察企业创造的综合价值，有助于利益相关者了解企业在价值创造的过程中，与外部环境及社会的关系，进而对长期价值创造的风险进行评估，判断价值创造是否可持续。此外，从正、负两个方面综合分析企业经营对环境与社会的影响，对有效激励企业的环保公益行为、监督与抑制企业破坏环境公益的不良行为具有重要意义。

②为评价碳信息披露质量提供可操作框架。基于利益相关者信息需求的碳信息披露质量评价体系，可以指导企业建立与完善有利于提升企业竞争优势和市场适应能力的碳排放管理与披露制度，为我国碳信息披露框架的构建提供有益借鉴。将评价体系与文本挖掘技术有机融合，实现报告中关键字的智能识别和判分，有助于该评价体系的运用推广。

③为企业提供可持续的价值创造的新思路。在气候问题加剧、环境风险与机遇并存的经营环境下，深入研究碳信息披露质量的价值传导机制，可以为企业提供有利于环境保护和社会发展的价值创造的新思路。通过发挥碳信息披露质量的信任保障机制，可以实现与利益相关者的良好互动，促进资源优化配置，从而实现企业、社会与环境的共同可持续发展。

1.2 相关研究文献综述

依据以上研究目的,围绕碳信息披露质量的价值影响,本书从以下六个方面进行文献梳理:企业价值创造的内涵、碳信息披露的报告框架、碳信息披露质量的评价方法、碳信息披露质量对企业价值创造的影响以及其他经济影响和碳信息披露质量的影响因素的相关研究。

1.2.1 企业价值创造的内涵

(1) 基于股东至上的企业价值创造。

传统财务强调股东利益至上的价值创造模式,常选择以利润或市值作为评价企业价值创造的指标。以利润为基础的财务指标常以企业历史财务数据作为评价依据,包括息税前/后利润、总资产收益率、净资产收益率等 (Rappaport et al. , 1999;Nissim & Penman, 2001;Sen & Bhattacharya, 2001;梁缘等,2012)。这些指标反映了企业历史获利能力,指标值越大,被认为企业创造的经济价值越多。但利润的计算结果受外界的干扰较多,具有较高的不确定性,例如,对存货的计量有多种计价基础和计价方法,选择不同的会计政策,得到的利润不尽相同 (余绪缨等,1996)。企业作为一个持续经营的有机体,其创造价值的能力不仅包括财务报表中反映的历史获利能力,还包括在资本市场上的获利能力,比如股价、股票收益、超额收益率、市盈率、Tobin's Q 等这些关于企业资本市场价值的财务预测指标反映了企业创造未来价值的能力 (Clarkson et al. , 2010;Plumleet al. , 2010)。阎建军和杨复兴 (2004) 在排除系统性风险因素后,股票市值上升代表资本市场对企业发展前景持乐观态度,对企业价值给予正面评价,反之则代表资本市场持悲观态度,对企业价值给予负面评价,这一观点也得到众多学者的支持 (李海舰和冯丽,2004;刘建秋和宋献中,2010;毕楠和冯琳,2011;李勤等,2012;孙艳霞等,2012;阮素梅和杨善林,2013)。

以利润或市值作为价值评价方式，仍属于单一追求股东利益至上的价值创造模式，这种将股东作为企业唯一且最终的受益者是不全面的（娄尔行，1985），除股东以外，员工、债权人、政府等都为企业价值创造地作出贡献，过度追求股东利益最大化，无视甚至损害其他相关者的利益，终将会导致企业经营失败，价值创造中断（杜兴强，1996）。

（2）基于利益相关者至上的企业价值创造。

为了克服传统财务价值评价方式的局限性，学者们对财务指标进行了改进。王化成（2000）对微观利润公式"收入－成本－工资－利息－税收＝利润"进行改造，提出广义财务论并尝试从要素投入产出的效果来度量企业价值创造。李海舰和冯丽（2004）认为企业可持续发展的竞争优势来源于企业创造的增加价值。李亚静等（2006）认为增加价值是企业经营的唯一目标，增加价值可以用来评价企业绩效，若企业投资收益高于企业融资成本，二者的差额为增加价值，差额越大，增加价值越大，给股东带来的利益越多。姜东模（2009）从过程论的角度认为增加价值是企业一切价值活动的基点。宋海燕等（2012）认为资源的投入与产出是增加价值的来源，若资源投入小于产出的价值，则获得了增加价值；在投入—产出的过程中，影响产出效率的关键因素会因外部环境的变化而变化；只要外部环境是有利于企业发展的，任何要素的投入都可以获得增值价值。朱卫东等（2014）以利益相关者理论为基础，提出企业增加价值是由利益相关者共同参与创造的，应从收益分配角度以企业向重要利益相关者分配的收益情况以及他们为企业共同所做的贡献来反映，得到"增加价值＝职工薪酬＋（各项税费－税费返还）＋利息支出＋现金股利＋企业留存收益"，等式右边分别是企业向员工、政府、债权人和股东分配的收益与剩余在企业中的利益相关者共创价值。王等（Wang et al.，2014）选取了2003～2011年中国沪深A股公司为样本，以增加价值作为衡量企业价值创造的代理变量，通过对不同成长型公司的资金配置对企业价值创造产生的影响进行实证分析发现，验证了西方经典的资本结构理论，即相对低成长企业，高成长企业的资本结构与企业增加价值显著负相关，而低成长企业的资本结构与企业增加价值显著正相关者。在以利润为增加价值的替代变量时，结论却完全相反。

干胜道等（2016）提出"四E"财务理论框架，要求在财务报告中体现企业经营对社会与环境的影响。"四E"是指效率财务（Efficiency Finance）、公平财务（Equitable Finance）、道德财务（Ethical Finance）与环境财务（Environment Finance）。黄世忠（2020）提出宏观利润公式，"工资费用 + 利息费用 + 税收费用 + 税后利润 = 收入 – 成本"，公式左侧为公司的总收益，扣除不包括工资、利息和税收等一切成本和支出，代表某一时期内企业对整个社会的贡献，公式右侧表示企业创造的总价值在生产要素提供者之间的分配，包括员工、债权人、政府和股东。2020 年达沃斯国际商业理事会（International Business Council，IBC）提出以"净经济贡献"衡量企业为社会创造的价值总量，"净经济贡献 = 直接经济价值（EVG & D）– 从政府获得的财政援助"，其中，企业产生与分配的直接经济价值以应计项目为基础，涵盖企业运营的基本组成部分，包括营业利润、员工工资、对股权或债权资本提供者支付的股利与利息以及对政府支付的各项税费；企业从政府获得的财政援助包括税收减免、财政补贴与投资补助金等。

增加价值、宏观利润与净经济贡献等创新的价值评价方式，在一定程度上克服传统财务指标的局限性，实现了利益相关者与股东利益的有机融合，反映了企业创造的经济价值和部分社会价值，却未能反映企业经营对生态环境的影响，对价值创造的可持续性评价不充分。因此，有必要进一步深化企业价值创造的内涵研究，改进企业价值创造的评价方式，以更加综合的价值指标全面反映企业创造的经济、环境与社会价值。

1.2.2 碳信息披露的框架

全球性的气候变化已经成为企业发展不得不面对的现实挑战（Porter & Linde，1995；Hart & Ahuja，1996；Derwall et al.，2005；Scheuer et al.，2009；Jacobs et al.，2010）。引发温室效应的碳排放问题引起全球热议，企业碳管理和碳信息披露成为环境会计学领域研究的新热点。

（1）国际组织关于碳信息披露的框架。

为了提供全球可持续发展报告框架，1997 年由联合国环境规划署和美国非政府组织环境负责经济体联盟倡议成立的全球报告倡议组织（Global Reporting Initiative，GRI），制定了《可持续发展报告指南》（G3），指出企业应披露其低碳发展战略，以及减排治理机制、管理者与其他利益相关者的参与情况；应对资源、气候、生态等特定问题的处理方案及应急预案；披露企业在经济发展、环境保护和社会贡献三个方面，直接与间接的碳排放总量、采取的减碳措施以及取得的减排成效。

为了利益相关者提供气候变化方面的决策信息，2000 年由 385 家机构投资者自发成立的碳信息披露项目（Carbon Disclosure Project，CDP）正式成立。CDP 的目标是能帮助公司披露气候变化应对战略、公司财务表现和温室气体（Greenhouse Gas，GHG）减排等方面的信息，能较充分地展示公司碳排放情况以满足投资者需求。项目指出，企业应披露气候变化对企业的影响，包括风险与机遇以及应对战略；采取的应对治理措施；温室气体排放管理，包括减排目标与计划、减排方案设计与投入、减排绩效等；温室气体排放量核算，包括排放量核算的标准与方法。

为了让企业更充分地披露气候变化造成的风险，2005 年，由联合国环境规划署等 14 个组织共同签发的气候风险披露倡议指出，企业应披露其历史与未来碳排放量情况，进行气候风险与减排战略分析，评估温室效应带来的直接风险，评估碳排放管制风险。

为了促进全球企业披露气候变化信息，2007 年由世界经济论坛成立的气候披露准则理事会（Climate Disclosure Standards Board，CDSB）倡导建立一个全球企业适用的，针对气候变化报告的框架。框架指出，企业应披露其管理者应对气候变化的战略分析、气候变化的管制风险；气候变化有形风险、碳排放信息。

2010 年，由美国证券交易委员会（United States Securities and Exchange Commission，SEC）发布的气候变化披露指南指出，上市公司很可能从气候相关诉讼、商业机会和立法中获益或损失，应及时披露此类潜在风险。碳信息披露的内容包含：①法律法规影响；②相关国际协定及条约；③气候变化的实质性影响。

通过对国际组织所颁布的碳信息披露指引与框架梳理可知，制定者对信息披露目标导向存在差异，所侧重披露内容各有不同。全球报告倡议组织的目标导向是企业履行社会责任，披露内容侧重于企业的碳排放量及其产生经济、环境与社会影响；气候风险披露倡议、气候披露准则理事会和气候变化披露指南的目标导向是风险控制，披露内容侧重于气候变化给企业政策风险、经营风险与财务风险，关注企业应对碳风险的能力；CDP的目标导向是保护投资者利益，披露内容侧重于碳排放治理与碳风险控制，以满足投资者决策需要。

（2）国内关于碳信息披露的相关规定。

①碳信息的"非强制披露时代"。

2007年4月，国家环境保护总局发布《环境信息公开办法（试行）》，鼓励企业自愿通过媒体、互联网或企业年度环境报告的方式公开相关环境信息。

2008年2月，国家环境保护总局发布《关于加强上市公司环境保护监督管理工作的指导意见》，促进上市公司特别是重污染行业的上市公司真实、准确、完整，及时地披露相关环境信息。同年，上海证券交易所发布《上海证券交易所上市公司环境信息披露指引》要求上市公司加强社会责任承担工作，并及时披露公司在员工安全产品责任，环境保护等方面承担社会责任的做法和成绩，并对上市公司环境信息披露提出了具体要求。2008年12月，上海证券交易所发布《〈公司履行社会责任的报告〉编制指引》，明确上市公司应披露在促进环境及生态可持续发展方面的工作，包括如何防止并减少污染、如何保护水资源及能源等。

2010年9月，环境保护部正式发布《上市公司环境信息披露指南（征求意见稿）》规范上市公司披露年度环境报告以及临时环境报告信息披露的时间与范围。

2015年1月，《中华人民共和国环境保护法》修订，地方各级人民政府应当根据环境保护目标和治理任务采取有效措施改善环境质量，并规定重点排污单位需要披露污染信息。

2017年12月，证监会发布第17号公告《公开发行证券的公司信息披露内容与格式准则第2号——年度报告的内容与格式（2017年修订）》，鼓励公司结合行业特点，主动披露积极履行社会责任的工作情况；属于环境保护部门公布的重点排污单位的公司或者其重要子公司，应当根据法律法规及部门规章的规定披露主要环境信息。

2018 年 9 月，证监会修订《上市公司治理准则》，增加了利益相关者环境保护与社会责任章节，规定了上市公司应当依照法律法规和有关部门要求披露环境信息履行扶贫等社会责任以及公司治理相关信息。

②碳信息的"强制披露时代"来临。

2021 年 12 月，生态环境部印发《企业环境信息依法披露管理办法》（以下简称《管理办法》），2022 年 1 月印发《企业环境信息依法披露格式准则》（以下简称《准则》）并于 2022 年 2 月 8 日起实施，这标志着我国企业环境信息披露正式进入"强制披露时代"。

《管理办法》明确了环境信息依法披露主体。环境信息依法披露主体包括重点排污单位、实施强制性清洁生产审核的企业、存在生态环境违法行为的上市公司和发债企业以及法律法规规定的其他应当披露环境信息的企业。

《管理办法》明确了环境信息依法披露形式和时限。环境信息依法披露形式包括年度环境信息依法披露报告（以下简称年度报告）和临时环境信息依法披露报告（以下简称临时报告）。年度报告于每年 3 月 15 日前披露，临时报告于企业收到相关法律文书之日起五个工作日内披露。

《管理办法》明确了环境信息依法披露内容。年度报告披露内容根据披露主体不同而有所差异：重点排污单位须披露企业基本信息，包括企业生产和生态环境保护等方面的基础信息；企业环境管理信息，包括生态环境行政许可、环境保护税、环境污染责任保险、环保信用评价等方面的信息；污染物产生、治理与排放信息，包括污染防治设施，污染物排放，有毒有害物质排放，工业固体废物和危险废物产生、贮存、流向、利用、处置，自行监测等方面的信息；碳排放信息，包括排放量、排放设施等方面的信息；生态环境应急信息，包括突发环境事件应急预案、重污染天气应急响应等方面的信息；生态环境违法信息，年度临时环境信息依法披露情况等八类信息。实施强制性清洁生产审核的企业须在披露八类信息的基础上，披露实施强制性清洁生产审核的原因、实施情况、评估与验收结果等信息；对存在生态环境违法行为的上市公司和发债企业须在披露八类信息的基础上，披露融资所投项目的应对气候变化、生态环境保护等信息。

临时报告主要披露市场关注度高、时效性强的环境信息，包括生态环境行政许可变更、因生态环境违法行为受到行政处罚、生态环境损害赔偿以及企业发生突发环境事件等信息。

《管理办法》明确了环境信息依法披露的监督管理。生态环境部、设区的市级以上地方生态环境主管部门为主要监管部门，负责对企业环境信息依法披露系统建设、信息共享和报送、监督检查，同时将企业环境信息依法披露的情况作为评价企业信用的重要内容，并将企业违反环境信息依法披露要求的行政处罚信息记入信用记录。

《准则》进一步细化了企业环境信息依法披露内容，规范环境信息依法披露格式，指导和帮助企业依法披露环境信息，全面反映企业遵守生态环境法律法规和环境治理情况。《准则》包含四章三十一条，对年度报告和临时报告的内容与格式进行了规定：年度报告规定了关键环境信息提要，企业基本信息，企业环境管理信息，污染物产生、治理与排放信息，碳排放信息等应当披露的具体内容。临时报告规定了企业产生生态环境行政许可变更、生态环境行政处罚、生态环境损害赔偿等情况，应当披露的环境信息。同时规定，对已披露的环境信息进行变更时，应当披露变更内容、主要依据。《准则》强化环境信息披露的规范性，要求信息应当真实、准确、客观，使用的语言、表述应通俗易懂、便于公众理解。

1.2.3 碳信息披露质量的评价方法

（1）基于问卷调查的质量评价方法。

问卷调查是围绕调查目标设计一系列相关问题，邀请被调查者进行回答，通过对问卷的回收、问卷答案的整理和分析获取有效信息。全球实践程度最高的碳信息披露框架 CDP 就是采用问卷调查的方法，获取对被调查企业碳信息披露质量情况的评价。从评价使用情况看，CDP 一直备受争议。虽然 CDP 在一定程度上规范了企业碳信息披露的内容，但信息披露不具有强制性，企业会选择性地披露"好消息"，回避"坏消息"（Elizabeth et al.，2008；Graham et al.，2009；Dhaliwal et al.，2011），由于信息披露的不全面，影响了信息使用效果。CDP通过问卷调查获取的碳信息披露形式不一，影响了信息的可比性和相关性（Dannis et al.，2008）。布特林等（Butlin et al.，2014）通过案例研究发现有的碳信息披露方法和框架存在不一致以及不可调和的数字与描述方面的矛盾。企业碳信息披露的可靠性也受到质疑，除非增加信息造假的诉讼风险，才可以提高信息披露的真实性（Stanny et al.，2008；Matt et al.，2013）。考克等（Kolk et al.，2008）指出，即使企业披露了碳信息，但无法满足投资者需求，企业与投资者之间依然存在信息不对称的情况。

（2）基于内容分析的质量评价方法。

自愿性信息披露缺乏统一的披露规范，难以进行客观准确的评价。因此，内容分析法被广泛应用于这类信息的披露研究中，比如社会责任信息、环境信息和碳信息等（Zeghal et al.，1990；马学斌和徐岩，1995；Campbell et al.，2003；Guthrie & Parker，1989；Joyce et al.，2005；郭晔等，2019）。研究者根据研究对象的特点，设计满足研究需要的分析维度和类别，并确定每个项目的内容与分值，将公司公开发布的各类文件报告的内容与项目内容进行比对赋分得到总体评价。李力和杨园华（2015）采用内容分析法来衡量碳信息披露质量，他们根据企业公开的文件或报告中相关碳信息的字数、句数或页数对企业的碳信息披露进行计量。这种"以量取胜"代替"以质取胜"的计量方法所隐含的假设是信息数量越多，信息质量就越好。1979年雅培和孟林（Abbott & Monsen）构造了社会投资披露（Social Involvement Disclosure，SID）指数用以计量社会责任信息质量，此后该方法被众多学者认可和采用（Singh & Ahuja，1981；Richardson & Welker，2001；Haniffa & Cooke，2005；李正和向锐，2007；沈洪涛，2007；陈文婕，2010；杨洁等，2019），国内也有学者将该方法运用于中国企业碳信息披露的计量（陈华等，2013；李慧云等，2015，2016；杜湘红和伍奕玲，2016；齐丽云等，2017）。这种方法虽然在一定程度上对实现了对碳信息披露质量的量化，但评价不够完整，缺乏对相关性、可靠性、可比性等信息质量特征的计量。吴勋等（2015）建议从碳减排管理定位、碳排放管理制度、碳减排实施方法、碳排放合规程度四个层面进行评价。李世辉等（2019）建议从碳信息的可靠性、可比性、可理解性、完整性和及时性五个维度对企业碳信息披露质量进行评价。

1.2.4　碳信息披露质量对企业价值创造的影响

世界各国倡导低碳经济发展以应对日益严重的气候问题和能源问题。大气中温室气体的排放和能源消耗主要源于企业各项生产经营活动。与财务信息不同，碳信息属于企业自愿披露的范畴，企业积极的披露行为有利于利益相关者全面了解企业的减排实践，有利于作出科学的决策。而企业管理者则是基于其信息敏感度考虑，担心碳信息披露会暴露企业面临的环境风险，增加未来发展的不确定性，在披露时有所保留，使碳信息披露质量受到影响。因此，碳信息披露质量与企业价值创造的关系一直受到学者们的关注，但研究结论并不一致。

（1）碳信息披露质量与企业价值创造显著正相关。

持正相关观点的研究认为，自愿披露碳信息是企业承担社会责任的表现，有利于企业保持稳定发展。也有研究认为，披露碳信息是公司治理的手段之一，可以用来协调企业、利益相关方与外部环境的关系，从而提高企业价值。

前期碳信息披露质量的研究多源于企业社会责任。沃特克和科克伦（Wartick & Cochran，1985）提出社会绩效理论，认为企业社会责任包括经济责任、法律责任、道德责任和其他责任，企业应从这四个方面收集数据对社会绩效进行评价。社会绩效理论认为，向社会公开碳信息是企业一项重要的社会责任，自愿对投资者、员工、社会团体等利益相关者披露高质量的环境信息有利于企业保持原有的特征，以及给企业带来组织稳定运行等许多优点。盖里（Gray，1992）则从受托责任来解释碳信息披露的动因，认为环境报告可以被解释成一种用于履行企业环境受托责任关系的机制。企业如果对社会责任事件不积极应对，可能造成较大的负面反应。安德森和弗兰克（Anderson & Frank，1980）较早采取实证研究方法检验了碳信息披露质量与企业环境绩效、财务绩效的关系，发现企业两方面的绩效均与碳信息披露质量显著正相关。图瓦伊吉里等（Al-Tuwaijri et al.，2004）运用联立方程模型方法进行研究后得出，"好"的环境绩效与"好"的经济绩效显著相关，并且与高质量的环境信息披露相关。根特等（Guenster et al.，2005）采用 Tobin's Q 值和资产收益率衡量企业价值，研究发现碳信息披露质量可有效揭示企业环保责任的履行状况，在责任履行充分时，其资产收益率并不一定高，但是履行环保责任差的企业，其资产收益率一定会更低。企业想在市场中获得长期竞争优势，就应该长期践行社会责任与环境责任（Falck & Hebich，2007），通过披露社会责任信息与环境信息来建立好的企业声誉，进而获得更多收益，比如特许经营权或税收优惠等（Deephouse & Carter，2005；Studer et al.，2006；Weber et al.，2008），对企业财务绩效产生积极影响（Vilanova et al.，2009）。克拉克森等（Clarkson et al.，2008）通过对美国重污染上市企业的环境绩效进行实证分析，结果表明，环境绩效较好的上市污染型企业披露的碳信息更多，因为企业通过碳信息披露获得的价值提升更多。贺建刚等（2011）以世界 500 强中参与 CDP 的企业为样本进行实证研究，发现企业碳信息透明度越高，越有利于降低信息不确定性，对投资者决策更有用。施韦克和海于奎克（Schiager & Haukvik，2012）以参与 CDP 的北欧上市公司为样本进行实证分析发现，持续性的环境信息可以为企业带来资本市场和商品市场的超额收益。西谷和国分（Nishitani & Kokubu，2012）对日本制造业企业进行实证分析发现，利益相关者视 GHG 排放管理为企业无形资产时，相关信息披露有利于企业价值创造提升。随后萨卡和奥西卡（Saka & Oshika，2014）以同类企业为样本进行实证分析，结果显示，企业公开高质量的碳治理信息对企业市值具有显著的正向驱动作用。

披露社会责任信息和环境信息是公司治理的手段之一，可以用来协调企业管理者、利益相关者与外部环境的关系，且披露质量越高，关系的协调效果越好（Kolk & Pinkse，2010）。在相关环境机构公开发布企业具体的环境绩效信息之后，市场和社区会对接收到的信息作出反应，紧接着这种反应会传递到资本市场，并对企业的财务业绩产生影响，财务业绩变化又会引起企业管理层的关注，从而改变其对环境绩效的态度，最后采取相关环境行动，改善环境绩效（Konar & Cohen，1997）。何玉等（2017）研究了碳绩效与企业财务绩效的关系，发现企业管理层利用财务信息与碳信息的共同披露来缓解因质疑企业合法性而产生的来自利益相关者的压力，为企业带来经济利益。不仅如此，企业高质量的碳信息披露有助于决策者判断企业环境不确定性，评估环境及社会责任项目的现金流量，识别产品绿化的中间作用，提高收益或现金流预测的准确度（沈洪涛和马正彪，2014；李强和李恬，2017）。高质量的碳信息披露通过降低信息不对称产生资本成本效应和预期现金流效应提高企业价值创造（任力等，2017；王丽萍等，2020）。蒋等（Jiang et al.，2019）研究认为，企业披露好质量的碳信息可以向投资者传递信号，从而提高企业价值。哈迪扬蒂等（Hardrdiyansah et al.，2020）认为，高质量的碳信息披露是投资者评价企业可持续发展时考虑的关键因素，因此，建立科学的碳信息披露机制，对提升企业价值有着积极而显著的影响。

有学者进一步研究了碳信息披露质量对企业价值创造的影响路径。杜湘红和伍奕玲（2016）以上证碳效率指数股为研究样本，利用联立结构方程模型对碳信息披露、投资者决策与企业价值三者间的内在关系进行实证检验，研究发现，高质量的碳信息披露对企业价值存在显著的正向驱动效应，且投资者决策在碳信息披露质量与企业价值的关系中具有显著的中介作用。刘宇芬和刘英（2019）以 2013~2017 年沪深 A 股化工企业为样本，实证检验了碳信息披露、投资者信心与企业价值的关系，研究表明，提高碳信息披露质量，能显著提升企业价值，且投资者信心在二者关系中具有显著的中介作用。柳学信等（2021）以 2010~2018 年沪深 A 股上市工业企业为样本，实证分析了股权融资成本在碳信息披露质量与企业长短期价值的关系中发挥的中介作用，研究发现企业提高碳信息披露质量虽然不能显著提升企业短期价值，但可以显著提升其长期价值，企业提高碳信息披露质量可以通过降低股权融资成本来提升企业的长期价值。

（2）碳信息披露质量与企业价值创造显著负相关。

持负相关的研究认为，企业履行环境责任会导致企业成本增加或暴露公司环境风险，引发投资者情绪，对企业价值创造不利。

新古典学说认为，在与其他因素保持一致时，企业的环保责任行为会使企业成本增加，实施碳减排不仅没有增加企业的经济收益，反而使企业的资本收益率下降，对企业价值产生不利影响（Isabel-María & José-Manuel，2012；

Scheuer et al.，2009）。有投资者将企业披露温室气体数据视为不利消息而担心企业为应对气候变化而支付高昂的成本（Lee et al.，2013；Wendy & Green，2013）。帕特恩（Patten，2002）实证分析得出，环境绩效和环境披露之间呈现负相关关系。朔伊尔等（Scheuer et al.，2009）研究发现，企业碳排放会导致企业投资回报率下降，使企业价值创造减少。伊莎贝尔和何塞（Isabel-María & José-Manuel，2012）对美国标准普尔 500 公司进行了实证分析发现，公司实施温室气体减排对公司的财务绩效具有显著的负面影响。李等（Lee et al.，2013）以韩国 2008 ~ 2009 年参与 CDP 的企业为样本，运用事件研究法研究披露温室气体排放信息引起的市场反应，结果发现市场内投资者视温室气体的排放信息为坏消息，担心企业会因环境问题而付出高昂成本，造成股票价格波动增大，股价下跌。普拉姆利等（Plumle et al.，2015）研究发现，环境敏感型行业中的公司碳信息披露质量与预期现金流量的关系并不显著，而非环境敏感型行业中碳信息披露质量与预期现金流量呈负相关关系。蔡佳楠等（2018）、吕备和李亚男（2020）均认为碳信息披露会暴露公司环境风险，引发投资者情绪，导致企业价值创造降低。比蒂和西姆沙克（Beatty & Shimshack，2010）实证研究发现，气候变化的负面报告会影响股价，导致股价下跌。肖华和张国清（2008）研究发现突发环境事件后，环境信息披露与企业股票收益显著负相关。

（3）碳信息披露质量与企业价值创造无显著相关性。

麦克劳克林等（Mclaughlin et al.，1996）比较了美国 1985 ~ 1991 年曾因环境绩效而受到表彰的公司和因环境问题遭受声誉危机的企业，结果显示，受到过绿色奖励的公司，其价值较高，而那些遭受绿色声誉危机的公司，在危机发生后不久，公司的股票价格出现下降。默里等（Murray et al.，2006）以 1988 ~ 1997 年英国规模最大的 100 家上市公司为研究样本，发现企业碳信息披露状况和股票收益之间不存在显著相关性。安东尼等（Antoine et al.，2010）对欧洲上市公司进行实证分析，发现企业因气候变化问题而受到媒体曝光，对公司的股价存在一定的影响，但并不显著。埃利亚斯等（Elias et al.，2011）研究发现，机构投资者、个体投资者和基金经理对碳信息非常关注，并认为这些信息会引起股价波动。唐国平等（2011）研究认为，在短期内碳信息披露与投资者情绪和决策无关，对企业价值创造不存在显著影响。海洛和夏皮罗（Haigh & Shapiro，2011）对来自美国、澳大利亚和欧洲的 30 家投资机构进行调研，发现投资者对目标企业的评估以及决策行为会受到企业碳排放报告的影响，进而影响股价波动。格里芬等（Griffin et al.，2012）以参与 CDP 项目标准普尔 500 企业为样本，研究 GHG 排放相关报道引起的市场反应，发现在该消息发布当日及次日，该公司股票及成交量出现大幅变动。舒和王（Hsu & Wang，2013）研究华尔街周刊报道的关于温室气体排放的新闻引起的市场反应，发现正面的环境新闻并未给积极减排的企业带来显著的效益，反而增加了成本；而因为减排不力被媒体所诟病的企业却并没有受到负面新闻的影响，造成剧烈的市场波动。王仲兵和靳晓超（2013）在 2009 年的沪市社会责任指数成分股企业中，并没有发现企业资本市场价值与环境信息披露质量显著相关的证据，他们认为这可能是市场内信息不足导致市场失灵的结果。张巧良等（2013）以 2010 年标准普尔 500 中的 85 家中国企业为研究样本进行实证分析，发现企业价值创造与碳排放绩效显著负相关，即碳排放导致了价值损失，但是碳信息披露质量与价值创造之间没有显著相关性。闫海洲等（2017）认为，由于我国碳排放权交易机制建立比较晚，试点区域企业碳排放信息披露质量与其市场价值之间没有显著相关性。

（4）碳信息披露质量与企业价值创造之间非线性相关。

随着研究深入，有学者认为碳信息披露一方面会增加企业成本导致企业价值下降，另一方面能够促进投资者乐观情绪从而增加企业价值，因此二者之间存在"U"型相关关系（符少燕和李慧云，2018）。宋晓华等（2019）进一步研究认为，从短期经营成果看，企业碳信息披露与企业价值呈"U"型相关关系，从长期市场价值来看，企业碳信息披露水平对企业价值具有正向促进作用。

1.2.5 碳信息披露质量的其他经济影响

（1）碳信息披露质量对市场流动性的影响。

碳信息披露是一把"双刃剑"，既有利于外部投资者了解公司碳治理情况，提高对公司价值评估的准确性，也可能因为不利信号的传递，引起投资者情绪，降低对企业的信任。已有关于碳信息披露质量与市场流动性关系的研究，其结论并不一致。

①碳信息披露质量与市场流动性正相关。波特等（Porta et al.，1999）和谢志华等（2005）研究认为，高质量信息披露有助于提高分析师对公司判断的准确性，降低信息不对称，提高股票流动性。希利普等（Healypm et al.，2001）认为，公司信息披露程度越高，内幕交易越少，投资者认为股票价格相对合理，更愿意进行买卖交易，加速了股票流动。布伦巴克等（Boubaker et al.，2019）指出，便于理解的报告会提高投资者的交易意愿，缩小股票买卖差价使股票流动性更好。

②碳信息披露质量与市场流动性负相关。李等（Li et al.，2006）认为，不利信息披露会增加公司基础风险，投资者风险感知的提高会导致市场波动变大，不利消息引起的悲观情绪导致市场卖单增加，投资者的交易意愿较低，股票的净买入量下降，导致了股票的流动性下降。谭伟强等（2008）研究中国市场发现，不利信息的披露导致未来不确定性增加，股票流动性明显下降。格里芬等（Griffin et al.，2011）的研究表明，投资者的价值判断会受到公司温室气体（GHG）排放信息的影响，企业披露温室气体排放信息会对股价产生不利影响。

（2）碳信息披露质量对融资成本的影响。

①碳信息披露质量与融资成本负相关。理查德森等（Richardson et al.，1999）认为，高质量的信息披露可以有效降低市场中的信息不对称，帮助投资者更准确评估企业的未来价值。随着投资风险的降低，投资者投资意愿增强，产生投资者偏好，为目标企业降低了融资成本。马歇尔等（Marshall et al.，2009）发现环境信息披露具有"投资者偏好效应"。企业披露高质量的环境信息可以降低资本市场上的信息不对称，进而降低融资成本（Healy & Palepu，2001）。沈洪涛等（2010）以中国重污染行业为样本进行实证研究，发现重污染行业的企业环境信息披露质量与融资成本显著负相关。锡悦等（Su-Yol et al.，2013）以韩国参与 CDP 的公司为样本，研究发现碳信息披露会引起资本市场对企业的负面效应，但经过高质量的碳信息沟通可以缓解这种负面效应。

何玉等（2014）研究发现，只有在碳业绩表现差的企业，碳信息披露质量与融资成本负相关，这可能是因为碳业绩差的企业通过提高碳信息披露质量以缓解监管压力，降低融资成本。吴红军等（2014）以我国2006~2008年沪深A股市场化工类企业为研究对象，研究发现企业提高环境信息披露水平能够促使融资成本的降低。张娟等（2015）以参与CDP的中国企业为样本，研究发现碳信息披露质量与融资成本显著负相关。叶陈刚等（2015）研究发现，外部治理手段可以加强环境信息披露质量对融资成本的影响，例如，行业监督、媒体监督越强，越有利于企业通过提高环境信息的披露质量以降低融资成本。吴红军等（2017）认为，碳信息披露通过展示公司环保绩效和未来发展前景以增强投资者信心，从而降低公司融资成本。刘长奎和边季亚（2020）以2013~2017年沪深两市上市公司A股260家公司共1300个样本，实证分析碳信息披露质量对企业债务成本的影响。研究表明，碳信息披露质量与债务成本呈负相关，政府监管增强了该负相关关系，媒体关注度对此无明显调节作用。

尽管大多数实证研究提供了二者间负相关的证据，但仍有学者得到了不同的研究结论：碳信息披露质量与融资成本正相关。克拉克森等（Clarkson et al.，2010）研究认为，外部因素会强化环境信息披露质量对权益资本成本的影响，他们控制了外部影响因素后发现，自愿性环境信息的披露质量对权益资本成本和企业价值的相关性消失了，环境绩效与权益资本成本显著正相关。

②碳信息披露质量与融资成本非线性相关。杨洁等（2020）以2013~2018年我国沪深A股高碳行业上市公司为研究样本，实证检验碳信息披露质量对债务融资成本的影响以及环境监管压力对二者关系的调节作用。研究表明，碳信息披露质量与债务融资成本呈显著倒"U"型关系，且这种非线性关系显著存在于社会责任指数股企业，在非社会责任指数股企业中并不显著；环境监管压力的调节作用在不同企业间存在差异，它显著地削弱了社会责任指数股企业碳信息披露质量对债务融资成本的影响，但对非社会责任指数股企业未产生显著的调节作用。张娇宁等（2021）以2015~2019年高碳行业上市公司为研究样本，探究碳信息披露质量与企业债务融资成本之间的关系发现，碳信

息披露质量与债务融资成本之间呈倒 "U" 型关系，环境规制可以通过作用于高管激励发挥其调节作用，尤其在市场化程度高的地区，企业碳信息披露质量与债务融资成本之间存在更显著的倒 "U" 型关系。

③碳信息披露与融资成本无相关性。克拉克森等（Clarkson et al.，2013）以美国重污染型的五个行业的 235 家企业为研究对象，在控制了二氧化硫排放量这一变量后，发现环境信息披露质量与融资成本之间不相关。袁洋等（2014）研究发现，财务性环境信息披露质量可以显著降低高重污染行业公司融资成本，但非财务性环境信息披露质量与融资成本不相关，说明投资者更为关注上市公司披露的财务性环境信息。李力等（2019）研究发现，财务性碳信息披露能降低企业的融资成本，而非财务性的碳信息没有显著作用。

（3）碳信息披露质量对企业声誉的影响。

企业声誉是社会公众对企业信息的一种综合认知，是企业可持续发展过程中在经济、社会与环境三个方面的行为和结果，是在与利益相关者进行沟通的过程中逐渐建立起来的。良好的企业声誉与利益相关者行为意向的积极响应，使利益相关者更可能采取有利于企业价值提升的行为结果，例如，增加产品购买、增加企业投资，使企业销售增长、融资成本降低都直接带来了企业财务绩效的提升。碳信息披露是企业管理与利益相关者关系的手段，管理者通过分析利益相关者的偏好与诉求，运用有效的传播与沟通策略，将企业的环境、社会责任与贡献对外传播，尤其让利益相关者能够有效获得他们关注的相关信息，提高感知效率，有利于加深利益相关者对企业的正面认知，提升企业声誉。李海芹等（2010）认为，企业履行环境责任不仅是社会责任的体现，也是企业获得外部利益相关者优势资源的交换方式。环境的变化加剧了企业内外的信息不对称，履行环境责任符合社会对企业的期望和规范，通过高质量的碳信息披露告知利益相关者企业为环境保护所作的努力，展示企业的社会道德标准，传递企业可持续发展的信号（Brammer et al.，2005），以降低信息不对称（Qian et al.，2015），赢得利益相关者的信任与支持，为企业获得竞争优势。当企业面临危机时，良好的企业声誉可以缓解危机给企业价值创造造成的不利影响（张宏等，2021）。霍根和洛迪亚（Hogan & Lodhia，2011）对澳大利亚的企业进行研究后发现，企业进行碳信息披露的目的是缓解声誉危机带来的不利影响。

加尔布雷思等（Galbreath et al.，2010）以问卷调查方式对澳大利亚的企业进行研究，发现企业通过披露高质量的环境信息向利益相关者传递企业在环保方面的积极表现，有利于企业声誉的提高。麦乐等（Melo et al.，2012）研究发现，美国公司企业声誉与企业社会责任表现显著正相关。唐等（Tang et al.，2012）以资源优势理论和信号理论为依据，分析了公司环境管理与企业声誉的关系，发现企业披露环境信息以展示环境治理效果，可以提高企业在环保方面的声誉。王霞等（2013）研究发现，企业声誉高的企业披露环境信息的意愿更强烈，信息披露质量更高。顾雷雷和欧阳文静（2017）实证研究发现，环境绩效良好的企业积极披露环境信息以满足外部利益相关者对企业的期望，这样的企业更容易被公众识别，环境信息的正向强化作用，有助于提高企业声誉。靳馨茹（2017）以 2010～2016 年中国 A 股上市公司为样本，实证研究发现碳会计信息披露与企业声誉显著正相关，媒体态度在二者关系中起到调节作用，媒体的正面报道可以使二者的正相关关系更加显著，媒体的负面报道，会使碳会计信息质量降低，影响企业声誉。

（4）碳信息披露质量对顾客满意的影响。

对顾客满意问题的关注来源于顾客满意能够扩大企业的市场占有率和提升市场竞争力（Fornell et al.，1992）。顾客满意是指消费者通过使用产品获得的感知效用符合或超过自身对产品效用的预期所形成的愉悦的感觉，这种愉悦感对消费者购买行为具有持续的激励效果和传播效果（Kotler et al.，1986）。顾客满意通过影响消费者未来重复购买和扩大购买的行为，进而对企业财务绩效产生影响。顾客满意的实现以消费者购买为前提，在市场内信息不对称的情况下，除了价格等公开信息外，消费者对产品质量和使用价值等重要内在信息难以直接观测。产品企业主动披露碳信息使市场中信息量增加，同时发挥信号传递的功能，通过企业履行的环境与社会责任影响消费者行为和感知效用。

韦伯斯特和弗雷德里克（Webster & Frederick，1975）认为，具有社会意识的消费者会考虑个人消费行为对社会公众的影响或者试图通过自己的购买行为改变社会。莫尔等（Mohr et al.，2001）在消费者社会意识研究的基础上又进一步提出社会责任消费者行为的概念，即以消除或最小化对社会有害的影响和最大化社会的长远利益为出发点，决定个人对产品的购买、使用和处置等行为。社会责任消费者行为要求将企业社会责任作为个人消费模式的标准之一。消费者观念的转变对企业行为产生重大影响。"道德型"消费者会抵制那些缺少社会责任担当的企业产品，热衷于追求那些对社会作出贡献的企业产品。企业承担社会责任为产品附加了额外的价值，消费者可以通过消费产品获得额外的效用。随着消费者环保与公共意识的增强，社会中的"道德型"消费者越来越多，受媒体监督的影响，消费者对企业生产的透明度要求提高，除了价格和功能等传统因素外，产品的生产时间、生产地点、生产方式以及对生态环境的影响等都被纳入消费者考虑是否购买的参考范畴，消费者对企业道德行为更加敏感。

布朗和达辛（Brown & Dacin，1997）研究发现，社会责任信息的披露会对消费者产生影响，帮助消费者识别公司。迈尼昂等（Maignan et al.，1999）实证研究发现，企业披露社会责任信息与消费者重复购买显著正相关。森和巴塔卡里亚（Sen & Bhattacharya，2001）认为，企业的社会责任表现会影响消费者的购买意愿，良好的社会责任表现有利于消费者对企业形成更多的积极评价，进而形成消费偏好。他们认为企业社会责任对消费者的影响主要体现在三个方面：第一，企业社会责任会影响消费者的日常消费行为，除了考虑价格、质量与功能以外，还会考虑其他"道德"因素，比如企业对社会的贡献；第二，企业社会责任具有"晕轮效应"，使消费者对新产品的接受和评价更高；第三，当企业陷入危机时，企业社会责任使消费者对企业更宽容，有利于缓解危机给企业造成的不利影响。艺成和赞恩（Yeosun & Zeynep，2003）认为，当市场中存在信息不对称的情况，尤其在企业推出新产品时，消费者对新产品的情况不确定，他们试图通过企业披露的社会责任信息来评价新产品，消费者对企业履行社会责任的行为及效果表示认可，对新产品的评价更高。巴塔卡里亚等（Bhattacharya et al.，2004）通过实证研究证明，企业履行社会责任具有晕轮效应，在消费者行为中发挥了积极的引导作用。

研究者进一步发现，企业披露社会责任信息不仅会影响消费者对企业产品的购买行为，还会影响消费者对企业产品的感知效用。李奇登思坦等（Lichtenstein et al.，2004）实证研究发现，履行社会责任好的企业可以获得更多的消费者认可和支持，顾客满意度更高。贝伦斯等（Berens et al.，2005）实证研究发现，企业良好的社会责任绩效会给消费者带来额外的效用；企业的负面社会绩效会降低消费者原有的效用水平。摩尔和韦伯（Mohr & Webb，2005）从社会公益和环境保护两个方面研究了企业社会责任对消费者购买意向和产品评价影响。研究结果显示，企业对社会和环境负责的行为对消费者购买产品和获得顾客满意具有积极的影响，较低的企业社会责任水平会较大地削弱消费者购买意向和降低消费者效用感受，对产品评价产生消极影响。魏农建和唐久益（2009）以中国企业为研究对象进行实证研究，发现企业社会责任对顾客满意度具有间接影响。

1.2.6 碳信息披露质量的影响因素

（1）碳信息披露质量的外部影响因素。

已有研究发现，企业碳信息披露质量受到外部压力的影响。这些压力包括政府监管、法律约束、市场监管、媒体监督、公众压力和其他利益相关者压力等。

弗罗斯特（Frost，2007）研究发现，出台并实施环境监管政策能显著提高公司碳信息披露质量。克拉克森等（Clarkson et al.，2008）发现，债权人压力与公司碳信息披露质量存在显著相关性。刘和阿布蒙博齐（Liu & Anbu-mozhi，2009）研究发现，政府压力、所在地区市场化水平以及行业环境敏感性与企业环境信息披露质量显著正相关。韦格纳（Wegener，2010）研究指出，严格的外部环境管制对企业碳信息披露质量具有显著影响。科特和娜依拉（Cotter & Najah，2012）研究证实，机构持股比例显著影响企业碳信息披露意愿，机构持股人越多，公司越愿意披露碳信息。罗等（Luo et al.，2012）以2009年参与CDP的2 045家公司为样本进行实证研究，发现被CDP的机构投资者持有股票的公司，碳信息披露质量更高，该研究结果支持了利益相关者理论的有效性。此外，研究还发现来自社会公众和政府监管的压力也是影响企业碳信息披露质量的主要外部因素，尤其是政府环境管制的经济压力，包括碳税、碳费和允许碳排放的成本支出等。靳惠（2013）认为，碳信息披露行为是企业对政府干预环境外部不经济行为的响应。李都文等（Doowon Lee et al.，2013）指出，国家对温室气体报告立法会显著提高公司自愿性碳信息披露的水平和数量。格劳雷和戈塔特（Grauel & Gotthardt，2016）研究认为，环境规制和法律约束是企业碳信息披露质量的重要影响因素。杨子绪等（2018）、李慧云等（2018）研究均发现，完善的法律制度环境、较高的监管压力，有助于提升企业碳信息披露质量。莫洛伊（Molloy，2010）、金特等（Guenther et al.，2016）、李力和刘全齐（2016）、李等（Li et al.，2018）、梅晓红等（2020）研究发现，新闻报道的外部监督能促进企业提高碳信息披露质量。罗等（Luo et al.，2012）、克鲁等（Kalu et al.，2016）研究发现，社会公众低碳意识越高，企业碳信息越透明。卢佳友等（2021）以碳交易试点地区重污染企业为样本，依据政治关联将样本分成实验组与控制组，采用双重差分法检验碳排放权交易制度对企业碳信息披露质量的微观影响效应，并进一步从产权异质性和政府干预水平视角探究其影响机制变化。实证结果表明：试点地区的政策颁布后，政治关联企业的碳信息披露质量提升程度显著高于其他企业；在重污染国有企业样本中以及政府干预程度较高的地区，碳排放权交易制度对政治关联企业碳信息披露质量的提升效果更明显。

研究者进一步研究发现，来自政府、社区、媒体和机构投资者的外部监督压力对碳信息披露质量的价值效应具有显著的调节作用。闫海洲等（2017）研究发现，由于企业受到环境管制的压力，相比低碳企业，碳信息披露质量对高碳企业的价值创造效应作用更加明显。李雪婷等（2017）实证研究发现，提高碳信息披露质量对企业价值有显著的提升作用，而且碳排放越高的企业这种提升作用越明显，并且机构投资者持股比例会加强碳信息披露质量与企业价值之间的敏感度。董淑兰等（2018）以润灵环球发布的 2011~2015 年的社会责任评级中高污染、高碳企业作为研究对象，研究发现企业所处地区的社会信任水平在碳信息披露质量与企业绩效间的正向关系中具有显著的正向调节作用。赵玉珍等（2019）以 2013~2017 年高碳排放行业的煤炭开采、洗选和电力业上市公司为样本进行研究，发现机构投资者异质性对碳信息披露质量的价值效应具有调节作用，独立机构投资者显著增强碳信息披露质量对企业价值的提升作用，非独立机构投资者无显著作用；对机构投资者进一步分类研究发现，独立机构投资者中的证券投资基金和社保基金可显著强化碳信息披露质量对企业价值的提升作用，非独立机构投资者中的券商会弱化碳信息披露质量对企业价值的提升作用。符少燕和李慧云（2018）研究了环境监管对碳信息披露质量价值效应的调节作用，发现环境监管越完善，碳信息披露质量与企业价值"U"型关系中的碳信息披露质量临界点越小，且临界点的企业价值越高，越有利于偏向碳信息披露质量与企业价值"U"型关系中的正向关系。宋晓华等（2019）研究发现，来自政府环境规制、媒体关注度和环保组织监督三方面的公共压力对企业碳信息披露质量的价值效应具有正向的调节作用。查贵良等（2021）以2014年已进入碳交易市场试点的上市公司为基本样本，按照年份、行业、规模匹配未进入碳排放交易市场的样本，对比研究参与碳交易市场对企业杠杆和业绩已有关系是否存在影响，实证研究结果表明，参与碳交易市场的企业业绩相对较好，企业杠杆与业绩显著负相关，进入碳市场会帮助企业降低这种负相关性。

（2）碳信息披露质量的内部影响因素。

已有研究发现，企业碳信息披露质量还会受到自身因素的影响，包括行业特征、碳绩效、财务绩效、公司规模、负债水平等。

米克和罗伯特（Meek & Roberts，1995）、迪根和高登（Deegan & Gordon，1996）、米宁和尼肯（Nieminen & Nikanen，2001）研究均发现，环境信息披露与公司所属行业类型有密切关系，对环境影响较大的行业，自愿披露环境信息的公司数量更多。罗等（Luo et al.，2014）、李力（2019）研究发现，碳绩效越好的企业，越会增加自身可识别性，从而提高碳信息披露质量。何玉等（2014）研究认为，碳排放量大的企业为获取公众认可、减少诉讼风险，碳信息披露质量更高。阿克巴等（Akba et al.，2018）发现，财务绩效对当年或下一年度碳信息披露质量具有正向的促进作用。亚当等（Adams et al.，1998）、英格等（Eng et al.，2003）研究均发现，公司规模越大，自愿性环境会计信息披露水平就越高，他们认为规模大的公司为获得大量的外部资金支持和更多的消费者认可，更倾向于披露较多的环境会计信息。罗等（Luo et al.，2012）、阿克巴等（Akba et al.，2018）的研究也证实了此观点。陈华等（2013）以2011年沪深 A 股上市公司为样本开展实证研究，发现除公司规模外，负债水平、固定资产比例与企业碳信息披露质量显著正相关，而营业收入增长率、公司上市时间与企业碳信息披露质量显著负相关。普拉卡什等（Prakash et al.，2014）的研究却得到相反的结论，负债水平与企业碳信息披露质量显著负相关，负债水平越低的公司越有可能披露高质量的碳信息。科米尔和梅格（Cormier & Megon，2003）研究发现，相对于私有电力公司，国有控股电力公司更愿意披露更多的环境信息。普拉姆利等（Plumlee et al.，2009）、汉特等（Hatakeda et al.，2012）、李长熙和张伟伟（2013）、王霞等（2013）的研究均表明，股权集中有利于提高企业碳信息披露质量，防止"搭便车"行为发生，有利于降低代理成本，保护外部投资者利益。崔也光等（2016）研究发现，股权集中度和董事会活跃程度对碳信息披露质量有显著正向影响。关于政治关联对企业碳信息披露质量影响的研究结论各异，有正相关（Akba et al.，2018；He et al.，2019）、负相关（李秀玉和史亚雅，2016），还有非线性关系（杨子绪等，2018）。董事会效率（Bui et al.，2019）、董事会规模（He et al.，2019）、股权集中度和高管持股（陈华等，2016）、高管高碳行业的任职经历（李秀玉和史亚雅，2016）等公司治理因素都对提高企业碳信息披露质量有积极影响。

研究者进一步发现，来自企业层面的盈余质量、会计信息质量与内部控制质量对碳信息披露质量的价值效应具有调节作用。田宇和宋亚军（2019）以 2011~2016 年国内沪深两市 A 股上市重污染企业作为研究样本，对碳信息披露质量、盈余质量与企业财务绩效进行了分析，研究发现：随着企业盈余管理质量的提高，财务绩效会得到显著提升；随着企业披露碳信息质量的提高，财务绩效会得到显著提升；盈余管理质量能够显著增强碳信息披露质量对企业财务绩效的影响作用。潘施琴和汪凤（2019）从企业的管理层和外部投资者的信任角度研究碳信息披露质量对企业价值的影响，实证检验发现增加企业碳信息透明度可以显著提升企业的财务绩效。马相则和王聪（2020）以 2014~2018 年 A 股上市企业为样本，检验了会计稳健性、碳信息披露质量与企业价值之间的关系，发现会计稳健性、碳信息披露质量均与企业价值正相关，会计稳健性与碳信息披露质量二者之间具有替代效应。马文超等（2021）研究发现，内部控制质量会显著影响碳信息披露质量与企业价值的关系。

1.2.7 文献述评

已有关于碳信息披露质量、企业价值创造及二者关系的研究取得了较为丰富的研究成果，为进一步深入研究碳信息披露质量的价值内涵提供了必要的理论依据、重要的证据支持和可行的研究方法，但仍存在以下研究不足。

（1）缺少关于企业创造的经济、环境与社会等综合价值的研究。

已有研究中以追求股东利益或经济效益最大化的价值评价方式已不符合可持续发展的要求。传统财务的利润指标和市值指标都只考虑股东价值的最大化，忽视了其他利益相关者的受益情况。后续学者对利润指标进行改进，提出增加价值、宏观利润与净经济贡献等创新的价值评价方法，克服了传统财务指标的局限性，在一定程度上实现了利益相关者与股东利益的有机融合，却仍未能反映企业经营对生态环境的影响，对价值创造的可持续性评价不充分。因此，有必要进一步深化企业价值创造的内涵研究，改进企业价值创造的评价方法，以更加综合的价值指标全面反映企业创造的经济、环境与社会价值。

（2）缺少以多主体目标系统化视角研究碳信息披露质量价值影响的理论框架。

已有关于碳信息披露的价值影响的研究大多是在股东利益至上的理论框架内展开，主要考察碳信息披露对企业利润或者市场价值的影响，忽视了其他利益相关者的价值贡献与分配，也有少数研究考察了特定一方的利益相关者的受益情况。企业价值创造离不开利益相关者的资源投入，将股东作为企业唯一且最终的受益者是不全面的（娄尔行，1985），无视甚至损害其他相关者的利益，对企业经济发展的可持续不利（杜兴强，1996）。同时，企业拥有多方的利益相关者，且他们共同参与并影响价值的创造，由于各方的价值目标差异，企业管理者需要通过信息披露与反馈与之互动，进而均衡各方利益，以实现共享价值最大化的目标。现有研究缺少在兼顾经济、社会与环境共同可持续发展的基本要求下，建立涵盖多方利益主体的目标价值系统，展现各利益相关方的价值贡献和揭示碳信息披露在均衡各方价值目标中的重要作用。在系统内考察碳信息披露质量的价值内涵，以满足多主体目标的平衡需求，对我国经济社会绿色转型与"双碳"目标实现具有重要的理论与现实意义。

（3）碳信息披露质量评价存在"以量取胜"或科学依据不足的问题。

我国尚缺乏完备的碳信息披露框架和统一的披露规范，企业披露存在"报喜不报忧"的现象、披露的形式缺乏一致性与连贯性，不仅导致信息缺乏可比性，更影响了信息的使用价值，同时也增加了综合评价碳信息披露质量的研究难度。现有评价方法中存在"以量取胜"的评价倾向，在改进后的综合质量评价体系中，存在以会计信息质量特征代替碳信息的评价倾向，且质量特征指标间的权重计算缺乏客观的科学依据。因此，有必要进一步探索符合碳信息特点的信息质量特征框架，为碳信息质量评价提供科学依据。

（4）对碳信息披露质量的价值效应的调节因素研究主要源于外部压力理论，假定外部监管有效，则与现实的"外部制度乏力"不符，不能真实反映客观事实。

现有研究发现，影响碳信息披露质量的因素，还会进一步影响碳信息披露的价值功能，但大多数研究源于外部压力理论，假定外部监管有效，则与现实的"外部制度乏力"不符。仅少数研究考察了公司内部因素对碳信息披露质量价值效应的影响，但仍旧缺少从平衡多主体目标的系统性视角，讨论在外部制度失灵或结果不明的情况下，公司内部治理能否有效提升碳信息披露质量的价值功能，与外部制度形成互补，以缓解碳信息披露质量面临的"外部制度乏力"的问题。

1.3 研究思路、内容和方法

1.3.1 研究思路

本书阐述了 ESG 理念的发展历程和"双碳"目标的现实背景，并进一步将二者融合，提出从更加宏观的价值视角去探究碳信息披露质量的价值功能；结合我国碳信息披露制度的实践效果，明确当前碳信息披露质量面临的具体问题；通过论述 ESG 价值理念的内涵，分析其理念对探索可持续发展道路的重要指引作用，并以其为研究视角，围绕碳信息披露质量的价值内涵，转变价值创造的思维方式，构建以利益相关者关系为价值创造驱动力的碳信息披露质量价值传导机制的理论框架，重新界定符合可持续发展要求的企业价值创造内涵，构建基于利益相关者需求的碳信息披露质量评价体系，深入探索碳信息披露质量的互动机制向价值机制转化的路径，进一步考察内部控制对传导路径的影响，以探索碳信息披露质量"内部动力不足"和"外部制度乏力"问题的解决方法。

1.3.2　研究内容

本书共包含六章，核心研究内容主要是第 2 章理论框架的构建、第 3 章碳信息披露质量评价体系的构建、第 4 章碳信息披露质量价值传导机制的实证检验和第 5 章内部控制对碳信息披露质量价值效应的影响。第 6 章为总结全文，归纳研究结论，提出政策建议和展望，各章节内容安排如下。

第 1 章为绪论。通过阐述 ESG 理念的发展历程和"双碳"目标的现实背景，结合我国碳信息披露制度实践的实际效果，明确当前碳信息披露质量面临的具体问题，提出从更加宏观的价值视角去探究碳信息的价值功能。通过文献梳理发现，现有研究缺乏关于碳信息披露质量对企业创造的综合价值的影响研究，关于综合评价碳信息披露质量的研究，存在"以量取胜"或是建立的评价指标体系的权重计算缺乏客观的科学依据。为进一步深化关于碳信息披露质量价值内涵与企业价值创造的理论研究、改进碳信息披露质量评价方法，本书明确研究思路、内容和研究方法，最后指出研究创新点。

第 2 章为基于 ESG 理念的碳信息披露质量价值传导机制的理论研究。重点论述 ESG 理念、企业价值创造和碳信息披露质量三个核心概念。通过分析 ESG 价值管理的目标、要求与手段，提出重新界定企业价值创造的必要性，并进一步拓展了企业价值创造的范畴；围绕可持续发展目标，借鉴主流报告框架和结合我国利益相关者的实际碳信息需求，界定碳信息披露质量特征和内容要求，为构建碳信息披露质量评价体系提供理论依据；综合运用信息不对称理论、信号传递理论、利益相关者理论和资源优势理论分析碳信息披露质量的价值功能，转变价值创造的思维方式，系统论述碳信息披露质量基于利益相关者关系的价值传导机制，进而构建符合 ESG 理念的，以利益相关者关系为驱动的碳信息披露质量价值传导机制的理论框架，为后续研究奠定扎实的理论基础。

第 3 章为基于 ESG 理念的碳信息披露质量评价。根据 2.1 节中研究的碳信息披露质量特征框架结合利益相关者的碳信息需求内容设计问卷，通过调查利益相关者代表关于碳信息披露质量的意见，运用探索性因子分析对问卷结果进行实证检验，保留有效因子，构建碳信息披露质量评价体系，结合文本挖掘技术构造碳信息披露质量评价指数，为后续的实证研究提供科学基础。

第 4 章为基于 ESG 理念的碳信息披露质量价值传导路径的实证研究。根据 2.3 节中构建的以利益相关者关系为驱动的碳信息披露质量价值传导机制的理论框架，研究碳信息披露质量互动机制向价值机制转化的过程，通过深入分析碳信息披露质量通过投资者关系、消费者关系、社会公众关系传递价值影响的机理，形成研究假设，进行研究设计和开展实证检验。

第 5 章为内部控制对碳信息披露质量价值传导调节效应研究。本章从公司治理层面深入分析内部控制质量对碳信息披露质量的直接价值效应及间接价值效应的调节作用机理，形成研究假设，进行研究设计和开展实证检验。并进一步从产权性质、行业与地区环境监管三方面对内部控制质量的调节作用进行差异分析。

第 6 章为研究结论与展望。对主要创新工作和研究结论进行归纳总结，根据研究结论得出相关政策启示，并对未来的研究方向提出设想。

1.3.3 研究方法

第一，文献综述和各章节理论分析部分主要采用文献研究、归纳对比和规范研究的方法。在全面梳理碳信息披露的国内外框架和信息质量评价方法、企业价值创造的内涵以及二者关系相关文献的基础上，总结归纳关于企业价值创造的内涵界定、碳信息披露质量特征要求以及碳信息披露对企业价值创造的影响的已有文献，发现研究不足和值得进一步研究的重要问题。在碳信息披露质量评价体系的构建过程中，综合运用归纳对比法，对比会计信息和可持续发展信息的质量特征，借鉴国际组织的信息披露框架，结合我国利益相关者的实际信息需求，提出碳信息披露质量特征和披露内容，为后续碳信息披露质量评价体系奠定基础。研究主要结合相关基础理论，对相关重要概念进行界定，构建碳信息披露价值传导机制的理论框架，分析碳信息披露对利益相关者关系以及企业价值创造的作用机制并在后续实证章节中提出具体研究假设，为实证数据分析奠定基础。

第二，构建碳信息披露质量评价体系，主要运用问卷调查、文本挖掘、内容分析以及探索性因子分析研究法。在构建碳信息披露评价体系的过程中，采用了问卷调查研究法，以企业的利益相关者代表为调查对象，获得其关于碳信息披露质量要求的评价。对问卷结果进行探索性因子分析，保留有效的质量因子和指标观测，建立具有科学依据的质量评价指标体。在构造碳信息披露质量评价指数的过程中，使用内容分析法对样本企业社会责任报告中披露的碳信息建立与指标对应的关键字库和制定评分标准，结合文本挖掘，依据评分标准与关键字库对企业社会责任报告中披露的碳信息进行检索和评分。

第三，碳信息披露质量的价值传导路径的实证检验，构建了多重并行中介效应模型，主要采用描述性统计、相关性分析、偏差校正的非参数百分位Bootstrap 法和逐步回归法进行实证检验。为保证研究结论的可靠性，采用倾向得分匹配双重差分法（PSM – DID），使用工具变量进行两阶段最小二乘法回归分析，从而进行内生性检验。采用替换解释变量、被解释变量、中介变量以及研究样本进行稳健性检验。

第四，内部控制对碳信息披露价值传导的调节效应的实证检验，构建了有调节的多重并行中介效应模型，主要采用样本分组均值 T 检验、相关性分析，并根据温忠麟等（2014）对有调节的中介效应模型检验步骤，采用偏差校正的非参数百分位 Bootstrap 法进行中介效应差异分析。为保证研究结论的可靠性，采用工具变量进行两阶段最小二乘法回归分析，并补充控制变量和替换解释变量衡量方法进行内生性和稳健性检验。依据上述研究思路内容与方法，构建研究框架及技术路线，如图 1.1 所示。

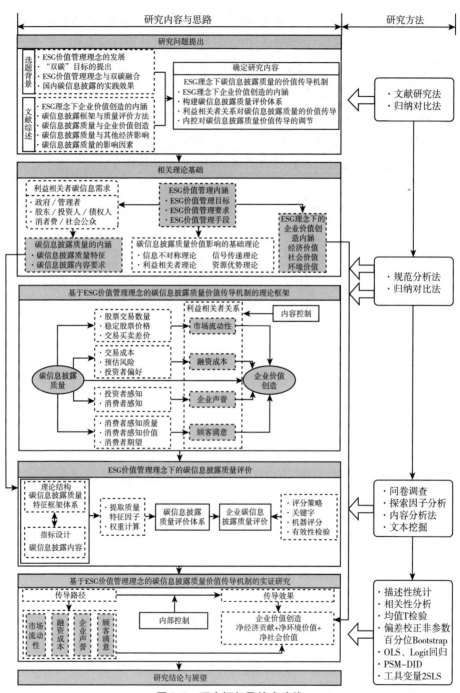

图 1.1　研究框架及技术路线

1.4 研究创新

企业在实现经济、环境与社会共同可持续发展的过程中发挥着基础性作用，要实现资源的优化配置以促进经济绿色转型，就需要充分发挥碳信息披露的重要作用，建立和完善企业与利益相关者之间的良性互动机制。为了更好地揭示碳信息披露对可持续发展的重要价值作用，本书主要做了以下创新工作。

（1）创新界定 ESG 理念下的企业价值创造内涵。

创新性地将 ESG 理念下的企业价值创造定义为满足可持续发展要求并为利益相关者所共享的长期价值创造，包含经济价值、社会价值与环境价值三个范畴。其中，经济价值指利益相关者参与共创和共享的，由企业生产和分配的直接经济价值；环境价值与社会价值来源于企业经济活动的外部性。由于环境与社会资源的公共属性，其产权难以明晰，造成了价值计量的困难。根据庇古税思想，当环境与社会资源产权难以清晰界定时，可以通过政府征收排污费、碳税等进行直接干预，以实现外部收益与成本的"内部化"；根据科斯定理，当环境与社会资源产权明晰时，可以发挥市场"无形之手"的资源配置作用，比如政府对企业实行碳排放配额并建立碳排放权交易市场。通过将企业创造的外部价值或造成的外部损失转化为便于计量的企业内部财务价值，可以计算所得的综合财务价值，从而分别计量环境价值与社会价值。这种创新的计量方法解决了环境与社会价值难以量化与经济价值有机融合的问题。企业创造的价值范畴对外延伸，有助于利益相关者更加全面地认识和评估企业价值创造的效果，丰富和拓展碳信息披露与企业价值创造领域的研究。对企业经营正负外部性的考察，有效激励企业的环保与公益行为，监督与抑制企业破坏环境、损害公益的不良行为具有重要意义。企业价值创造综合计量方法的创新为公共资源的价值计量提供了新思路，拓展了价值创造的评价方法。

（2）构建多主体目标系统的碳信息披露质量价值传导机制的理论框架。

在可持续的价值创造中，价值创造的动因向外部关系转移，多方利益相关者的共同参与至关重要，因此，本书在理论分析部分创新构建了多主体目标系统的碳信息披露价值传导的理论分析框架，分析了碳信息在建立与维护企业与利益相关者良好合作关系，进一步通过利益相关者的决策行为产生价值影响的过程中发挥的重要作用，并清晰刻画了碳信息披露经过投资者关系、消费者关系以及社会公众关系，实现由信息互动向价值转化的过程，展现了利益相关者对价值创造的重要贡献。本书构建的理论分析框架不仅能够更加深刻地揭示碳信息披露的重要价值功能，也为企业管理者提供了价值创造的新思路，使企业管理者更充分地认识提高碳信息披露质量的重要性，对缓解我国碳信息披露"内在动力不足"的问题具有重要意义。

（3）构建基于利益相关者碳信息需求的碳信息披露质量评价体系。

信息质量是信息价值的基础，科学的评价标准是质量评价的核心依据。本书创新构建了以利益相关者碳信息需求为评价依据的碳信息质量评价体系，并进一步结合文本挖掘构造评价指数，综合地反映碳信息满足利益相关者需求的程度，以此衡量碳信息披露的质量，为后续的实证研究提供科学的计量基础。本书构建的评价体系反映了服务于可持续价值创造的碳信息质量特征与内容要求。评价体系中指标的构成及权重的计算均来自问卷调查的实证分析结果。研究构建的碳信息披露质量评价体系可以帮助企业在分析利益相关者碳信息需求和自身关系资源的效用及能力的基础上，指导企业建立与完善有利于提升企业竞争优势和市场适应能力的碳排放管理与披露制度，为我国碳信息披露框架建设提供参考。

（4）在多主体目标系统内研究内部控制对碳信息披露质量的价值传导的调节。

在实证研究部分，本书根据理论分析框架，建立了碳信息披露与企业价值创造之间的多重并行中介效应理论模型。鉴于我国碳信息披露存在"外部制度乏力"的现实困境，因此，本书假定"外部制度的结果不明确"，创新性地将内部控制引入该理论模型，重新得到碳信息与企业价值创造之间的有调节的多重并行中介效应理论模型，进一步研究内部控制能否与外部制度形成互补，发挥对碳信息披露的治理与监督功能，提高碳信息价值传导的效率。通过检验内部控制对模型中各条利益相关者关系路径传导的间接价值影响的调节效应，证明高质量的内部控制可以将外部管制压力转化为服务价值创造的内部治理行为，以提高碳信息披露质量，并对各路径的价值传导效率产生重要的影响。研究有利于企业管理者差异化地完善内部控制建设，更有效地发挥内部控制在外部压力与内部管理中的"黏合剂"作用，对缓解我国碳信息披露的"外部制度乏力"问题具有重要意义。

1.5　本章小结

本章主要介绍研究背景和研究目的及意义，重点梳理和评析关于企业价值创造的内涵、碳信息披露的框架与评价方法、碳信息披露质量对企业价值创造影响和其他经济影响、碳信息披露质量的影响因素等研究文献，从而引出研究主题，并进一步阐述了研究思路、研究内容与研究方法，并给出研究逻辑路线图，最后指出研究工作的主要创新点。

第 2 章

基于 ESG 理念的碳信息披露质量价值传导机制的理论研究

　　ESG 理念、碳信息披露质量和企业价值创造是本书研究的三个核心概念。要研究碳信息披露质量对企业价值创造影响，必须准确认识企业价值创造的内涵，才可以充分认识价值形成的过程，厘清碳信息披露质量影响价值创造的路径与机理。因此，本章首先对 ESG 理念进行阐述，根据 ESG 理念对企业价值创造的内涵进行界定，从利益相关者信息需求出发分析碳信息披露的内涵；其次综合运用信息不对称理论、信号传递理论、利益相关者理论和资源优势理论，对碳信息披露质量的价值功能进行系统论述，由于市场中存在信息不对称问题，为避免逆向选择和道德风险的发生，企业内部管理者通过披露碳信息对外部利益相关者传递企业承担环境责任的信号，均衡内外环境信息占有量，影响外部利益相关者与企业的关系，通过决策行为对企业价值创造产生影响，进而构建基于 ESG 理念的碳信息披露质量价值传导机制的理论分析框架，为后续研究提供理论依据。

2.1　相关概念界定

2.1.1　ESG 理念的内涵

　　企业为股东和全社会创造更多价值是企业发展的目标与使命，能否实现可持续发展，不仅取决于企业内部经营绩效，还取决于企业经营派生的社会绩效和环境绩效。为了让投资者、债权人和其他利益相关者更有效评估企业可持续发展的机遇和风险，ESG 逐渐成为评价企业价值创造可持续能力的核心理念，包含价值管理的目标、要求和手段（黄世忠，2021）。

（1）可持续发展理论与 ESG 价值管理目标。

①可持续发展理论的基本思想。可持续发展理论起源于 1962 年美国海洋生物学家瑞秋·卡尔森（Rachael Carson）撰写的《寂静的春天》一书，书中主要介绍了 DDT 农药对禽类及生态环境造成的巨大威胁，并由此引起了人们对环境问题的重视。工业革命极大提高了人类的物质生活水平，经济的快速发展也导致了严重的环境问题，以及自然资源的过度开发、空气污染、气候变化、物种灭绝等。国际学术性组织"罗马俱乐部"在 1972 年发表的《增长的极限》中通过数学模型预测了人类未来 100 年的发展并提出环境保护优先于经济增长的政策主张。1980 年，国际自然及自然资源保护联盟（International Union for Conservation of Nature and Natural Resources，IUCN）对外发布了《世界保护政策》，其中强调了生物资源的保护对于可持续发展的重要意义。世界环境和发展理事会（World Commission on Environment and Development，WCED）于 1983 年 12 月在联合国创立，其宗旨是致力于促进生态及全球经济的可持续发展。

可持续发展理论的正式提出是在 1987 年 3 月 WCED 向联合国正式提交的《我们的共同未来》的报告中。该报告指出，可持续发展是指在不损害后代人需求的情况下满足当代人的需求，实现经济、社会与环境的协调统一发展。经济发展的可持续要求经济增长不得以牺牲环境为代价，也不得以环境为由无视经济增长；社会发展的可持续要求构建更加和谐、更加公平、更加公正的社会环境，消灭贫穷、消灭饥饿，创造公平的教育与工作机会，提供洁净的饮水与卫生设施；环境发展的可持续要求充分考虑环境资源的承载能力、抵制超出环境承载能力的过度发展和对自然资源的掠夺性开采。社会发展以经济发展为基础并共同依赖于环境资源，过度使用环境资源必将最终损害经济与社会发展，甚至威胁人类生存。只有实现环境发展的可持续，才能为经济与社会发展提供源源不断的动力。WCED 关于可持续发展的主张得到了世界范围内的广泛认可，2015 年 9 月在联合国召开的可持续发展峰会上，含中国在内的 193 个成员共同签署并通过了《联合国 2030 年可持续发展议程》，该议程包括 17 项可持续发展目标和 169 项具体目标的纲领性文件，指导世界各国（地区）在 2015 ~ 2030 年如何处理经济发展与环境和社会问题。

②基于可持续发展理论的价值管理目标。ESG 理念秉承可持续发展理念，主张经济、社会与环境共同实现发展的可持续（黄世忠，2021）。其价值管理目标为努力实现与环境、社会的可持续发展要求相适应，以绿色低碳为发展模式的，可持续的价值创造。从 ESG 视角评价企业发展质量应考虑企业活动对环境的影响，包括能源使用效率、温室气体排放与环境污染等，并倡导企业对社会与生态环境的回馈，通过增加公益性支出，创造更多就业机会、积极研发创新推动行业进步努力、增加环境修复、提高环保投入等行为，积极承担社会与环境责任。为了防止企业管理者短视，防范机会主义行为与道德风险等问题，ESG 中的 G（治理）要求将环境与社会问题纳入公司治理的范畴，管理者不仅对企业经济发展负责，还需要对环境与社会发展负责，通过治理体系、治理机制和治理决策实现三者共同发展的可持续。

（2）企业社会责任理论与 ESG 价值管理要求。

①企业社会责任理论的基本思想。企业社会责任理论大致可分为股东至上主义与利益相关者主义两大流派。其中，股东至上主义主张企业只对股东负责，企业价值管理的目标是实现股东价值最大化。在现代公司管理中，所有权和经营权的分离，为了均衡管理者与股东之间的目标冲突，对管理者进行股权激励很可能导致管理者片面追求企业利润罔顾生态环境。到了 20 世纪 80 年代，追求股东价值最大化进一步扩大了贫富差距，加剧了西方发达国家紧张的劳资关系，招致社会公众的严厉批判，促使利益相关者主义崛起。利益相关者主义认为，股东至上主义的价值观过于狭隘，过分强调资本雇佣劳动从根本上否认了股东之外的其他利益相关者对企业价值创造的重要贡献。企业的管理层除了对股东负有创造价值的受托责任，还应当对其他利益相关者负责。

在《战略管理：利益相关者法》（Freeman，1984）一书中，弗里曼（Freeman）把利益关系方界定为有能力或受到其影响的团体或个体。利益相关者学说认为，企业是一个利益相关方的利益集团，企业管理者对出资人、生产要素的提供者和购买产品的消费者等所有利益相关方承担责任，要协调各方的利益冲突，使其需求与公司发展一致。广义企业社会责任是指企业管理层的总体受托责任，包括对股东之外的其他利益相关者承担的责任。如果企业仅依靠股东的资本投入，缺乏其他利益相关者的要素投入和消费者的倾力支持，企业将难以持续性地为股东创造价值。为了满足价值创造的需要维持价值优势资源的投入，企业需要通过承担社会责任以获得更多利益相关者的关注与支持。因此，企业承担社会责任不仅是公民义务更是维持竞争优势的手段。在企业社会责任边界问题上，1991 年卡罗尔提出企业社会责任的"金字塔理论"认为，企业的社会责任由低到高包含四个层面，位于金字塔底层的基础责任是创造利润的经济责任，往上是遵纪守法的法律责任，再往上是符合伦理要求的道德责任，位于金字塔顶端的最高级责任是崇善仁爱的慈善责任。基础责任代表着为股东创造价值，顶层责任代表着为全社会全人类创造价值。2004 年，埃尔金顿以实现可持续发展为目标，重新定义企业社会责任，提出了三重底线理论：企业的三重底线分别代表利润（对股东负责）、人类（对社会负责）和星球（对环境负责），只有同时关注这三重底线，才能实现企业的可持续发展（Elkington et al.，2004）。

②基于企业社会责任理论的价值管理要求。根据利益相关者主义的企业社会责任理论，ESG 价值管理要求企业应同时承担为股东创造利润的经济责任、促进人类更好发展的社会责任、保护和改善地球生态的环境责任；管理者要兼顾股东和其他利益相关者的诉求，重新审视企业价值的创造及分配，兼顾经济效益、社会效益与环境效益；企业除了提供反映其财务绩效的报告外，还需要提供满足利益相关者评价企业社会与环境等责任与绩效的信息。

（3）经济外部性理论与 ESG 价值管理手段。

①经济外部性理论的基本思想。经济外部性又称为经济外部效益或经济溢出效应，其概念来源于马歇尔 1890 年发表的《经济学原理》中提出的"外部经济"概念，主要考察外部因素对企业自身的影响，后经庇古补充与发展，将外部性问题的研究延伸至企业对其他企业及社会公众的影响，包括有利与不利的影响，即正外部性与负外部性，标志着经济外部性理论正式诞生。根据庇古提出的外部性理论，当企业边际成本小于社会边际成本时，就会出现负外部

性，即企业将自己的部分行为成本转移给外部其他企业或社会，导致其利益无故受损且无法得到补偿，例如，企业的排污行为（包括温室气体排放）具有典型负外部性，该行为给其他企业与社会造成环境污染且后者无法从排污企业获得相应的补偿。环境资源属于公共物品的范畴，具有非竞争性和非排他性的消费特征，通常其产权难以明晰，导致排污企业无须承担对环境资源损耗与破坏的后果，反而将其转嫁给社会，其边际成本小于社会边际成本，污染企业出于自身利益最大化选择"最优"产量，具有过度生产的动机。相反，当企业边际收益小于社会边际收益时，就会出现正外部性，即企业行为给其他企业及社会带来无偿收益，创造正外部性的企业往往不能完全享有正外部性产品带来的全部收益，例如，企业的技术创新成果外溢，使其他企业技术水平得到整体提高，具有典型正外部性，在不降低创新企业自身效用水平的同时，提高了他人的效用水平。正外部性的存在使社会收益得到提高，促进了社会进步。庇古认为，要解决负外部性问题，激励创造更多正外部性可以通过外部效益内部化的手段来实现，政府可以通过对排污企业征收排污费或碳税以提高企业边际成本迫使其降低产量，对创新企业进行奖励与补贴鼓励其增加产量，当市场机制失灵时，政府干预是最有效、最现实的选择。1960 年，科斯在《社会成本问题》中对"庇古税"质疑，指出经济外部性问题是因为缺少明确的资源所有权，如果资源的所有权都有明确的归属且不存在任何的交易成本，资源的所有者可以通过自由交易的方式解决经济外部性问题，因此，监管部门的作用是让环境资源的所有权明晰，以便依赖市场"无形之手"实现资源的最优配置。

②基于经济外部性理论的价值管理手段。根据经济外部性理论，企业经营存在外部性，即给社会与环境带来有利或不利影响，尤其是负外部性问题会严重影响企业的可持续发展。ESG 价值管理主张通过行政手段或市场手段解决经济外部性问题，通过外部成本与收益的"内部化"，激励企业创造更多促进社会进步和环境改善的正外部效应，限制企业实施损害他人利益的负外部效应。环境资源属于公共物品且产权难以清晰界定，单一依靠市场化手段不一定能够很好地处理经济与环境之间的矛盾，这就要求管理当局进行介入和调控。以碳排放为例，一方面，政府对企业实行碳排放配额并对其产权进行界定，通过建立专门的碳排放权交易市场以发挥市场"无形之手"的资源配置作用；另一

方面，政府征收排污费、碳税等进行直接干预，以补充市场机制的不足。无论哪种资源配置方式，都依赖于信息的有效披露，如果存在环境信息的不对称，那么企业的经济活动对环境的影响就无法有效反映到市场价格中，也增加了政府干预与管制的交易成本，使资源配置偏离最优水平。

2.1.2　ESG 理念下的企业价值创造内涵

ESG 理念认为，企业要实现可持续发展，企业管理者必须兼顾股东和其他利益相关者的诉求，重新审视企业的价值创造及分配；在创造经济利润的同时，还要承担促进人类发展的社会责任，保护和改善地球生态的环境责任。考虑到企业经营存在外部性，尤其是负外部性问题会严重影响企业的可持续发展，因此，ESG 价值管理主张通过行政手段或市场手段解决经济外部性问题，通过外部成本与收益的"内部化"，激励企业创造更多促进社会进步和环境改善的正外部效应，限制企业实施损害他人利益的负外部效应。本书根据 ESG 理念，重新界定企业价值创造的内涵。

（1）企业价值创造内涵界定的依据。

①ESG 理念下的企业价值创造观。ESG 秉承利益相关者共享价值至上的价值创造观。企业价值创造需要股东投入的股本、债权人投入的资金、员工投入的人力资本和政府提供的公共服务，因此，在价值分配的过程中，应该让所有要素投入者共享企业发展的成果，以单一追求股东价值最大化（利润最大化）而牺牲其他相关者利益，违反公平原则，可能降低其他利益相关者继续与企业合作的意愿，影响企业的可持续发展，从长远来看反而有损股东利益。在"共享价值"的创造过程中，股东与其他利益相关者之间并不是此消彼长的关系，而是相互依存、互惠共赢的关系；通过创造共享价值，促使企业构建利益共同体，妥善处理好股东与其他利益相关者的关系，坚持公平的价值分配机制，调动各利益相关方的合作积极性，进而投入更多资源和要素或购买更多产品和服务，使企业创造的共享价值总量增大，从而实现合作共赢的可持续发展目标。

②ESG 理念下的企业价值创造基本要求。ESG 价值管理的核心是实现企业

的可持续发展。根据埃尔金顿"三重底线"学说，企业要想获得可持续发展，就需要同时满足经济、社会和环保这"三重底线"：经济性指标是企业为股东创造的经济效益，也就是获得收益的能力；社会责任的基本原则是企业要坚守公平正义，注重人的全面发展，特别是对人才的利用；环境红线就是要使企业在发展过程中，采取有利于环境保护的方法，尽量减少自身经济活动对生态环境的负面作用。只有具有经济、社会和环保三重价值的企业，才能为社会的发展作出有益的贡献，这样的企业才符合伦理规范，符合社会需要，实现可持续发展的目标（Elkington et al.，1994）。因此，可持续的企业价值创造要求企业兼顾利益相关者的利益诉求，更加重视自身需要承担的社会责任与环境责任，在创造经济价值的同时，创造社会价值与环境价值。

（2）企业价值创造的范畴。

本书将 ESG 理念下的企业价值创造定义为满足可持续发展要求的，并为利益相关者所共享的长期价值创造，由企业创造的显性经济价值和隐性社会与环境价值构成。其中，显性经济价值主要由企业的营业利润和向利益相关者分配的价值组成，隐性社会与环境价值来自企业经营行为对外部产生的影响。为了综合计量企业价值创造，可运用市场交易和政府干预等手段，将外部环境与社会价值转化为企业内部收益与成本，与经济价值融合。

①经济价值。本书将 ESG 理念下的经济价值定义为利益相关者参与共创和共享的，由企业生产和分配的直接经济价值。

经济价值是企业创造的基础价值，反映了企业的获利能力。经济价值的分配要体现要素投入与收益分配的公平。国际整合报告理事会（IIRC）认为，企业存在的意义在于创造价值，而创造价值本身是一个要素投入产出的过程，要素产出效率需要依靠企业与利益相关者的互动来实现。企业通过签订契约以获得要素所有者手中的生产要素，使其成为企业的利益相关方，企业负有为要素所有者创造大于其要素投入价值的责任，并在价值创造的过程中接受利益相关方的监督，在价值分配的过程中坚持公平原则，让所有要素投入者共享企业发展的成果。企业价值创造的持续力依赖于生产要素的稳定投入，损害任意一方相关者的利益，都会降低其与企业继续合作的意愿，从而影响企业价值创造的可持续性。

本书借鉴 IBC（2020）提出的"净经济贡献"，经济价值 = 企业生产的直接经济价值 + 企业分配的直接经济价值。企业生产的直接经济价值是指企业日常经营活动形成的净经济增加值，即营业收入减去营业成本；企业分配的直接经济价值包括向员工支付工资及福利、向债权人支付的利息、向股东支付的股利与向政府支付的税费净值。①

②社会价值。本书将 ESG 理念下的社会价值定义为企业生产经营过程中创造的"净社会贡献"，等于企业创造的正向社会价值减去负向社会价值。

a. 社会价值源于企业生产经营活动派生的经济外部性问题。根据经济外部性理论，企业在创造经济价值的过程中会对企业所处的外部环境与社会产生有利或不利的影响，即正外部性和负外部性。当企业创造的价值无偿转移给企业以外的其他人，虽然创造正外部性的企业没有完全享有全部收益，但是无偿转移的收益为他人带来高于企业的效用水平，使社会总收益得到提高，促进了社会进步，即企业创造的正向社会价值；相反，当企业将本应由自己承担的成本转移给企业以外的其他人，导致他人利益无故受损且无法得到来自企业的补偿，他人损失的效用高于企业，使社会总收益减少，即企业创造的负向社会价值。要实现经济、社会与环境的共同可持续发展，需要有效激励企业实施更多的正外部性行为和抑制负外部性行为，因此，有必要从正、负外部性两个方面综合考察企业创造的社会价值。

b. "庇古税"思想下的社会价值。根据"庇古税"思想，当外部资源产权难以清晰界定时，经济外部性问题难以依靠市场机制解决，需要政府实施干预和管制将外部成本收益转化到企业内部，迫使企业改变行为，尽可能达到资源配置在全社会效用范围内的帕累托最优。因此，政府可以采用财政补贴、税收减免或奖励金等方式对企业进行补偿，实现企业创造的外部正向社会价值转化为企业内部价值，这部分被内部化的外部价值来源于企业，应计入企业创造的社会价值。政府对违规企业实施行政处罚，将企业造成的外部负向社会价值（即外部社会成本）转化为企业内部成本。

c. "科斯定理"思想下的社会价值。科斯定理认为，当产权明晰且交易

① 当企业从政府获得财政援助时，企业上缴的税费会以税收减免、财政补贴、奖励金或投资补助等形式部分返回企业，因此，企业向政府分配的直接经济价值等于应交税费减去获得的财政援助。

费用为零时，经济外部性问题就可以依赖市场"无形之手"得到解决，通过市场自由交易自动实现资源配置最优；即使交易费用不为零，只要产权明确就可以选择"依靠市场自由交易"实现资源调配。相比于"庇古税"，科斯的资源调配成本更低、更高效。

根据以上社会价值的内涵分析，本书认为，ESG 理念下的企业创造的社会价值应包含以下内容。

Ⅰ. 非环保类研发创新获得的财政援助，属于企业创造的正向社会价值，包括财政补助（补贴）、税费返还、税费减免、奖励金等。研发创新既是企业核心竞争力的主要来源，也是企业无形资产的重要组成部分，其本质是为创新产权所有者创造经济价值并实现社会价值。经济价值是为补偿创新企业为创新活动作出的贡献，社会价值是指创新成果外溢为全社会作出的贡献。研发创新实现的社会价值包含两个部分：一是企业非主动对外转移的价值；二是企业主动对外转移的价值，前者产权模糊，后者产权明晰。根据"庇古税"思想，在产权难以被清晰界定时，为了激励企业实施更多的正外部性行为，使资源配置尽可能达到全社会效用范围内的帕累托最优，政府可以采用财政补贴、税收减免或奖励金等激励方式对企业进行补偿，使企业无偿为外部人创造的收益回归到企业当中，实现外部收益"内部化"。

Ⅱ. 非环保类技术转让收入，属于企业创造的正向社会价值。研发创新实现的社会价值中有一部分是企业主动对外转移的价值，这部分价值的产权清晰属于创新企业。根据科斯定理，当产权明晰且交易费用为零时，经济外部性问题就可以依赖市场"无形之手"得到解决。因此，技术转让收入实际上是通过市场自由交易回归企业的本就由企业创造的外部社会价值。

Ⅲ. 非环保类慈善公益捐赠，属于企业创造的正向社会价值。这部分价值是企业创造的且无偿向社会贡献的价值，是企业主动承担社会责任的体现，这种行为有助于提升企业声誉。

Ⅳ. 非环保类监管罚款，属于企业创造的负向社会价值。企业忽视生命安全，忽视人权，引发损害社会价值的事件，比如压榨员工、财务舞弊、制造伪劣商品等。若不能有效管制企业负外部性行为，在"利己主义"的驱动下企业会更加肆无忌惮，最终导致社会遭受巨大损失。根据"庇古税"企业受到的非环保类监管罚款实际上是通过政府管制将企业造成的外部社会损失转移到企业内部损失，迫使企业停止外部不经济行为。

Ⅴ. 非环保类事故损失，属于企业创造的负向社会价值。企业罔顾安全生产规定、经营管理不善等导致事故发生，不仅给社会造成巨大损失，企业也为此付出高额代价。因此，事故损失应计入企业造成的社会价值损失，即负向社会价值。

③环境价值。本书将 ESG 理念下的环境价值定义为企业生产经营过程中创造的"净环境贡献"，等于企业创造的正向环境价值减去负向环境价值。

a. 企业生产经营活动依赖并影响外部环境资源，企业在创造经济价值的过程中要充分考虑环境资源的承载能力。社会发展以经济发展为基础并共同依赖于环境资源，过度使用环境资源必将最终损害经济与社会发展，甚至威胁人类生存。因此，在可持续发展目标下，企业秉承高质量绿色发展理念，加大环保投入，实施技术改造与研发创新，提高能源使用效率，降低能源消耗，减少温室气体排放等行为，是企业为改善环境所作的贡献，即企业创造的正向环境价值；相反，企业粗放经营，随意排放污染气体、污染物，能源消耗过高等行为，不仅破坏环境、浪费资源，更严重威胁可持续发展，是企业造成的环境损失，即企业创造的负向环境价值。我国前期经济发展遗留下大量"环境负债"，减排形势格外严峻。要努力实现企业经营过程中负向环境价值的正向转化，必须充分认识二者的同等重要性。通过行政惩罚矫正企业的环境不经济行为，这种干预方式的监督成本高昂且对环境造成了事实损失；通过有效的激励政策，引导企业主动实施绿色转型，监督成本更低，资源配置效率更高。

b. "庇古税"思想下的环境价值。根据"庇古税"思想，当有利于环境改善的资源产权难以界定时，可以通过政府干预解决外部性问题。例如，对积极创新开发绿色产品、改进绿色生产技术、为环保贡献突出的企业，政府给予财政补助、税费返还、奖励金等进行激励，实现企业创造的正向环境价值转化为企业内部价值。相反，当企业污染环境、造成环境损失时，政府通过要求排污企业交纳的排污费、对违规企业实施行政处罚等，实现企业外部环境成本转化为企业内部成本。

c. "科斯定理"思想下的环境价值。根据"科斯定理"思想，当有利于环境改善的资源产权清晰时，可以通过市场的自由交易，实现资源配置最优。因此，政府只需要对环境资源进行产权界定，就可以通过市场行为解决经济外部性问题。

结合以上环境价值的内涵分析，本书认为，ESG 理念下的企业创造的环境价值应包含以下内容。

Ⅰ. 环保类研发创新获得的财政援助，属于企业创造的正向环境价值。根据"庇古税"企业因环保研发创新、环保贡献突出等获得的财政补贴、财政奖励、税收返还、税收减免等，实际上是政府对企业环境正外部性行为的激励，是对企业创造的环境价值的补偿。

Ⅱ. 环保技术转让收入，属于企业创造的正向环境价值。根据科斯定理，企业将拥有的环保专利技术转让给其他企业，以市场行为实现资源调配，为转出方企业带来收益，为接受方企业带来绿色技术，从而促进行业的绿色转型。

Ⅲ. 环保公益捐赠，属于企业创造的正向环境价值。企业对环境的无偿贡献，是企业主动承担环境责任的体现，有助于提升企业绿色声誉。

Ⅳ. 碳排放权交易收益，碳排放权交易制度就是科斯定理的具体运用。碳排放权是指能源消费过程中排放的温室气体总量，包括所需的碳排放权与可供的碳排放权。政府在确定全社会碳排放总量之后，向排放企业分配一定的碳排放限额，企业的碳排放量不可以超过限额，如果企业通过技术改进实现节能减排，实际碳排放额低于限额，节约的碳排放额可以作为企业的资产在碳交易市场出售获得收益；如果企业因扩大生产导致原定的碳排放限额不够用，可以通过碳交易市场购买其他企业节约的碳排放额，通过这样的排放权交易，既控制了碳排放总量，又激励企业积极改进生产技术，提高能源使用效率，实现节能减排。将企业节约的碳排放额视为企业的资产是对公共自然资源的一种产权界定，通过市场的自由交易，引导资源向最优方企业流动。企业用于交易的碳排放额来源于企业节约的碳排放量，是企业为环境保护作出的积极贡献，将其确认为企业资产通过市场交易获得的收益，实际上是企业创造的环境价值通过市场行为实现价值内化。

Ⅴ. 节约的能源费用，属于企业创造的正向环境价值。企业通过优化生产工艺流程，提高能源利用效率等方式降低能耗，不仅有利于保护生态环境，同时为企业节约了能源成本，这部分被节约的价值是企业创造的外部环境价值的内化。

Ⅵ. 排污费与环境污染罚款，属于企业创造的负向环境价值。企业因污染排放交纳的排污费、因违规排放受到的监管罚款等都是政府通过实施行政管制手段，将企业造成的外部环境损失转化到企业内部，由企业自行承担。

Ⅶ. 环境污染事故损失，属于企业创造的负向环境价值。企业罔顾环保法规、管理不善引发环境污染事故给生态环境造成严重危害，企业也为此付出高额代价。因此，环境污染事故损失应计入企业造成的环境价值损失，即负向环境价值。

（3）企业价值创造的度量。

价值创造观的转变，企业绩效的评价标准必将随之改变（黄世忠，2021）。ESG 理念下的企业价值创造是一种可持续的长期价值创造，对提升企业自身经济绩效、形成企业竞争优势、降低企业经营风险和加强企业与利益相关者关系至关重要，不仅要反映企业自身创造利润的能力，还要对外展示企业对社会、对环境作出的贡献，是企业在经济、社会与环境三方面的可持续发展能力体现。

以利益相关者所共享的长期价值创造（Long-term Value Creation，VL）度量 ESG 理念下的企业价值创造，由企业创造的经济价值（Wealth Value，V_W）、社会价值（Society Value，V_S）与环境价值（Environment Value，V_E）三个范畴构成，具体计算公式为：$VL = V_W + V_S + V_E$。

①经济价值的度量。借鉴 IBC（2020）提出的"净经济贡献"，以企业生产与分配的直接经济价值减去财政援助来测度企业创造的经济价值。具体计算公式：

净经济价值创造 =（营业收入 – 营业成本）+ 职工薪酬 + 利息费用 + 现金股利 +（税费支出 – 财政援助）

②社会价值创造的度量。社会价值创造 = 正向社会价值 – 负向社会价值。其中，正向社会价值等于企业获得的非环保类研发创新的财政援助、技术转让收入、非环保类慈善公益捐赠之和；负向社会价值等于企业的非环保类监管罚款和非环保类事故损失之和。

③环境价值创造的度量。环境价值创造＝正向环境价值－负向环境价值。其中，正向环境价值等于企业获得的环保类研发创新财政援助、环保技术转让收入、环保公益捐赠、碳排放权交易收益和节约的能源费用之和；负向环境价值等于企业交纳的排污费、环境污染罚款和环境污染事故损失之和。

2.1.3　碳信息披露质量的内涵

实现可持续发展的宏伟工程，需要在战略规划、发展方式、体制机制等各方面统筹推进，企业作为市场主体在其中发挥着基础性作用。如何通过资源的有效配置促进并推动实体经济绿色转型是当前面临的重要任务，这使得健全和完善有利于企业可持续经营的利益相关者互动机制更加迫切，碳信息披露的意义愈加重要。碳信息是投资者决策时评估企业可持续发展风险和机遇的依据，是消费者决策时判断产品和服务预期效用的依据，是政府宏观调控决策时了解整体经济、环境和社会状况的依据。碳信息的核心价值功能在于实现可持续投入资源的有效分配，而碳信息披露的质量直接影响其核心价值功能发挥，即资源配置效率。在我国，碳信息仍属于自愿披露的范畴且缺乏明确统一的披露标准，信息披露的内容、形式、载体不一，导致碳信息披露不完备、缺乏可比性，阻碍了其核心价值功能的发挥。因此，有必要建立一种统一的、具有可比性的信息披露评价标准从决策有用的质量特征角度去综合评价碳信息披露效率的高低，并进一步分析其价值功能的效果。

碳信息披露的重要内涵主要体现在披露质量与披露内容两个方面：内容是质量的重要载体；质量是内容的核心价值。本书系统梳理和比较国际主流报告框架的报告原则，以可持续发展会计准则委员会（Sustainability Accounting Standards Board，SASB）"三位一体"报告概念框架体系为参考，从碳信息披露的基本原则、质量特征和报告原则三方面构建碳信息披露质量特征框架体系，从基本原则出发结合碳信息的可持续发展信息特点，在总结比较国际主流报告框架信息质量特征的基础上，提炼出碳信息质量特征。以报告原则为导向，结合利益相关者碳信息需求，对碳信息披露内容作出界定。

（1）国际主流报告框架关于信息质量的报告原则。

1966 年，美国会计学会（American Accounting Association，AAA）在《基本会计理论说明书》提出相关性、可验证性、超然性和可定量性四条标准用于评估信息质量。1970 年，会计原则委员会在第 4 号报告中指出，信息质量目标是会计目标的一部分，包括相关性、可理解性、可验证性、超然性、及时性、可比性与完整性。随后美国注册会计师协会（American Institute of Certified Public Accountants，AICPA）的特鲁布罗德委员会也提出了信息质量要求，包括相关性与重要性、实质重于形式、可靠性、中立性、可比性、一贯性、可理解性。美国财务会计准则委员会（Financial Accounting Standards Board，FASB）发布的财务会计概念公告 2 号（Statements of Financial Accounting Concepts，SFAC No. 2）提出决策有用性应是最重要的质量特征，"如果没有有用性，就谈不上从信息中获得足以抵偿该项信息所费成本的利益"。信息是否有用取决于"相关性"和"可靠性"这两个主要质量，SFAC No. 2 指出，信息必须具备"导致差别"的能力，才具有决策相关性。"导致差别"是指决策者通过信息掌握过去和现在的实际情况，对未来作出预测，通过增加或减少不同决策方案间的信息差异，以降低决策中的不确定性。因此，信息要满足相关性，必须同时具备及时性、预测价值和反馈价值。"可靠性"是指信息应如实表述，尤其要做到不偏不倚，并具备可验证性，减少人为干扰。信息能够被决策者使用的前提是能够被理解，即"可理解性"，而决策及相互作用的基本要求是信息具有"可比性"。FASB 以可靠性代替传统会计理论中的客观性，更是从信息质量特征的实际出发。在评价信息质量时，提出相关性和可靠性，并强调二者并重，是西方财务会计理论的重要转折点，也是 SFAC No. 2 的一个重要贡献。2021 年，国际会计准则理事会（International Accounting Standards Board，IASB）将会计信息质量特征分为基础性质量特征（包括相关性与可靠性）以及提高性质量特征（包括可比性、可验证性、及时性和可理解性）。基础性质量特征为会计信息的核心特征，提升性质量特征有助于提升信息的相关性与可靠性。

受 IASB 关于会计信息质量特征界定的影响，2022 年 1 月，欧洲财务报告咨询组（European Financial Reporting Advisory Group，EFRAG）发布的《信息

质量特征》概念指引工作稿（ESRG 2）中将可持续发展信息的质量特征也分为基础性质量特征和提升性质量特征。其中，基础性质量特征包含相关性和可靠性两项一级特征要求：①相关性是指一项可持续发展信息应具有反馈价值和预测价值，对利益相关者的评估与决策具有决定性的影响，该信息符合相关性要求。反馈价值是指帮助利益相关者掌握企业过去和现在的实际情况，预测价值是指能够帮助利益相关者对未来结果进行评估，二者相互联系，利益相关者通过信息掌握企业过去和现在的实际情况，对未来作出预测，为了降低决策中的不确定性，企业在信息披露过程中应当清楚说明不确定性的性质和程度。相关性要求对可持续发展信息在多大程度上满足利益相关者决策需求进行评估。②可靠性是指一项可持续发展信息应当真实描述实际情况，确保披露内容的完整性、中立性与准确性。完整性要求披露的信息应当将可能影响利益相关者决策的所有重大方面进行描述，包括解释和说明。中立性要求可持续发展信息的列报不可带有偏见，既需要反映对可持续发展有利积极的信息，也需要反映不利消极的信息，不可过度聚焦负外部性。准确性要求应当减少差错或重大错报的信息，尤其是客观信息的准确性以及能够反映特定判断的程序、检查与制衡和其他支持性信息。提升性质量特征包含可比性、可验证性和可理解性三项一级特征，当存在多种信息披露方式时，提升性质量特征有助于选择更合适的披露方式以提高相关性与可靠性：①可比性，要求披露的可持续发展信息应当保持不同时期的数据口径一致和不同企业间相互可比。不同时期的可比性要求企业按照前后一致的方法和方式对自身可持续发展情况进行连续报告，若报告年度的披露政策发生重大变化，应作出合理解释。企业间可比要求处于同一条件下的不同的企业，其信息披露必须采用相同或相似的方式，便于利益相关者比较，因此要求优先报告绝对数和规范化的数据。可比性反映的相对数是绝对数的重要补充，对同一企业而言，绝对数反映的是静态情况，相对数反映了动态的变化趋势，对利益相关者预测的准确性具有重要影响。②可验证性，要求拥有合理专业知识的不同观察者能够得出一致或相似的结论以保证信息来源的可靠。可验证的信息是可以追溯的，为独立的第三方发表审计意见提供所需的证据。因此，来自第三方的审计意见常被看作评价信息可靠性的重要证据之一。为了保障信息可以被验证，企业应当恰当反映信息生成的流程。③可理解性，要求可持续发展信息应当以便于利益相关者理解的方式进行披露。利益相关者可以根据自身掌握的知识情况清晰辨认披露的要点：避免缺乏针对性的"模板化"信息；避免重复性信息；避免使用晦涩难懂或模棱两可的文字表达，专业术语应作出解释说明，语义应当明确。根据信息的性质不同，可适当采用图表与文字结合的方式进行披露。

全球报告倡议组织（GRI）提出的报告原则可分为两类：一类是界定报告内容的原则；另一类是界定报告质量的原则。界定报告内容的原则包括：①利益相关者需求原则。企业应当识别利益相关者的预期和关注，并进行回应与解释。②可持续发展背景原则。企业应当在可持续发展背景下报告企业经营的外部性。③重要性原则。企业应当报告具有重大经济、环境和社会影响，对利益相关者决策具有实质性影响的事项。④完整性原则。企业应当报告所有足以反映其经济、环境和社会影响的重要议题。界定报告质量的原则包括：①准确性原则。信息应当足够准确和详细，便于利益相关者评估企业业绩。②平衡性原则。提供的信息应该能够兼顾企业绩效的正负两个层面，有利于各利益相关方对公司整体绩效进行客观评价。③清晰性原则。企业应当以可理解和易理解的方式向利益相关者提供信息。④可比性原则。企业选择、汇编和报告信息的方法应当保持一致，便于利益相关者分析不同时期的业绩变动情况并与其他企业进行比较。⑤可靠性原则。企业应当按照经得起检查的方式收集、记录、汇编、分析和报告信息，并建立相应的报告编制流程，以确定信息的质量和重要性。⑥及时性原则。企业应定期提供报告，使利益相关者能够及时获取作出明智决策所必需的信息。

国际综合报告委员会（International Integrated Reporting Committee，IIRC）提出的报告原则并未对报告内容与报告质量进行区分，共包含 7 个原则：①战略性与前瞻性。信息应当有助于洞察企业战略以及战略与短期、中期和长期企业价值创造的关联性，并说明战略性资本的运用情况及影响。②信息间关联性。信息应当反映影响企业价值创造能力的各种要素之间的组合、相互联系和相互依存的总体情况。③利益相关者关系原则。信息应当提供有助于洞悉企业与其主要利益相关者关系的性质和质量的信息，包括企业如何以及在多大程度上了解和考虑这些利益相关者的正当需求和利益。④重要性原则。信息应当披露能够在短期、中期和长期对企业价值创造能力产生实质性影响的信息。⑤简洁性原则。信息应当包含有助于了解企业战略、治理、业绩和前景的背景信息，但不能充斥不相关的信息。⑥可靠性与完整性原则。信息应当以平衡的方式涵盖所有积极和消极的重要问题，且不存在重大差错。⑦可比性原则。信息列报方式应当建立在前后一致的基础上，且能够与其他企业进行比较。

气候相关财务信息披露工作组（Task Force on Climate-Related Financial Disclosure，TCFD）专注于气候相关的信息披露，提出企业在选择披露内容时应遵循 7 个报告原则：①相关信息原则。企业应当提供气候相关风险与机遇对其市场、业务、投资策略、财务报表和未来现金流量潜在影响的具体信息。②具体性和完整性原则。企业的报告应当对气候相关影响的潜在敞口、这种影响的潜在规模和性质、管理气候相关风险的治理和战略及流程、气候相关风险和机遇的管理业绩等事项提供全面的概述。③清晰性、平衡性和可理解性原则。信息披露的目的是沟通财务信息，以满足金融部门用户（如投资者、借款人、发行人等）的需求。清晰的沟通有利于使用者有效识别关键信息。信息披露应当在定性与定量信息之间、风险和机遇之间保持恰当的平衡，恰当使用文本、数据和图表等呈报方式无偏差地进行阐述。另外，信息披露在为老练的使用者提供足够细颗粒度的同时，也应考虑为不太专业的使用者提供便于理解的简洁信息。④一致性原则。信息披露应当在不同期间保持一致，以便使用者了解气候相关问题的发展和演变对企业业务的影响，为此，披露的信息列报应使用前后一致的格式、语言和指标，便于跨期比较。⑤可比性原则。同一个经济部门、行业或投资组合的信息披露应当具有可比性，便于对同一个部门或辖区内不同企业的战略、业务活动、风险和业绩进行比较。⑥可靠性、可验证性和客观性原则。气候披露应当提供高质量的可靠信息，这种信息必须准确和中立。气候披露应当以报告信息可被验证的方式进行界定、收集、记录和分析，以确保其高质量。面向未来的披露总会涉及判断，企业应充分解释这些判断。在进行信息披露时应当尽可能以客观数据为基础并采用最新计量方法，包括不断演进的行业惯例。⑦及时性原则。信息应当以及时的方式通过恰当的媒介提供给使用者或者予以更新，至少应当在主流财务报告的范围内以年度为基础进行披露。

可持续发展会计准则委员会（SASB）制定的报告框架最为完整，以基本原则为出发点，分别提出了规范指标质量的特征和指导议题选择的报告原则，构建"三位一体"的信息质量特征框架体系，契合与凸显了可持续发展报告的信息特点。SASB 认为，可持续发展会计准则的制定应当遵循证据导向性、市场知悉性、行业具体性和公开透明性 4 个基本原则。因此，SASB 分别提出了规范指标质量的特征和指导议题选择的报告原则。其中，规范指标质量的 7 个特征包括可靠性、完整性、可比性、中立性、可验证性、一致性和可理解性，其定义与 FASB 财务报告概念框架中的相关定义趋于一致。指导议题选择的报告原则包括：①财务影响性原则。SASB 制定的准则应当有影响企业价值的潜力。根据研究和利益相关者的反馈，SASB 通过"收入与成本"渠道、"资产与负债"渠道和"资本成本与风险特征"渠道识别能够对企业经营和财务业绩产生影响的可持续发展议题。②投资者关注原则。SASB 认为，直接财务影响及风险、法律监管和政策驱动、行业管理和最佳实践及竞争驱动、可导致财务影响的利益相关者关切、创新机会 5 个影响因素，可能引起投资者的关注，应当作为可持续发展议题。③行业相关性原则。SASB 选择的议题应当具有行业系统性特征，代表整个行业的风险与机遇，适用于该行业的大多数企业。④企业可行性原则。SASB 应当评估能否将广泛的可持续发展趋势转化为在企业控制或影响范围内的行业特定议题。⑤利益相关者关切代表性原则。SASB 应当就所有利益相关者对每个披露议题能否达成共识、是否构成特定行业内大多数企业的重要信息进行披露。

通过比较主流报告框架的报告原则（见表 2.1）可知，ESRG 2 关于可持续发展信息的质量特征几乎与 IASB 的会计信息质量特征一致，这种做法的突出优点是可以与国际准则融合，缺点是忽视了主流报告框架中那些可以反映可持续发展情况却无法直接纳入会计信息质量特征的报告原则，包括利益相关者关系、战略聚焦与未来导向、信息间关联性等。EFRAC 以会计信息质量代替可持续发展信息质量特征显然并不合适（黄世忠和叶丰滢，2022）。

表 2.1 国际主流报告框架的报告原则

NFRD	GRI	IIRC	SASB	TCFD	IASB	ESRG 2
利益相关者 需求	利益相关者 认同	利益相关者 关系	利益相关者 关注			
重要性	重要性	重要性	投资者关注	相关性	相关性	相关性
全面性 平衡性	完整性 平衡性	完整性		完整性 平衡性	可靠性	可靠性
战略性 前瞻性		战略性 前瞻性				
	及时性			及时性	及时性	
可理解性 简洁性	清晰性	简洁性		清晰性 可理解性	可理解性	可理解性
	准确性 可靠性	可靠性		可靠性 可验证性	可验证性	可验证性
一致性	可比性	一致性 可比性	可行性	一致性 可比性	可比性	可比性
连贯性		信息关联	财务影响性			

（2）碳信息披露质量特征框架体系。

借鉴 SASB "三位一体"框架体系，分别从基本原则、质量特征和报告原则三方面构建碳信息披露质量特征框架体系。

①碳信息披露的基本原则。ESG 理念的核心是实现企业为利益相关者共享价值创造的可持续，能否实现价值创造的可持续不仅取决于企业内部经营绩效，还取决于企业经营的外部性，即社会绩效和环境绩效。因此，ESG 视角下的碳信息披露的基本原则是为所有利益相关者服务，满足利益相关者评估企业可持续发展的机遇与风险以及决策的需要，除了反映企业经营绩效外，还要全面反映企业经营对外部社会、环境的积极与消极的影响。

②碳信息披露的质量特征。碳信息是对会计信息的传承与发展。会计信息来源于企业经营过程中价值运动所产生的经济信息数据，是反映企业历史财务状况、经营成果以及资金变动的财务信息，用以控制目前的经济活动和预测未来的经济活动。碳信息与企业的可持续发展高度相关，从碳排放治理的角度反

映企业面临的气候风险与发展机遇，包含企业内部绩效以及企业经营对环境与社会的影响，具有可持续发展信息的特点：第一，信息具有前瞻性。与会计信息侧重反映历史信息不同，碳信息更加关注未来，企业既要披露气候变化对企业战略的影响，也要披露企业经营活动对气候变化的影响。气候变化的风险与机遇与企业经营所在的制度环境、行业特点以及企业自身的能耗结构、经营模式、治理结构等因素密切相关。第二，包含定性信息。与会计信息定量财务数据不同，碳信息包含多种性质的信息内容，除了定量的数据外，还包括更多定性的文字描述内容，比如公司应对气候风险与机遇的战略部署、管理者的价值主张和经营理念、为促进社会公平正义作出的贡献等。第三，信息聚焦影响性。与会计信息以披露企业内部经济绩效为重点不同，碳信息披露的重点是企业经营与环境、社会的相互影响。观察（见表 2.2）主流报告框架关于信息质量特征的已有研究成果发现，各项信息质量特质在六个报告框架中出现的频率分别是相关性 4/6、平衡性 4/6、及时性 3/6、可靠性 6/6、可理解 6/6、可比性 6/6、重要性 2/6。结合碳信息可持续发展信息的特点，以主流报告框架的信息质量特征为基础，总结提炼出以下碳信息披露质量特征。

a. 相关性（重要性）。要求碳信息能够帮助信息利益相关者对企业碳活动作出评价和预测，实现或者修正决策预期，企业要披露具有重大经济、环境和社会影响，对利益相关者决策具有实质性影响的事项。信息要反映企业过去在碳减排方面取得的绩效（反馈价值），要包含企业为取得历史碳减排绩效而实施的行动和未来在碳减排方面的具体规划（预测价值）。同时，企业还应明确报告的时间和报告期，以保障信息的时效性（及时性）。

b. 平衡性（中肯性）。要求企业披露所有碳信息，无论"好""坏"，并且披露时立场中立，不能偏向或诱导任何一方利益相关者。考虑到碳信息披露不具有强制性，企业会选择性地"报喜不报忧"，因此，碳信息使用者对平衡性有较高要求（吉利、张正勇和毛洪涛，2013），考虑到企业经营的外部性，披露的碳信息应全面反映企业经营对外部社会、环境产生的正面与负面影响。满足平衡性的信息披露，内容才更加完整。

c. 可靠性。要求企业应如实反映碳活动的真实情况，通过披露数据来源和核算方法以保证不同的独立提供者在采用相同的方法条件下从实质上复制出来，能够聘请第三方审计机构对报告的真实性提供保证。

d. 可理解性，包括明晰性、可读性等质量特征。要求信息易于使用者理解是决策有用的前基本提。碳信息披露的内容比财务信息更加广泛，文字性表述更多，信息使用者对碳排放有关的专有名词相对陌生，要提高碳信息披露的可理解性，企业可以通过增加术语表对专有名词进行解释，通过图片、表格的使用让碳信息的表述更加直观。可理解性与可持续发展信息中的定性信息相契合。

e. 可比性。要求遵循统一的报告编制标准，不同企业之间或者同一企业不同时期之间信息可比。通常来说，可以被量化的信息可比性更强，比较也更直观，但前提是信息量化的标准必须统一。同一家企业的碳核算量化标准相对一致，而要实现不同企业之间信息可比，则要求企业披露的碳核算数据单位是被普遍认可和采用的大众性标准。

③碳信息披露的报告原则。主流报告框架中的报告内容原则是对披露内容的原则规定。从碳信息披露的基本原则出发，以主流报告框架中的报告内容原则为基础，结合碳信息的可持续发展信息特点，总结提炼出碳信息报告原则：第一，利益相关者导向原则。总结主流报告框架中的利益相关者关系原则，要求披露的碳信息满足利益相关者信息需要，实现与各利益相关方形成良性的互动关系。第二，前瞻性原则。总结主流报告框架中的战略聚焦与信息关联性原则，要求披露的碳信息应当有助于洞察企业战略以及战略与企业价值创造的关联性，并说明战略性资本的运用情况及影响。第三，影响性原则。总结主流报告框架中的财务影响性原则，要求披露的碳信息应反映与气候变化相关的风险与机遇对企业财务的影响，以及企业经营对环境与社会的正面与负面影响。

（3）碳信息披露的内容界定。

2021 年 1 月，国际整合报告理事会（IIRC）新修订的《整合报告框架》要求企业应充分披露对企业持续创造价值能力产生重大影响的因素，与利益相关者及时沟通，并充分了解利益相关者的利益诉求，在决策与绩效评价中充分考虑并回应相关利益诉求。IIRC（2021）的报告内容要求与碳信息披露的基本原则一致，本部分以此为出发点，结合利益相关者的碳信息需求，依据碳信息报告原则，借鉴 1.3 节中国际组织关于碳信息披露内容的具体规定，对中国企业碳信息披露的内容进行界定。

①基于利益相关者导向原则。首先，明确利益相关者的碳信息需求。作为发展中国家，中国经济发展任务重，同时又面临资源、环境的制约，中央政府坚持走低碳经济的可持续发展道路，社会公众的维权意识和环保意识不断提高，企业面临的气候风险和管制风险越来越多。其次，从决策有用的目标出发，对中国企业利益相关者的碳信息需求进行分析（见表 2.2），对管理者、股东、债权人而言，其切身利益与企业的经营及发展息息相关，经营策略与经营环境直接影响企业经营状况，战略导向决定企业发展方向，因此他们会关注企业的碳排放战略安排、气候变化对企业经营造成的内部与外部风险、企业应对这些风险采取的减排措施与实施绩效、企业碳减排与碳交易信息以及这些信息对企业财务的影响、对企业碳信息披露的第三方审验等。对政府而言，需要掌握宏观低碳经济走势，制定低碳发展政策，引导低碳资源配置，因此，他会关注企业碳排放量与碳交易信息。对于消费者、社会公众而言，需求主要出于保护生态环境的公益目的，因此，他们关注企业的碳排放量、碳排放可能产生的环境影响、企业减排技术与产品的研发等。

表 2.2　　　　　　　　　　利益相关者碳信息需求分析

利益相关者	需求目的	碳信息需求内容描述
政府	制定低碳发展的政策依据	企业碳排放量、碳交易信息
管理者	降低碳管制风险、制定低碳战略、进行低碳管理决策的依据	企业面临的碳排放管制风险、减排战略安排、碳减排投入、碳减排绩效、碳排放量、碳交易损益等
股东	确保企业可以持续稳定发展，实现价值增值，对管理者实施监督	企业面临的碳排放管制风险、减排战略安排、碳减排措施与实施绩效、减排技术与产品的开发，碳交易损益、碳信息第三方审计等
债权人、投资者	投资与融资的决策依据	碳排放管制风险对企业偿债能力的影响，碳减排投入、碳交易损益、碳信息第三方审计等
消费者、社会公众	在消费市场、资本市场作出消费、投资决策的依据	企业碳排放量、碳减排技术与产品研发、碳减排绩效等

②基于前瞻性原则。企业应对气候变化的战略部署、管理者与其他利益相关者的参与情况、采取的应对治理措施包括减排目标与计划、减排方案设计与

投入、减排绩效等。这些信息有助于洞察企业战略以及战略与企业价值创造的关联性，反映了战略性资本的运用情况及影响。

③基于影响性原则。气候变化对企业的影响，包括风险与机遇、企业应披露与气候变化相关的风险与机遇对企业财务的影响，尤其对气候风险包括评估温室效应带来的直接风险与碳排放管制风险进行说明，还需要披露企业经营过程中对环境保护与社会发展作出的积极贡献以及企业经营造成的环境与社会损失和负面影响。

基于以上分析，本书认为中国企业的碳信息披露内容应包含以下几个方面。

a. 碳排放风险，包括政府与有关环境部门对企业碳排放的管制风险，气候变化给企业带来的经营风险，如与碳排放相关的排污费用、环境污染的罚款、环境污染事故以及相关诉讼，减排可能给企业带来的经济效益损失等。

b. 碳减排战略，包括企业在发展规划中应对气候变化所作出的低碳战略调整，以及企业制定的碳减排目标与计划。

c. 碳减排措施。企业为达成碳减排目标所实施的具体行动，包括减排管理、减排投入与减排意识三个方面。减排管理是指企业关于碳减排管理制度的建立，碳减排职能机构与岗位的设立以及是否制定了与碳排放相关的环境污染事故应急预案。减排投入是指企业为节能减排所进行的设备升级改造、新能源开发使用、节能产品研发、环保设备建设与运行以及相关资金的投入情况。减排意识是指企业关于节能减排进行的宣传教育培训、环保低碳的企业文化以及企业日常办公的节能减排行为。

d. 碳排放核算，包括企业碳排放数据采集流程、核算方法与标准、各类温室气体的排放量及减排量、相关能源的消耗量及节约量。

e. 碳减排效益，包括企业实施碳减排所产生的经济效益、环境效益、社会效益等，如节能减排所节约的资金、获得的相关荣誉及奖励金。另外，财政补贴与专项资金也是政府为鼓励企业节能减排实施的常见政策（王仲兵等，2012；张国兴等，2014），取得政府支持也是减排效益的体现。

f. 碳排放交易，主要指企业是否参与碳市场的碳排放交易，以及参与的交易额与交易损益的情况。中国碳排放权交易体系于2017年12月19日正式启动，中国的碳市场建设将以发电行业作为突破口，纳入的企业达到1 700多家，碳排放配额超过 30 亿吨。①

g. 碳信息审计，主要指企业披露的碳信息是否有第三方专业机构独立审计，碳信息审计是碳信息可靠性的重要保障。

2.2　相关理论基础

2.2.1　信息不对称理论

（1）信息不对称理论的基本思想。

信息不对称体现在市场中的交易主体在信息占有量上的不均衡和获得信息难易的不均衡。1970 年，阿克洛夫在《"柠檬"市场：质量的不确定性和市场机制》一文中通过模型阐明了信息不对称导致的"逆向选择"的发生，以及带来的市场效应（乔治·阿克洛夫，2001）。当市场中存在信息不对称时，拥有信息更多的一方就占据市场主导，如果市场价格下降，就会导致劣质驱逐良质，市场被劣质占据，使市场交易价格获得的品质下降，导致"逆向选择"。这一原理至今仍被广泛应用于信息经济学领域。当企业信息披露不充分时，"知情"的管理者占有信息优势，很可能使利益相关者遭受欺瞒。由于交易合同的不完备，使得应承担责任的行为人不必对全部的行为后果负责，在最大化自身利益的情况下，损害其他相关者的利益，产生"道德风险"。为了保护自身利益，这些外部相关者可能终止或减少与企业的交易，或者要求提高交易成本。

（2）信息不对称理论下的碳信息披露。

碳信息披露是消除信息不对称的重要手段。碳信息反映了企业对利益相关者利益负责和对环境利益负责的行为和绩效。作为自愿披露的信息，碳信息增加了市场中的信息总量，降低了投资者之间的信息不对称，刺激了投资者交易。尤其是碳信息披露质量高的企业，更受到投资者青睐，企业股票的流动性

---

① 我国启动全国碳排放权交易体系 [EB/OL]. http://app.www.gov.cn/govdata/gov/201712/20/416897/article.html.

更高。环境管理表现好的企业，管理者更倾向于披露碳信息，让外部利益相关者了解企业的环境管理情况，以获得投资者的认可。相反，环境管理表现不好的企业，管理者担心暴露企业的环境风险，引发投资者情绪，选择"闭口不提"，这反而加重了市场中信息不对称的程度，导致投资者风险顾虑增加，出于自我保护，停止或减少投资，或提高风险溢价。因此，企业只有充分披露碳信息，才能使投资者认为未来风险可控，才有可能获得其资源投入。

2.2.2　信号传递理论

（1）信号传递理论的基本思想。

斯彭斯于 1973 年撰写了《市场信号：雇佣过程中的信号传递》，在讨论劳动力市场的雇佣关系问题时，首次提出信号传递的概念。市场中雇主与劳动者之间由于信息不对称，雇主并不清楚劳动者的实际生产力，为了提高雇主的选择能力，劳动者会以"教育水平"为信号向雇主传递，让自己区别于其他低素质求职者，被雇主识别。可见，由于信息不对称，信息劣势一方无法甄别对方优劣，此时信息占有量更多的一方为了自身被识别，会选择对外传递自己的"优势"信息。

企业内部管理者掌握企业的经营状况、财务状况和道德品质等重要信息，而外部利益相关者对此知之甚少。一方面，企业期望获得利益相关者手中掌握的资源；另一方面，利益相关者不知道哪家企业更优，更值得信赖和支持。要打破这种僵局，就需要一种信号传递来发挥媒介作用。企业通过向各利益相关者传递某种信号，表明自己的企业是更优的；与此同时，各利益相关者在接收到信号后，也会作出甄别。因此，企业想要通过信号传递来表明自己优于其他企业，就需要为所发出的信号付出一定的代价，使得其他企业不能轻易效仿。在交易达成之前，将企业优势信号传递给外部人，以获得关注；在交易达成之后，将企业履约情况传递给外部人，接受外部人监督，以塑造值得信赖的企业形象。

（2）信号传递理论下的碳信息披露。

信号传递理论下的碳信息披露是企业向外部利益相关者传递企业"优异"的信号。环境表现良好的企业，希望将这种环境利好信号传递给外部人，减少信息不对称的同时，影响外部人对企业的感知，通过展示企业在承担环境责任方面的积极表现，获得外部利益相关者的认可，从而建立与利益相关者长期稳定的合作关系，且交易成本更低。这种环境利好负信号传递是有成本的，比如企业环保投入等，因此，这种信号传递不易被其他企业复制。

2.2.3　利益相关者理论

（1）利益相关者理论的基本思想。

在《战略管理：利益相关者法》一书中，弗里曼把利益相关方界定为有能力或受到其影响的团体或个体。企业是与利益相关方签订的契约组合，企业管理者与签订契约的利益相关方都存在委托代理关系，这里的委托方不仅包括股东，还包括企业的债权人、员工、政府、供应商和客户等重要利益关系人（Hill & Gareth，2007）。根据交易公平原则，签订契约双方权利与责任对等，利益相关者根据契约有责任向企业投入约定的资本，包括股东投入的股权资本、债权人投入的债务资本、员工投入的人力资本、政府投入的公共环境资本、供应商和客户投入的市场资本等，有权利要求企业根据自身资本投入创造更多的价值。作为委托关系代理人，企业管理者根据契约有权利在契约规定的范围内自由使用委托方投入的资本为企业价值创造服务，并负有为所有委托人投入资本实现保值并增值的责任。如果管理者仅为股东投入的资本创造价值而忽视甚至损害其他利益相关方的利益，那么契约关系将难以存续，企业将失去继续获得其余资本的机会，企业价值创造不得不中断，最终导致股东资本受损。因此，企业管理者要实现价值创造的可持续，就需要满足与均衡各利益相关方的价值创造目标，以获得持续的资本投入。

（2）利益相关者理论下的碳信息披露。

碳信息披露有助于企业回应利益相关者对企业环境信息的需求，有利于建立与巩固二者之间的合作关系。2021 年 1 月，国际整合报告理事会（IIRC）新修订的《整合报告框架》中提出，企业应充分披露对企业持续创造价值能力产生重大影响的因素，与利益相关者及时沟通，并充分了解利益相关者的利益诉求，在决策与绩效评价中充分考虑并回应相关利益诉求。随着各利益相关者对气候和环境问题的日益关注，对企业低碳运营的要求也会越来越高，这将督促管理者更加关注气候变化，承担更多社会与环境责任，并要求管理者对外充分披露与气候变化相关的风险与机遇，企业采取应对气候变化的战略与措施，包括是否增加环保投入、是否开展绿色创新、节能减排领域的资本支出是否上升、相关无形资产的配置率如何、企业是否有更多盈余用于绿色转型等。

2.2.4 资源优势理论

（1）资源优势理论的基本思想。

亨特和摩根（Hunt & Morgan，1996）首次提出资源优势理论，认为企业掌握资源和使用资源的能力，是企业形成竞争优势的基本要素。资源之所以能够形成企业竞争优势，来源于该资源的专用性和异质性。资源的专用性体现在难以复制和替代，一旦发生转移就难以使用，因而在企业之间不具有流动性。资源的异质性体现在细分市场后的消费者偏好，细分市场是指在可识别的消费群体内，消费者对产品的偏好趋于一致，不同群体间消费者偏好存在明显异质性。当企业掌握了具有显著异质性的资源就意味着它与其他企业形成了比较竞争优势。

由于产品技术的相互模仿，使原具有竞争优势的产品市场逐渐向无差异市场过渡。消费者掌握的产品信息有限，在购买时往往选择根据企业声誉来判断产品质量的高低。因为企业声誉是社会公众对企业历史行为的综合评价，拥有良好声誉的企业，以往的产品质量更优，售后服务更加完善，因此也更受到大众信赖。良好的声誉使企业在激烈的竞争中脱颖而出，被消费者选择，是企业竞争优势的重要来源。

（2）资源优势理论下的碳信息披露。

资源优势理论下的碳信息披露是企业为了获得优势资源，积极进行声誉管理的重要手段。企业通过披露碳信息可以让公众了解企业为环境保护所作的努力，展示企业的社会道德标准并传递企业发展良好的信号；还可以展示企业实现环境目标的潜力和在环保方面为顾客创造价值的能力，通过满足公众的环保需求，获得公众好评，从而建立和提高企业声誉，为企业带来竞争优势。

2.3　基于 ESG 理念的碳信息披露质量价值传导的机理分析

价值创造的过程是资源投入产出的过程，要实现价值创造的可持续就需要为参与价值创造的资源投入者创造价值，建立与资源投入者之间稳定良好的互动关系，通过增加优势资源的投入、降低获得资源的成本和提高价值产出效率，提升企业价值创造的水平。价值创造依赖资源配置，资源配置依赖有效的信息披露。众多学者通过实证研究发现企业环境责任对企业财务绩效具有积极的影响（Flammer et al.，2013；Xu et al.，2018；Zhang et al.，2020）。

2.3.1　利益相关者关系与企业价值创造

根据利益相关者理论，企业与外部利益相关者的协同关系是企业价值创造的动力。企业价值创造需要股东投入的股本、债权人投入的资金、员工投入的人力资本和政府投入的公共资源。价值创造过程不能仅依靠企业内部单独完成，更需要在企业与利益相关者的关系互动中创造。所有要素投入者都为价值创造作出重要贡献，应共享企业创造的成果。企业单一追求股东价值最大化而牺牲其他相关者利益，违反公平原则，会降低其他利益相关者继续与企业合作的意愿，使企业失去维持价值创造的优势资源，影响企业的可持续发展，从长远来看反而有损股东利益。可持续的价值创造需要构建利益共同体，企业管理者是利益共同体的代理人，通过分析利益相关者的风险偏好与利益诉求，协调股东与其他利益相关者的利益冲突，使企业发展目标与外部利益相关者需求目标一致，倡导价值共创与价值贡献的价值创造方式，调动利益相关者参与价值创造的积极性，为企业获得更多优势资源投入以保障价值创造的可持续。这种企业与利益相关者之间互相协作、价值共创的合作关系，有利于促进彼此信任，进而降低交易成本，提高价值创造的效率（Freeman & Evan，1990）。

2.3.2 碳信息披露质量与利益相关者关系

碳信息披露是企业加强利益相关者关系管理的手段（Kolk & Pinkse，2010）。在企业、利益相关者和外部环境共同构成的价值生态系统中，企业管理者作为系统中的关系代理人，需要控制和协调系统中的各种关系，以维持该系统的正常运转。企业认真听取并及时回应外部利益相关者关于企业可持续发展的信息诉求，通过披露企业为应对气候风险与机遇制定的发展战略、环保投入、减排措施与内部治理机制以及企业的环境绩效，传递企业可持续发展和高质量履行与利益相关者契约的信号（Norhasimah et al.，2016；姜博和王爽，2020），赢得利益相关者信赖与支持。实证研究证明，企业提高环境信息披露质量有利于改善与相关利益方的关系，披露企业绿色产品创新水平，传递管理者关注企业可持续发展和妥善协调各方利益的信号，进而获得股东和其他利益相关者的支持（Wild et al.，2001；殷格非和崔征，200；于飞等，2020）。

（1）碳信息披露质量与投资者关系。

碳信息披露具有信号传递和信息均衡的功能，能够预防和治理信息不对称引发的逆向选择和道德风险问题。高质量的碳信息披露能够提高投资者预测的准确性，降低投资风险，因此透明度高企业更受投资者青睐（Clarkson et al.，2008；Hatakeda et al.，2012；Schiager & Haukvik，2012；Nishitani & Kokubu，2012；Saka & Oshika，2014）。当企业管理者发现提高碳信息披露质量能够赢得投资者信赖，为企业创造超额收益时，信息披露的积极性和有效性都会得到明显提高，使外部投资者获得更多有价值的信息（贺建刚等，2011）。实证研究表明，提高碳信息披露质量能够有效提高外部投资者对公司的评价，对企业经营绩效有显著促进作用（Matisoff et al.，2013；孙玮，2013）。

（2）碳信息披露质量与社会公众关系。

高质量的碳信息披露提高了企业透明度，使社会公众更加充分了解企业经营对环境造成的影响，尤其是环境绩效表现良好的企业，更易获得社会公众的认可（Duanmu et al.，2018）。碳信息披露反映了企业的环保投入、污染防范措施以及碳治理方面的部署，传递了企业的环保理念和专业的环境管理水平，彰显了企业的社会道德标准（顾雷雷和欧阳文静，2017），传递了企业可持续发展的良好信号（Brammer & Millington，2005），使社会公众形成对企业的"绿色"印象。通过披露企业领先的环保技术与产品，展示企业实力与市场地位，进一步正向强化社会公众对企业的认可，提升企业公信度（Clarkson et al.，2008）。社会公众的认可有利于企业稳定原有的利益相关者规模，并吸引新的利益相关者加入（Servaes & Tamayo，2013；Cheng et al.，2014）。

（3）碳信息披露质量与消费者关系。

高质量的碳信息披露有利于吸引具有责任意识的消费者关注，通过引导消费者购买和提高产品及服务使用过程的效用感受，获得消费者认可，逐步形成消费者偏好。在产品市场存在信息不对称的情况下，除了价格等公开信息外，消费者对产品质量和使用价值等重要内在信息难以直接观测。企业主动披露碳信息，向消费者传递企业与其一致的环境与社会责任观，以及致力于生产更高质量、更加环保和更加安全的产品，引导消费者购买。通过更多翔实的环境信息披露使消费者了解产品使用对环境与社会的影响，提高消费者对产品的感知效用，实现消费者满意，通过满意体验的积累逐步形成消费者对企业产品的偏好，培养顾客忠诚。

2.3.3　基于投资者关系的价值传导机制

投资者与上市公司之间通过信息披露与信息反馈形成彼此间关系，这种关系会影响投资者决策与行为，进而体现在企业股票的流动性和融资成本的变化，并最终转化为对企业价值创造的影响。因此，本书选取市场流动性与融资成本作为投资者关系路径中价值传导的关键要素。

（1）碳信息披露质量、市场流动性和企业价值创造。

市场流动性可以通过市场弹性、市场深度、市场宽度和市场及时性四个维度进行反映（Harris et al.，1990）。市场弹性是指交易量引起的股票价格偏离均衡价格后恢复到均衡价格的速度，市场弹性越大，交易量引起的股票价格波动周期越短；市场弹性越小，交易量引起的股票价格波动周期越长。市场弹性反映了股价波动与时间的关系特征。市场深度是指在特定股票价格上的可交易的数量，反映了市场内股票价格的稳定程度。市场越有深度，股票价格越稳定。市场宽度是指股票交易价格偏离市场有效价格的程度，即交易双方买卖差价，反映了股票的交易成本。市场宽度越窄，交易买卖差价越小，交易越容易实现，股票的交易成本更低，市场流动性越好。市场及时性是指交易时间的长短，及时性越高，股票买卖交易速度越快。由此可见，市场弹性越大，股票价格波动周期越短，对流动性越有利。市场深度越深，股票交易数量越多，股价越稳定，对流动性越有利。市场宽度越窄，交易双方买卖差价越小，交易成本越低，对流动性越有利。市场及时性越高，交易时间越短，对流动性越有利。

高质量的碳信息披露对市场流动性具有显著影响（Leuz & Wysocki，2008），这种影响主要来自碳信息披露能够缓解市场中的信息不对称，有利于防止逆向选择的发生（Verrecchia et al. ，2001）。管理者与外部投资者之间、外部投资者之间都存在信息不对称的问题，占有信息优势的一方很可能"趁机"侵占信息弱势一方的利益，处于信息弱势一方的投资者为了保护自身利益，自动减少交易，使市场流动受阻，降低了资源配置效率，甚至出现"柠檬市场"。企业通过披露碳信息，一方面可以增加市场中的信息总量，使市场内知情交易者增加，信息不再被少数"内幕"交易者私有，能够有效防止"内幕"交易者侵害信息弱势一方的利益；另一方面可以平衡企业与外部投资者之间的信息量，有利于降低投资者的不确定性，能够有效减少逆向选择的发生。波特等（Porta et al. ，1999）和谢志华等（2005）研究认为，高质量信息披露可以有效缓解市场中的信息不对称，有助于提高分析师对公司判断的准确性，提高公司股票的流动性。

碳信息披露质量对市场流动性的影响主要体现在以下几个方面：第一，提高碳信息披露质量有助于消除投资者顾虑，促进交易实现，增加市场交易量，提高市场流动性。安东尼等（Antoine et al. ，2010）研究发现，股票的交易量在企业环境信息被曝光的当天和次日出现大幅度变动。海格和夏皮罗（Haigh & Shapiro，2011）研究发现，机构投资者更加关注企业的 GHG 报告，将其作为评估企业投资质量的重要依据，进而影响投资者交易行为。第二，提高碳信息披露质量使市场内知情交易者增加，各投资者之间信息公平，有利于防止内幕交易发生，提高投资者交易意愿，交易量增加，市场流动性增大。艾斯利等（Easley et al.，1996）在研究中发现，随着股票交易量上升，内幕交易发生的概率减小。投资者认为，信息披露质量高的企业股票交易价格更合理，从而增加购买，提高了该公司股票的流动性；而信息披露水平低甚至不披露的企业，投资者在交易时表现出担忧，为了阻止自身利益受到投机行为的损害，投资者交易意愿下降，导致股票的市场流动性下降（Verrecchia et al.，2001）。第三，提高碳信息披露质量使外部投资者收集信息的成本下降，降低了交易成本，使交易双方买卖差价缩小，有利于交易实现，促进股票流动。李姝和肖秋萍（2012）研究发现，企业社会责任信息披露会降低投资者的信息收集成本，促进投资者交易行为，使股票的市场流动性提高。第四，提高碳信息披露质量使股票市场交易更加活跃，增加了股票的市场弹性，股票价格更加稳定并趋于公允，对市场流动性产生积极影响。提高碳信息披露质量使投资者掌握的企业信息更充分，交易成本更低，市场交易更加活跃，交易量和交易额都得到大幅度提高。由于市场中的有效信息能够被投资者识别，交易的频率提高，股票价格将会趋于公允，即使发生较大规模的交易，股价在短暂波动后仍会迅速回到均衡价格保持稳定。格里芬等（Griffin et al.，2011）研究发现，企业碳减排信息被媒体曝光仅会引起企业股票的交易量和价格的短期波动，在曝光后的第三天股价又快回到均衡价格。

提高碳信息披露质量可以加速企业股票的流动并保持股价稳定，提升企业价值。已有研究表明，股价剧烈波动不利于企业价值创造。斯里尼瓦桑和汉森斯（Srinivasan & Hanssens，2009）实证研究发现，股价波动幅度与企业价值创造之间存在显著的负相关关系，即股价波动幅度越大，偏离均衡价格的距离越远，企业创造的价值越低；相反，股价围绕均衡价格上下轻微变动，企业创造的价值越多。不稳定的股价反映了投资者情绪的波动。当市场中存在严重的信息不对称，信息被管理者与少数投资者私自占有，此时管理者机会主义行为发生的概率会增加，内幕交易会增多，从而引起投资者不安，担心自身利益受到管理者与内幕交易者的侵害。亚当斯等（Edmans et al.，2009）研究发现，市场流动性对管理者具有监督作用，当市场流动性提高时，管理者投机行为发生的概率显著下降。卡纳安和桑迪（Khanna & Sonti，2004）研究发现，市场中的知情交易者增加会带来更多交易行为和提高市场弹性，股票价格更加稳定。稳定股价反映了投资者情绪的稳定，此时投资者的交易意愿更强烈，市场内交易活动更加活跃，股票更具有市场弹性，股价更加稳定并趋于公允，这些都有利于提高企业价值创造的绩效。通过以上分析可知，市场流动性是提高碳信息披露质量影响投资者关系获得的行为效果，通过市场流动性传导对企业价值创造的影响。

（2）碳信息披露质量、融资成本与企业价值创造。

融资成本是企业为募集资金发行股票时支付的成本，是投资者要求的最低回报率。当投资的不确定性增大，投资者面临的风险增加，会要求更高的投资回报作为风险补偿，对融资企业而言，融资成本的增加意味着价值创造的空间被挤占。

碳信息披露质量对融资成本具有显著影响（Marshall et al.，2009），这种影响主要来自以下几个方面：第一，提高碳信息披露质量通过缓解资本市场的信息不对称降低交易成本，进而缩小交易双方买卖差价，使融资成本降低。信息不对称引发的逆向选择问题会导致市场配置效率下降从而引起交易成本增加，为了补偿昂贵的交易成本，投资者会在每次交易时要求更高的投资回报，导致交易双方买卖差价扩大，资本成本快速上升。在企业发行股票时，这部分因信息不对称而增加的交易成本被转嫁给企业。投资者担心在未来抛售股票时，受到抛售价格的上限限制，导致购买意愿减少，企业采取折价发行的方式刺激投资者购买，导致企业融资成本增加。提高碳信息披露质量可以提高外部投资者的信息占有量，降低了市场中的交易成本，使交易者的价格保护心理减弱，要求提高回报补偿交易成本的行为减少，交易价格更接近市场价格，买卖差价缩小。韦尔克等（Welker et al.，1995）通过实证研究发现，公司信息披露水平与公司的买卖价差以及融资成本之间存在显著负相关。第二，碳信息披露可以作为投资者评估企业可持续发展的重要依据，通过提高投资者对未来收益预测的准确性，降低投资风险，为企业节约融资成本（Dhaliwal et al.，2011；叶淞文等，2018）。当投资者预估风险较高时，会要求更高的投资回报率作为补偿导致融资成本增加。克拉克森等（Clarkson et al.，1996）认为，高质量的信息披露使投资者对公司未来收益的预测精度上升，从而降低投资者的预估风险。汪炜和蒋高峰（2004）以中国上市公司为样本，实证研究发现公司自愿性信息披露水平越高，投资者预估风险越准确，公司的融资成本越低。兰伯特等（Lambert et al.，2007）构建 LLV 模型分析公司信息披露对融资成本的影响，模型表明，环境信息披露质量低会导致资本市场盈余噪声增大、未来现金流波动性增强，从而降低未来现金流水平，使公司融资成本增加。艾尔茨等（Aerts et al.，2008）以法国、德国、荷兰、比利时这四个欧洲国家及美国、加拿大这两个北美国家的上市公司为研究对象进行比较分析，发现环境信息披露质量的提升有助于分析师更准确地对未来收益进行预测，通过降低预估风险来降低融资成本。沈洪涛等（2010）以 2006～2009 年我国沪深 A 股市场的重污染行业上市公司作为研究对象，运用剩余收益折现（GLS）模型估计融资成本，研究结论显示，环境信息披露与融资成本之间呈现明显的负相关关系。投资者甄别企业"好""坏"，形成投资者偏好，有利于降低企业融资成本。第三，高质量的碳信息披露具有积极的信号传递的作用（张兆国等，2013）。通过提高碳信息披露质量传递企业具有良好的可持续发展能力的信号，表明未来有稳定和充裕的现金流保障投资者预期收益的实现；传递企业内部治理机制完善的信号，表明投资者利益能够得到更好的保护；传递企业积极承担环境与社会责任的信号，更能获得有责任感的投资者信赖。投资者偏好意味着企业与投资者之间良好的互动关系，企业得到投资者的认可和支持，使企业能够以较低的融资成本获得更多资金。

高质量的碳信息披露能够有效降低公司的信息不对称程度，进而降低企业融资成本，为企业价值创造释放更多空间。企业披露碳信息使市场内信息量增加，投资者与管理者之间、投资者相互之间信息占有量更加均衡。当投资者掌握更多的信息时，对未来投资的不确定性就会降低，从而降低了投资者的代理成本，投资者要求的投资回报也随之下降，进而使企业的融资成本下降。伴随融资成本的下降，企业价值创造的空间提升。当企业以更低成本筹集大量资金时，资金的流动性更强，资源的配置效率更高，更加有利于企业价值创造（杨璐和范英杰，2016）。提高碳信息披露质量可以降低投资者的投资风险和决策成本，从而提高投资者的交易意愿，促进更多的交易行为，为企业带来更多的流动资金，且融资成本更低，进而有利于提升企业价值创造。苑泽明等（2015）实证研究发现，企业的信息披露可以通过影响股价、融资成本、市场风险等因素来影响企业价值创造。通过以上分析可知，融资成本是碳信息披露质量影响投资者关系获得的行为效果，通过融资成本传导对企业价值创造的影响。

2.3.4 基于消费者关系的价值传导机制

碳信息披露被消费者视为企业承担环境与社会责任的具体表现，负责任的企业更易形成良好的消费者关系，对消费者行为具有积极的引导作用。当市场中存在信息不对称的情况，尤其在企业推出新产品时，消费者对新产品的情况不确定，消费者会倾向于选择履行社会责任的企业产品，新产品获得的评价也更高。罗和巴塔卡里亚（Luo & Bhattacharya，2006）发现，企业社会责任有助于建立顾客满意，顾客满意在企业社会责任和企业市场价值之间起了中介作用。胡铭等（2008）实证研究发现，社会责任信息披露通过顾客满意对企业价值创造发挥正向促进作用。因此，本书选取顾客满意作为消费者关系路径中价值传导的关键要素。

顾客满意是指消费者通过使用产品获得的效用感知符合或超过自身对产品效用的预期所形成的愉悦的感觉，这种愉悦感对消费者购买行为具有持续的激励效果和传播效果（Bearden & Teel，1983），最终形消费者成对产品企业的忠诚，为企业带来市场优势，对企业价值创造产生积极影响。获得良好使用感受的消费者未来会持续购买他所偏好的产品，并进一步扩大为对同企业产品的消费偏好，有些"分享型"消费者会主动向其他消费者推荐自身使用感受良好的企业产品，尤其得到他人的认同时，这类消费者获得的愉悦感更甚，使消费偏好得到强化。消费偏好的积累最终转化为消费者对企业忠诚的承诺，即顾客忠诚，未来将重复或扩大购买企业的产品且不会因市场形势变化和其他竞争企业行为的影响而发生改变。因此，顾客满意是企业宝贵的优势资源，对企业价值创造具有积极的影响。

　　哈特和米尔斯坦在 2003 年发表的《创造可持续价值》一文中提出，清洁技术、污染防范、产品经营责任是实现企业可持续价值创造的关键（Hart & Milstein，2003），要求管理者更加关注企业的长远利益，将企业发展融入全人类的共同发展。企业应当顺应社会与生态环境的需求，创新开发绿色产品与技术，提高企业产品生产透明度，致力于提供更加优质、安全和环保的产品与服务，持续为消费者提供满足甚至超过其预期效用的产品，以获得市场竞争优势。实现顾客满意的三要素包括感知质量、感知价值和顾客期望（Fornell et al.，1992）。感知与期望是个人的心理感受和心理预期，具有较强的主观性，对同一事物的评价会因评价者的偏好不同而存在明显差异。因此，要实现顾客满意的三要素，必须从心理层面获得消费者的认可。李等（Lee et al.，2009）在实证研究中发现，披露社会责任信息可以提高顾客满意。唐等（Tang et al.，2012）实证证明，企业披露环境信息传递企业的环境责任行为，能够让顾客在产品质量、使用价值和产品预期三方面得到满足。

　　碳信息披露质量对顾客满意具有显著影响，这种影响主要来自以下三个方面：第一，满足消费者感知质量（Shrivastava et al.，1995）。在市场内信息不对称的情况下，除了价格等公开信息外，消费者对产品质量难以直接观测，企业主动披露碳信息增加市场中的信息量，并发挥信号传递的功能，通过企业履行的环境与社会责任影响消费者感知。企业通过提高碳信息披露质量提高企业透明度，向消费者传递企业对生产的高质量管理，让消费者获得感知质量。第二，满足消费者感知价值（Sweeney & Soutar，2001）。"道德型"消费者的感知价值范畴更广，除了产品的使用价值外，还包括产品的社会价值与环境价值，即产品及产品生产对环境与社会的影响。提升碳信息披露质量是强化企业低碳形象与消费者价值联结的关键路径。通过系统性披露产品的全生命周期碳足迹及减排效能，企业可精准传递产品的生态友好属性，让消费者感知自身消费行为对生态环境的正外部性，从而满足用户对产品功能价值、环境效益及社会责任贡献的整合性价值诉求。第三，满足甚至超过消费者预期效用。基于认知一致性理论，高质量的碳信息披露可构建企业与消费者间的环境责任共识，这种价值观的协同效应不仅能够增强消费者的品牌认同，更可通过责任消费的心理补偿机制，赋予产品超越传统使用价值的道德溢价。

为消费者提供满意的产品或服务是企业价值创造的关键手段之一（Bolton & Drew，1991）。企业以产品与服务为媒介与消费者之间形成联系，致力于向消费者提供更加优质、环保与安全的产品与服务是增强企业管理者与消费者之间互动关系的手段，获得顾客满意的消费者关系资源是企业对消费者关系管理的目标。从资源优势理论看，顾客满意的消费者关系资源是一种长效竞争优势，且具有专用性，难以被模仿和获得。大量研究表明，顾客满意的增加可以获得较高的顾客保留，保留下的顾客积极采取正面行为可以带来企业销售收入的增加并最终提高企业价值创造。拥有满意顾客的公司有着较高的顾客忠诚度（Oliver et al.，1980），能够通过阻止顾客的"背叛"行为（选择其他企业产品）来提高企业利润（Reichheld & Sasser，1990），通过顾客重复性购买、口碑效应和顾客忠诚（Bearden & Teel，1983），提高市场占有率，对企业价值创造具有积极作用。

顾客满意对企业价值创造具有显著影响。这种影响体现在以下几个方面：第一，顾客满意有利于建立企业与消费者之间稳定互信的关系，形成消费偏好。获得满意的顾客更可能重复购买和扩大购买企业产品（Vikas & Kamakura，2001；白长虹和刘炽，2002），有利于企业现金流的稳定和增长（Gruca & Rego，2005）。第二，顾客满意使消费者对产品价格的包容度提高（Eugene & Anderso，1996）。由于消费偏好，消费者愿意为自己喜欢的企业产品支付溢价（Homburg et al.，2005），根据交易价值对等原则，消费者也获得了相应的超额效用。因此，消费者不会因为价格的上涨而轻易改变消费需求，使企业能够获得高于平均水平的回报率来维持更高的盈利能力。第三，顾客满意使消费者对新产品的接受度提高（汪纯孝等，2003）。消费者受前期好感的影响，对企业新产品的质量和效用抱有信心，结合企业产品营销的引导，消费者能够更快接受新产品并给出正面评价，有助于企业新产品的市场推广，加速资金回流，降低企业研发风险。第四，顾客满意使消费者对企业过失的宽容度提高（Bhattacharya et al.，2004）。顾客满意度积累的信任资本能够显著提升顾客的包容阈值。当产品出现质量缺陷时，具有高满意度的消费群体会基于既有的心理契约，更倾向于接受企业提出的系统性补救方案。第五，顾客满意具有口碑效应。当顾客对消费过程及结果感到满意时，特别是那些具有分享特质的顾客，往往会自发地向其周边人群分享自身积极的消费体验，并对相关产品或服务进行推荐，这种源自满意顾客的正面口碑传播，能够在不同社交圈层中产生辐射作用，吸引新的潜在顾客关注该企业，更为企业的收入增长开辟了新的渠道（Claes et al.，1992）。第六，顾客满意为企业节约处理投诉的营销成本。安德森等（Anderson et al.，2004）研究发现，美国顾客满意度指数（ACSI）每增加 1 个单位，企业价值创造将增加 2.75 亿美元。威克斯等（Vikas et al.，2005）研究发现，顾客满意具有双重价值创造效应，增加企业收入的同时降低企业成本。

2.3.5　基于社会公众关系的价值传导机制

增强企业碳信息的透明度能够显著提升企业在公众中的形象，从而赢得社会公众的信任和支持。通过公开透明的碳信息披露，企业可以向外界展示其对环境保护责任的积极履行，进而获得社会公众对其行为的正面评价和认可。这样的做法有助于提升企业的声誉和形象（章金霞和白世秀，2019）。企业声誉代表了社会公众对企业综合信息的整体感知，它是基于企业在经济、社会和环境三个维度上的行为及其成果，通过与各利益相关方的互动沟通而逐步塑造的。这种声誉能够对利益相关者的行为产生影响，进而对企业的价值创造活动发挥作用。因此，本书将企业声誉视为社会公众关系路径中传递价值的关键因素。

碳信息披露对企业声誉具有显著影响（Toms et al.，2002；Hasseldine et al.，2005），这种影响主要来自以下两个方面：第一，碳信息披露通过平衡信息和传递信号的方式，满足了投资者对企业的期望，并降低了他们的预期风险，从而构建了对企业的积极认知，并有助于增强企业的声誉。投资者对企业的期望包括其经营的合法性、未来收益的稳定性、内部治理的效率以及发展的可持续性。那些环境绩效表现出色的企业更倾向于主动进行信息披露，旨在传递其内部治理的完善、公共关系的稳定性以及可持续发展的企业形象，以辅助投资者进行甄别和选择。投资者通过获取更多关于企业环境责任和社会贡献的信息，能够更准确地评估企业未来的收入、成本、风险和机遇，从而减少投资的不确定性。此外，企业通过积极履行环境和社会责任所建立的良好公共关系，发挥了"信誉担保"的缓冲风险作用，有助于减轻外部环境变化对企业的负面影响，增强企业的抗风险能力，进而更好地保护投资者的利益。第二，碳信息披露通过满足消费者对企业的期望，增强了消费者的购买意愿和价值感知，从而获得了消费者的认可，对于提升企业声誉是有利的。随着环保意识和社会责任意识的提升，消费者对企业在环境和社会责任方面的履行期望也在增加，这直接影响到他们是否选择购买或抵制企业的产品。被称为"道德型消费者"的群体更倾向于支持那些环境友好型的产品，并抵制那些被认为是不道德商家的产品（Sen & Bhattacharya, 2001；Gürhan-Canli & Batra, 2004）。在市场信息不对称的情况下，消费者通常认为透明度更高的企业所提供的产品更可靠，而碳信息披露有助于消费者识别和评估企业（Bhattacharya et al., 2004）。

现有文献表明，企业声誉对企业财务绩效具有重大影响（Basdeo et al., 2006）。声誉高的企业比声誉低的企业销售增长率更高，现金流更加稳定，经营风险较低，具有更强的竞争力（Roberts & Dowling, 2002）。不少企业管理者认为，企业声誉是企业重要的无形资产，声誉管理是企业一项非常重要的价值管理活动，对企业价值创造的影响不容忽视（Branco & Rodrigues, 2006）。可持续发展理念深入人心，企业履行环境与社会责任的情况对企业声誉的影响重大。

声誉有信号传递功能，实现企业与利益相关者之间的信息交流，信息交流可以降低信息不对称，进而降低逆向选择发生的概率。在现代市场环境中普遍存在信息不对称的问题，难以从外部直接观测企业内部特质，导致外部关联方对企业经营的不确定性增加，引起交易成本上升。良好的企业声誉对外部利益相关者来说是一个积极的信号，向利益相关者传递企业可信赖、负责任、高品质和追求卓越等信息。由于"机会主义"的存在，企业声誉是需要依赖重复契约关系建立的，如果企业出现剥夺或占用"准租"的可能性，这种重复的契约会立即终止，在重复博弈的过程中，交易的另一方可以通过观测企业声誉来判定企业履约的能力与意愿。因此，外部利益相关者接收信号后，依据企业对声誉的重视，建立与企业之间相互信任的关系，极大节约了因信息不对称产生的各种交易成本如谈判成本、执行成本与监督成本等，提高了企业的获利空间。

当市场信息不对称时，企业声誉成为外部利益相关者进行决策的重要参考。良好的企业声誉会增加利益相关者对企业的信任，信任会影响利益相关者的行为意向。消费者更倾向于购买自己信任的企业产品，信任让他们对企业产品质量抱有信心，有助于提高产品使用中的价值感受，即使面对市场中同质化的产品，消费者也更愿意选择自己信赖的企业产品，顾客忠诚度更高。尤其是通过树立品牌和提高售后服务等方式建立的良好市场声誉可以为企业带来超额收益。投资者更倾向于投资自己信任的企业，信任让他们感受更安全对未来收益抱有信心，从而增加持续性投资和吸引更多新增投资。良好的企业声誉增加了外部利益相关者对企业的信任，帮助企业获得更多外部资源。当企业面临危机时，良好的企业声誉可以缓解危机给企业价值创造造成的不利影响（Shiu & Yang，2017；张宏等，2021）。通过以上分析可知，企业声誉是碳信息披露质量影响社会公众关系获得的行为效果，通过企业声誉可传导对企业价值创造的影响。

2.3.6　内部控制对碳信息披露质量价值传导的调节作用

企业的内部控制是一种重要的公司治理制度，高质量的内部控制为保证企业财务报告可靠性和发展战略的实现提供了有力保障，而较弱的内部控制常常导致较高的资本成本和较低的公司业绩（Doyle et al.，2007；Ogneva，2007）。《企业内部控制应用指引第 4 号——社会责任》等文件的发布，明确了内部控制与社会责任之间的包容性和互动性，以及共同作用于企业价值的驱动力（张宏等，2019）。已有的研究表明内部控制显著影响着企业社会责任的履行（李志斌和章铁生，2017）。因此，有必要将内部控制因素纳入碳信息披露质量价值传导的机理分析框架，进一步研究内部控制对碳信息披露质量价值传导的调节效应。

内部控制质量的高低对于企业碳信息披露质量的价值效应存在着一定程度的影响。随着我国内部控制基本规范及其配套指引在上市公司中逐步推行，内部控制成为企业落实环境保护及信息披露的具体举措，对企业环境信息披露质量的提高具有促进作用（李志斌，2014）。同时，内部控制具有将外部管制压力转化为服务价值创造的内部治理行为的作用，即"黏合剂"功能。科恩和西姆内特（Cohen & Simnett，2015）明确指出，健全和完善的内部控制可以增强环境信息披露报告的可靠性。由此可知，高质量的内部控制不仅能够保证企业经营目标的实现，而且有助于外部利益相关者社会目标的实现。有学者研究发现，内部控制质量的提升有利于企业价值增加（宋常等，2014；Gal & Akisik，2020）。企业内部控制质量不同，其碳信息披露质量不同。内部控制质量较高的企业，其内部有关碳信息披露的流程会更规范，信息披露质量更高，因碳信息披露而产生的价值效应更加明显。由此可见，内部控制对碳信息披露质量的价值传导具有调节作用。

（1）内部控制对投资者关系路径的调节作用。

实施内部控制进行监管的目的是提高公司信息披露完整性，降低资本市场信息不对称程度，提高信息透明度，从而有利于恢复投资者信心，进而提高股票市场流动性并促进资本市场有效。存在内部控制缺陷的公司，往往内部控制质量较低。吉姆等（Kim et al.，2011）研究发现，存在内部控制缺陷的公司财务风险和经营风险更高，获取资金的难度更大，导致权益资本成本更高。姜磊（2017）认为，内部控制缺陷修复可以降低企业价值被质疑的可能性，改善机构投资者的负面情绪，使得机构投资者增加持股。林钟高等（2017）研究发现，修复内部控制缺陷可以提高会计信息可靠性，强化企业治理能力，从而降低因内部控制缺陷而升高的融资成本。内部控制在协调股东和管理者在内的众多利益相关者之间的关系以实现共同目标以及对彼此权力的制衡中，发挥着重要作用（Ashbaugh-Skaife et al.，2009）。由此可见，高质量的内部控制不仅能够提高企业披露信息的可靠性，降低投资者面临的信息风险，还能够有效减少管理层侵占或大股东掏空等机会主义行为，降低外部投资者面临的经营风险，从而增强投资者对公司的信任与认可。通过以上分析可知，高质量的内部控制可以增强基于投资者关系路径的价值传导效应。

（2）内部控制对消费者关系路径的调节作用。

在消费者关系方面，高质量的内部控制可以更好地保证企业产品质量，通过全面细化的标准制定与监督来保障企业产品的质量安全。同时，高质量的内部控制可以提高企业信息的可靠性与透明度，更好地缓解企业与消费者间的信息不对称问题，使消费者对企业真实情况了解得更加充分（Servaes & Tamayo，2013），帮助企业获得消费者的支持与信任。高质量的内部控制还可以更好地保证企业产品的质量和提供更优质的产品售后服务，通过全面细化的标准制定与监督来保障企业产品的质量安全；通过优质的售后服务管理，使其与客户和消费者之间关系更加紧密，提高顾客满意度，对企业价值创造产生积极影响。通过以上分析可知，高质量的内部控制可以增强基于消费者关系路径的价值传导效应。

（3）内部控制对社会公众关系路径的调节作用。

高质量内部控制制度是企业披露信息可靠性及企业透明度的重要保障，有利于提高社会公众对企业的评价。美国反虚假财务报告委员会下属的发起人委员会（The Committee of Sponsoring Organizations of the Treadway Commission，COSO）报告明确提出，保证财务报告质量是内部控制运行的目标之一。诸多学者研究证明内部控制与企业信息可靠性及流通性密不可分。多伊尔等（Doyle et al.，2007b）研究发现，企业内部控制运行有效性的高低直接影响着会计信息质量，企业改善内部控制的运行有利于财务报告质量的提高，信息风险低的企业更倾向于自愿披露内部控制信息，降低自身与投资者之间的信息不对称（Grossman & Hart，1980；Milgrom，1981；Francis et al.，2008b）。杨兴龙等（2013）将内部控制视为企业防范风险的一个"免疫系统"。林钟高和陈曦（2016）认为，内部控制的风险免疫功能类似于生物内在免疫系统，在企业内部控制运行过程存在缺陷时，一些不利于企业可持续发展的因素就会通过漏洞和薄弱环节侵入企业内部，企业采取有针对性的修复措施恢复其运行效率。在修复完善的过程中，企业风险自我修复能力逐渐提升，控制环境逐步改善，向社会公众传递企业良好的风险管理信号，有利于增强社会公众对企业的信任与认可。通过以上分析可知，高质量的内部控制可以增强基于社会公众关系路径的价值传导效应。

基于以上分析，构建基于 ESG 理念的碳信息披露质量价值传导机制的理论分析框架，如图 2.1 所示。

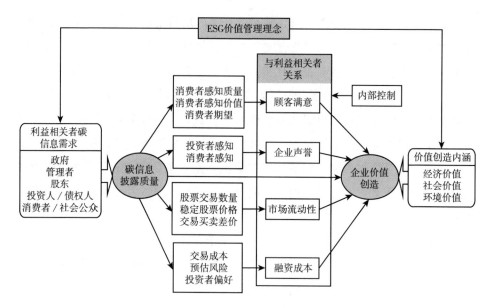

图 2.1　基于 ESG 理念的碳信息披露质量价值传导机制的理论框架

2.4　本章小结

首先，本章阐述了 ESG 理念的内涵，指出 ESG 价值管理的目标是实现企业、环境与社会的共同可持续发展，要求企业除了创造经济效益外，还需要兼顾经营行为对环境与社会的影响。以单一的经济价值衡量价值创造的效果与 ESG 理念不符。因此，本章基于 ESG 理念对企业价值创造的内涵作出重新界定，认为企业价值创造的范畴应包含经济价值、社会价值与环境价值三个方面，并同时考虑企业对环境与社会的积极与消极影响。这对有效激励企业的环保与公益行为、监督与抑制企业破坏环境、损害公益的不良行为具有重要的意义。

其次，本章分别基于信息不对称理论、信号传递理论、利益相关者理论与资源优势理论，系统阐述了碳信息披露质量的功能。碳信息作为具有前瞻性的环境信息，不仅反映了企业现实的环境绩效，更通过企业应对气候变化的态度与策略反映了企业可持续发展的能力，因而受到利益相关者的关注。通过揭示碳信息披露质量对源于市场环境的信息不对称引发的逆向选择与道德风险问题的预防与治理机制、声誉实现机制以及竞争优势的形成机制，奠定了碳信息披露质量价值内涵的理论基础。

再次，碳信息的价值功能在于影响利益相关者的决策行为，碳信息披露质量是决策有用的重要保证，因此本章构建了碳信息披露质量特征框架体系，借鉴主流报告框架中的报告原则，结合我国利益相关者的实际碳信息需求，系统论述了立足于我国国情的碳信息披露质量特征和内容要求，为构建碳信息披露质量评价体系提供理论依据。

最后，本章深入分析了在以利益相关者关系为驱动力的企业价值创造过程中，碳信息披露质量对利益相关者关系和决策的影响机理，系统论述了碳信息披露质量通过利益相关者行为影响企业价值创造的传导路径，并进一步分析了内部控制对碳信息披露质量价值效应的调节作用及其对各条价值传导路径的作用效果，进而构建了基于 ESG 理念的碳信息披露质量价值传导的理论框架，为后续实证研究提供理论依据。

第 3 章

基于 ESG 理念的碳信息披露质量评价[*]

为了度量碳信息披露的质量，本章根据 2.1 小节中碳信息披露质量特征框架体系与利益相关者的信息需求内容设计问卷，通过调查利益相关者关于碳信息披露质量的意见，运用探索性因子分析对问卷结果进行实证检验，保留有效因子，构建碳信息披露质量评价体系和构造碳信息披露质量指数，借助文本挖掘与机器评分实现大样本操作，为后续的实证研究提供科学的计量基础。

3.1 问题描述

碳信息是评价企业社会与环境等责任与绩效的重要信息之一，其披露质量对外部利益相关者的决策效率具有重要影响。信息披露的核心质量要求是决策有用性，帮助利益相关者全面了解企业碳治理情况，对企业进行合理评估，作出科学决策。碳信息的披露不同于财务信息，不具备强制性，还处于自愿披露阶段。考虑到信息敏感性等因素的影响，管理层主动披露信息的意愿较低。尤其是环境治理不善的企业，考虑到信息披露可能给企业带来的不利影响，更愿意"避重就轻"或者"隐瞒不报"。从碳信息披露的形式看，披露内容往往以文字表述居多，以定量方式披露的数据，也没有统一的编制标准，使得不同企

---

[*] 本章节已公开发表于《中国企业碳信息披露质量评价体系的构建》，载《系统工程学报》2020 年第 6 期，且全文转载于人大复印报刊资料《管理科学》2021 年第 5 期。

业间的数据可比性较差，即使同一家企业在不同时期，编制标准也会发生变化。质量问题成为碳信息满足利益相关者决策需求的严重阻碍，如何评价和计量碳信息披露质量是当前理论与实务界急需解决的问题之一。国内学者对碳信息披露的内容界定或是参照国外学者的研究，或是自定义却未给出界定的理由，关于企业碳信息披露质量的计量却鲜有文献论述，且也大多借鉴社会责任信息的计量方法。

李力和杨园华（2015）采用内容分析法来衡量碳信息披露质量。这种方法早期被广泛用于评价社会责任信息（Zeghal & Ahmed，1990；马学斌和徐岩，1995；Campbell et al.，2003；Guthrie & Parker，1989；Joyce et al.，2005；郭晔等，2019）。他们根据企业公开的文件或报告中相关碳信息的字数、句数或页数对企业的碳信息披露质量进行计量。这种"以量取胜"代替"以质取胜"的计量方法所隐含的假设是信息数量越多，信息质量就越好。艾伯特和莫森（Abbott & Monsen，1979）以"财富 500 强"年度报告中社会责任信息内容的分类为基础，构造了 SID 社会参与指数，此后基于内容分析的指数法成为计量社会责任信息质量的主流方法（Singh & Ahuja，1981；Richardson & Welker，2001；Haniffa & Cooke，2005；李正和向锐，2007；沈洪涛等，2007；陈文婕等，2010；杨洁等，2019）。研究者先确定信息披露内容的大类，再进一步确定各大类下包含的小类，对每个小类按照是定量还是定性披露来赋值，最后将各小类的得分加总，得到信息披露的得分。该方法也被中国学者运用于中国企业碳信息披露质量的计量（陈华等，2013；李慧云等，2015，2016；杜湘红和伍奕玲，2016；齐丽云等，2017）。这种方法虽然在一定程度上对信息质量进行计量，但评分的前提假设认为，定量披露优于定性披露，也没有对相关性、可靠性、可比性等质量特征进行计量。碳信息披露项目（CDP）已成为全球实践程度最高的碳信息披露框架，通过采用问卷调查的方式获取信息，也是国外学者研究碳信息披露质量的主要对象。在中国，CDP 却遭到了冷遇，2011 年，CDP 组织第三次对中国市值前 100 家的上市公司关于碳信息披露情况进行问卷调查的结果显示，在被调查的企业中，填写问卷的企业只有 11 家，提供相关信息的企业有 35 家，有 54 家企业拒绝参与或没有回应（田翠香等，2012），这限制了以 CDP 来研究中国市场的碳信息披露质量问题。

面对这样的现实困境，科学合理地评估碳信息披露质量尤为重要，既要对碳信息披露的内容作出科学界定，又要克服"以量代质"或以会计信息质量代替碳信息披露质量的倾向，必须建立属于碳信息独特的质量评价体系。因此，本章尝试根据第 2 章理论分析框架中从利益相关者碳信息决策需求出发的碳信息披露质量要求与披露内容设计问卷，通过调查利益相关者关于碳信息披露质量的意见，运用探索性因子分析对问卷结果进行实证检验，保留有效因子，构建碳信息披露质量评价体系，并进一步构造碳信息披露质量评价指数，为后续实证研究提供科学的计量基础。

3.2 碳信息披露质量评价体系的构建

3.2.1 碳信息披露质量特征的理论结构

碳信息与企业的可持续发展高度相关，从碳排放治理的角度反映了企业面临的气候风险与发展机遇，包含企业内部经济绩效以及企业对环境与社会的影响，具有可持续发展信息的特点：第一，信息具有前瞻性。企业既要披露气候变化对企业战略的影响，也要披露企业经营活动对气候变化的影响。气候变化的风险与机遇与企业经营所在制度环境、行业特点以及企业自身的能耗结构、经营模式、治理结构等因素密切相关。第二，包含定性信息。碳信息含有较多文字表达的内容，比如公司应对气候风险与机遇的战略部署、管理者的价值主张和经营理念、为促进社会公平正义作出的贡献等。第三，信息聚焦影响性。碳信息披露的重点是企业与环境、社会的相互影响。

根据 2.1.3 小节中构建的碳信息披露质量特征框架体系，从基本原则出发结合碳信息的可持续发展信息特点，提炼出以下碳信息质量特征。

①相关性（重要性）。要求碳信息能够帮助信息利益相关者对企业碳活动作出评价和预测，实现或者修正决策预期，企业要披露具有重大经济、环境和社会影响，对利益相关者决策具有实质性影响的事项。信息要反映企业过去在碳减排方面取得的绩效（反馈价值），要包含企业为取得历史碳减排绩效而实

施的行动和未来在碳减排方面的具体规划（预测价值）。同时，企业还应明确报告的时间和报告期，以保障信息的时效性（及时性）。企业报告的相关性与可持续发展信息的前瞻性、影响性相符。

②平衡性（中肯性）。要求企业披露所有碳信息，无论"好""坏"，并且披露时立场中立，不能偏向或诱导任何一方利益相关者。考虑到碳信息披露不具有强制性，企业会选择性地"报喜不报忧"，因此碳信息使用者对平衡性有较高要求（吉利等，2013），考虑到企业经营的外部性，披露的碳信息应全面反映企业经营对外部社会、环境产生的正面与负面影响。满足平衡性的信息披露，内容才更加完整。

③可靠性。要求企业应如实反映碳活动的真实情况，通过披露数据来源和核算方法以保证不同的独立提供者在采用相同的方法条件下从实质上复制出来，能够聘请第三方审计机构对报告的真实性提供保证。

④可理解性，包括明晰性、可读性等质量特征。要求信息易于使用者理解是决策有用的前基本提。碳信息披露的内容比财务信息更加广泛，文字性表述更多，信息使用者对碳排放有关的专有名词相对陌生，要提高碳信息披露的可理解性，企业可以通过增加术语表对专有名词进行解释，通过图片、表格的使用让碳信息的表述更加直观。可理解性与可持续发展信息中的定性信息相契合。

⑤可比性。要求遵循统一的报告编制标准，不同企业之间或者同一企业不同时期之间信息可比。通常来说，可以被量化的信息可比性更强，比较也更直观，但前提是信息量化的标准必须统一。同一家企业的碳核算量化标准相对一致，而要实现不同企业之间信息可比，则要求企业披露的碳核算数据单位是被普遍认可和采用的大众性标准。

3.2.2　碳信息披露质量特征的指标体系

质量特征属于抽象概念，不便于直接进行测量，因此，需要进一步将其转化为更加具体明确且易于量化的、能够反映质量特征的指标项目。

（1）指标项目设置。

根据 2.1.3 小节中碳信息披露质量特征框架体系中的碳信息披露报告原

则，确定以利益相关者导向原则、前瞻性原则和影响性原则为指导，结合利益相关者的碳信息需求，借鉴 1.2.2 小节中国际组织报告框架中关于碳信息披露内容的具体规定，对中国企业碳信息披露的内容进行界定，提出涵盖碳排放风险、碳减排战略、碳减排措施、碳排放核算、碳减排效益、碳排放权交易以及碳信息审计在内的 7 项披露内容。通过对多家上市公司的深入走访，与多位专家的深刻讨论，最终确定了反映 5 项质量特征的 15 项指标项目，如表 3.1 所示。

表 3.1　　　　　　　　　　　　　　　质量特征的指标项目

质量特征	指标项目	解释说明
可靠性	碳信息采集流程体系	关于碳信息采集流程体系说明
	碳信息审验	所披露的碳信息是否有第三方专业机构独立审验
可理解性	图文说明	碳信息披露形式上文字、数据与图表的使用情况
	专业术语	碳信息披露中是否有专业术语及其解释
可比性	碳核算量化标准	碳核算量化标准是否为大众性数据单位
平衡性	碳排放风险	企业碳排放所受的政府管制风险、气候变化带来的经营风险、减排造成可能的经济效益损失等情况
相关性	低碳发展战略	企业发展战略规划关于碳减排的说明
	碳减排目标	关于企业碳减排目标或计划的说明
	碳减排管理	相关职能机构的设立、碳减排管理制度的建立以及环境事故应急预案的说明
	碳减排投入	为碳减排所进行的技术改造、项目投资，产品开发等投入情况
	碳减排意识	对企业员工进行关于节能减排的宣传教育培训、碳减排的企业文化以及日常工作中节能减排行为的说明
	碳排放量	温室气体排放量、相关能源消耗量
	碳减排量	温室气体减排量、相关能源节约量
	碳减排效益	碳减排为企业带来的直接经济效益，获得的社会荣誉，奖励金，以及财政资助与补贴等情况
	碳排放交易	企业是否参与碳排放交易，以及参与的交易额与交易损益的大小

①可靠性指标项目。可靠性要求信息真实，具有可验证性，第三方专业机构的独立审验更可以增加信息的可靠性。企业通过报告碳信息采集流程，以保证披露数据和资料的来源可靠，有据可查；尽管对碳审计没有强制性要求，各

审验机构也缺乏相关的统一审计规范，但社会公众依然对经第三方专业机构审验的碳信息信心更强；只有经过第三方专业审计的企业，才可以在碳市场进行交易（Bebbington et al.，2008）。碳审计也逐渐被各国（地区）政府所重视与推行。2009 年，美国众议院议案同意投入资金，检审美国税法鼓励人们进行碳减排的条款；英国国家审计署（NAO，2009）发布了本国在 2007～2009 年实施欧盟排放交易体系情况的审计报告；2008 年，中国香港特区政府颁布《建筑物 GHG 排放及减除的核算和报告指引》，成立碳审计机构，鼓励政府在内的社会各界组织，进行"GHG 排放审计"。因此，以碳信息采集流程和碳信息审验作为评价可靠性的指标项目。

②可理解性指标项目。信息能否被使用者接受和理解，直接影响信息的使用效率。信息披露是面向大众的统一报告，每个信息使用者对碳信息的理解程度不同，掌握的专业知识也不完备，企业在披露时应尽可能做到简洁明了、易于理解。将内容繁复的文字信息转化为图表、数据信息，可以使报告阅读更加直观具体；在报告中应尽可能减少专业术语的使用，若必须使用，应对专业术语作出解释和说明。因此，以图文说明和专业术语作为评价可理解性的指标项目。

③可比性指标项目。只有具有"可比性"信息才能为使用者提供决策标准，碳信息披露的可比性要求企业碳信息的量化标准统一，以保证碳信息具有纵向和横向的可比。因此，以碳核算量化标准，作为评价可比性的指标项目。

④平衡性指标项目。平衡性要求企业在对外报告碳减排"利好"消息的同时，也应充分披露减排不利造成的负面影响，这些负面影响包括减排不力造成的环境污染事故，缴纳的相关环境污染的罚款、排污费用，以及面临的相关诉讼风险、减排可能给企业带来的直接经济效益损失等，这些都是气候变化给企业带来的碳排放风险。因此，以碳排放风险作为评价平衡性质量特征的指标。

⑤相关性指标项目。作为与决策有用最重要的质量特征之一，相关性要具备预测价值与反馈价值。结合前面关于碳信息披露的内容界定，为了评价相关性，设置了以下指标项目：低碳发展战略、碳减排目标、碳减排管理、碳减排投入、碳减排意识、碳排放量、碳减排量、碳减排效益和碳排放交易。

（2）指标项目的实证检验。

为进一步检验本章提出的碳信息质量特征的理论结构及反映质量特征的指

标项目设置是否科学合理，采用问卷调查的研究方法，对调查结果进行探索性因子分析。

以利益相关者作为调查对象，以指标项目作为问卷的测量题项，要求被调查者依据"完全不重要"=1、"不重要"=2、"有点不重要"=3、"有点重要"=4、"重要"=5、"很重要"=6对指标项目的重要程度进行评分。为了便于理解和防止题目设置存在主观诱导倾向，本部分对各测量题项不仅作出描述，还给出"示例或解释"。"示例"直接摘取上市公司社会责任报告的披露内容，"解释"是对该指标项目含义的客观说明。测量题项示例如表3.2所示。

表3.2 测量题项示例

指标项目	披露示例或解释	完全 不重要	不重要	有点 不重要	有点 重要	重要	很重要
碳排放风险	2020年因违反环境法律法规受到重大罚款536万元	1	2	3	4	5	6
碳减排投入	2020年全年投入环境保护，节能减排资金10 825万元	1	2	3	4	5	6
碳排放量	温室气体排放总量（吨）/二氧化碳当量：2 667tCO₂e	1	2	3	4	5	6
碳排放效益	获得2020年中央预算内大气污染防治最高专项资金补助	1	2	3	4	5	6
低碳发展战略	企业发展战略规划关于碳减排的说明	1	2	3	4	5	6

企业的利益相关者包括政府、股东、管理者、债权人以及消费者等，他们是碳信息的直接使用者，因此最有权对信息质量提出要求。此外，越来越多的媒体参与到企业的碳业绩评估中，通过曝光率来增加社会对碳信息的关注，对企业的碳行为具有一定的监督与激励作用。为了防止样本选取偏差，本部分尽可能平均地选择政府环境保护部门工作人员、企业内部管理者、投资机构证券分析师、银行从事绿色信贷的专职人员、普通消费者和媒体工作者作为利益相关者代表参与调查。

为确保问卷设计的合理性和完备性，在2018年3月对调查对象进行了预调查，并于2018年5月10日~5月31日和2022年7月10日~7月31日开展两轮正式调查。首轮调查现场发放问卷 200 份，回收问卷 186 份，剔除残缺项目过多（超过观测题半数）和有明显逻辑错误的问卷 27 份，获得有效问卷 159 份，回收率为 79.5%；第二轮调查现场发放问卷 200 份，回收问卷 179 份，剔除无效问卷 15 份，获得有效问卷 164 份，回收率为 82%。两次调查时间间隔较长，因此对两次调查的问卷数据进行差异性分析。如表 3.3 所示，两次问卷调查的结果无显著差异（T = 0.416，P = 0.742），表明利益相关者一如既往地关注企业碳信息的披露情况。将两次调查结果合并进行处理和分析，调查对象的样本构成如表 3.4 所示。

表 3.3　　　　　　　　　　　两次问卷调查结果的差异性检验

调查时间	回收数量（份）	指标得分均值	标准差	差异	T 值	P 值
2018 年 5 月 10 日~5 月 31 日	159	4.686	0.555	0.046	0.416	0.742
2022 年 7 月 10 日~7 月 31 日	164	4.732	0.601			

表 3.4　　　　　　　　　　　　　调查对象的样本分布

样本特征	样本分布	总计		2018 年 5 月 10 日~ 2018 年 5 月 31 日		2022 年 7 月 10 日~ 2022 年 7 月 31 日	
		数量（人）	比例（%）	数量（人）	比例（%）	数量（人）	比例（%）
性别	男	186	57.59	86	54.09	100	60.98
	女	137	42.41	73	45.91	64	39.02
学历	硕士及以上	44	13.62	23	14.47	21	12.80
	大学本科	221	68.42	109	68.55	112	68.29
	专科及以下	58	17.96	27	16.98	31	18.90
职业	环保部门工作人员	60	18.58	30	18.87	30	18.29
	企业管理人员	55	17.03	26	16.35	29	17.68
	证券分析师	56	17.34	30	18.87	26	15.85
	银行贷款员	65	20.12	30	18.87	35	21.34
	普通消费者	54	16.72	27	16.98	27	16.46
	媒体工作者	33	10.22	16	10.06	17	10.37

①问卷的信度与效度检验。卡塞尔等（Kasier et al.，1960）、卡迈尼斯和泽勒（Carmines & Zeller，1979）指出，在探索研究中，Cronbach α 系数至少达到0.7，量表项目才具有相当的信度。检验结果如表 3.5 所示。问卷整体 Cronbach α 系数为 0.894，五项质量特征的 Cronbach α 系数分别为 0.821、0.721、0.743、0.702 和 0.712，均在 0.7 以上水平，表明问卷信度较高；五项质量特征的平均抽取方差（AVE），均在 0.5 以上水平，表明问卷聚合效度较好；五项质量特征 Cronbach α 系数均大于相关系数，表明问卷区别效度较好。本调查根据文献与实践检验建立假设性理论结构，经过访谈与预调查的修改完善，设计了适合的测量题项，并选择了具有代表性的被调查者，最后通过探索性因子分析，有效地抽取共同因子，因此具有较高的结构效度。

表 3.5　　　　　　　　质量特征的相关性分析和问卷的信度效度分析

项目	Cronbach α	AVE	相关性	可靠性	可理解性	可比性	平衡性
相关性	0.821	0.58	1.00				
可靠性	0.721	0.59	0.27 ***	1.00			
可理解性	0.743	0.56	0.41 ***	0.36 ***	1.00		
可比性	0.702	0.51	0.34 ***	0.37 ***	0.48 ***	1.00	
平衡性	0.712	0.53	0.47 ***	0.44 ***	0.46 ***	0.29 ***	1.00

注：Pearson 相关系数，*** 表示在1%水平上显著。

②探索性因子分析。本问卷的 KMO 值为 0.834，介于 0.8 ~ 0.9 之间，表明指标项目之间相关，适合进行探索性因子分析（Kaiser et al.，1974）。为了检验指标项目是否能可靠反映各质量特征，借鉴卡塞尔等（Kasier et al.，1960）和斯蒂芬斯（Stevens，2003）的研究方法，运用主成分分析法提取特征值（Eigenvalue）大于1的因子；参考哈利等（Hari et al.，1998）、陈顺宇等（2005）、塔巴奇尼和菲代利（Tabachnik & Fidell，2007）研究采用的最大变异法（Varimax）直交转轴，保留因子载荷（Loadings）大于 >0.45 的指标项目。

探索性因子分析结果见表 3.6，相关性的指标项目负载于两个因子之上，通过分析归纳这些指标项目的内涵可知，这两个因子实际上反映了信息的预测价值和反馈价值，因此本书将其共同命名为相关性；可靠性的指标项目负载于一个因子之上，但其中"碳信息采集流程"的因子载荷 <0.45，故将其删除；

可比性、可理解性和平衡性的指标项目均负载于相应因子之上。

表 3.6 　　　　　　　　　　　**探索性因子分析**

碳信息披露质量特征	指标项目	因子载荷
相关性（预测价值）	低碳发展战略	0.728
	碳减排目标	0.726
	碳减排管理	0.522
	碳减排投入	0.790
	碳减排意识	0.497
相关性（反馈价值）	碳排放量	0.828
	碳减排量	0.819
	碳减排效益	0.517
	碳排放交易	0.473
可靠性	碳信息采集流程	0.374
	碳信息审验	0.720
可比性	碳核算量化标准	0.776
可理解性	图文说明	0.710
	专业术语	0.588
平衡性	碳排放风险	0.776

（3）指标项目的权重确定。

指标项目的权重计算是指标体系设计的关键环节之一。权重反映了该指标项目在整个体系中的重要程度。李慧云等（2016）采用加权平均法确定碳信息质量评价体系中的指标权重，该方法默认体系中的各项指标同等重要，却缺乏证据支持。为了区分碳信息的各项质量特征及其指标项目的相对重要程度，本部分参考吉利等（2013）的权重计算方法，以 323 位被调查者对某质量特征指标项目打分的均值与他们对所有质量特征指标项目打分的均值的比值作为权重，权重计算过程如表 3.7 所示。

表 3.7 　　　　　　　　　　　**碳信息披露质量评价体系**

质量特征	指标项目	样本量	最小值（分）	最大值（分）	均值（分）	权重（%）
可靠性	碳信息审验	323	1	6	5.027	7.463
可理解性	图文说明	323	1	6	4.443	6.596
	专业术语	323	1	6	4.537	6.736

续表

质量特征	指标项目	样本量	最小值（分）	最大值（分）	均值（分）	权重（%）
可比性	碳核算量化标准	323	1	6	4.644	6.895
平衡性	碳排放风险	323	1	6	5.181	7.692
相关性	低碳发展战略	323	1	6	4.624	6.865
	碳减排目标	323	1	6	4.431	6.578
	碳减排管理	323	1	6	4.456	6.615
	碳减排投入	323	2	6	5.268	7.821
	碳减排意识	323	1	6	4.733	7.027
	碳排放量	323	2	6	5.174	7.681
	碳减排量	323	2	6	5.236	7.773
	碳减排效益	323	1	6	4.886	7.254
	碳排放交易	323	1	6	4.718	7.004
合计					67.358	100

最后，本部分得到碳信息披露质量评价体系，其分为目标层、准则层、指标层。目标层为企业碳信息披露质量进行综合评价，得到碳信息披露评价总分值；准则层为评价碳信息披露质量的 5 项特征，包括可靠性、可理解性、可比性、平衡性和相关性；指标层为 14 个具体明确可评估的指标项目，且带有权重。按权重大小依次排序，最重要的质量特征为相关性，涵盖 9 项指标项目，相关性的权重为 64.619%；第二重要的质量特征为可理解性，涵盖 2 项指标项目，可理解性的权重为 13.332%；平衡性、可靠性和可比性均涵盖 1 项指标项目权重，其权重分别为 7.692%、7.463% 和 6.895%。

由此可见，碳信息的质量特征与会计信息的质量特征确实有所不同。利益相关者在使用碳信息时，尤为强调决策相关性，通过了解和判断企业碳行为，预测企业的发展与面临风险，作出相应决策。由于碳信息更多通过文字性描述进行披露，增加了阅读者的使用难度，因此可理解性被使用者提出为一项基本质量特征。考虑到碳信息披露的非强制性，更多企业愿意"报喜不报忧"，为了掌握企业更加全面的信息，使用者对平衡性要求更高。可靠性尽管是信息披露的基础性质量特征，但由于一方面有些碳信息的披露难以数量化，另一方面可靠性所依赖的独立第三方审验在中国实务中发展缓慢，使得使用者对此质量特征的要求有所降低；可比性是决策有用的前提，不具有可比性的信息毫无使用价值，这是使用者对信息的基本要求。

3.3 企业碳信息披露质量评价

3.3.1 样本构成

以 2011~2021 年所有在社会责任报告中对碳信息进行披露的 A 股上市公司为研究样本，对中国上市公司碳信息披露质量进行分析。如图 3.1 所示，沪深两市披露碳信息的公司数量逐年增加，沪市披露总量高于深市，2011~2019 年沪市增速显著高于深市，2020 年两市场内披露碳信息的公司都出现井喷式增长，沪市增长近一倍，深市增长近 3 倍，这与 2020 年"双碳"目标的提出不无关系。

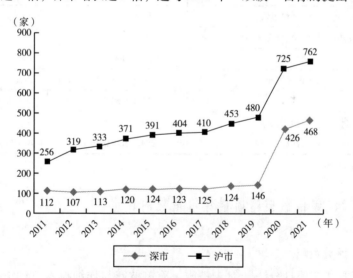

图 3.1 沪深两市披露碳信息的上市公司数量

资料来源：上海证券交易所、深圳证券交易所官方网站。

以证监会 2012 年发布的行业分类为依据，沪深两市进行碳信息披露的行业分布见表 3.8，公司数量最多的行业均为制造业，沪市披露比例为 46.34%，深市披露比例为 58.01%，深市中科研和技术服务业、住宿和餐饮业均未披露碳信息，沪市也只有少量披露，占比分别为 0.48%、0.28%。

表 3.8   样本公司行业分布

行业	沪市（比例）	深市（比例）
采矿业	286（5.83%）	92（4.61%）
水电煤气供应	341（6.95%）	95（4.75%）
房地产业	292（5.95%）	175（8.76%）
建筑业	176（3.58%）	31（1.55%）
交通运输、仓储和邮政业	412（8.40%）	31（1.55%）
金融业	473（9.65%）	107（5.34%）
科研和技术服务业	24（0.48%）	10（0.50%）
农、林、牧、渔业	37（0.76%）	24（1.21%）
批发和零售业	282（5.75%）	97（4.85%）
水利、环境和公共设施管理业	12（0.24%）	22（1.09%）
卫生和社会工作	16（0.32%）	15（0.73%）
文化、体育和娱乐业	51（1.05%）	34（1.70%）
信息传输、软件和信息技术服务业	144（2.93%）	56（2.79%）
制造业	2 273（46.34%）	1 156（57.86%）
住宿和餐饮业	14（0.28%）	5（0.25%）
综合	33（0.68%）	12（0.61%）
租赁和商务服务业	39（0.80%）	36（1.82%）
总计数	4 904（100.00%）	1 998（100.00%）

3.3.2　碳信息披露质量评价指数的评定

（1）评分策略。

采用的"三值打分法"对未披露、简单披露与详细披露三种情况，分别赋值 0 分、1 分与 2 分（Freedman & Stagliano, 1992; Darrell & Schwartz, 1997; 沈洪涛等, 2011）。依据各项指标定性或定量描述的特点，制定以下三种评分策略：图表有无与详略，无 =0，数据 =1，图表 =2；文字描述有无与详略，无 =0，简略 =1，详细 =2；文字与数字描述有无与详略，无 =0，文字 =1，数字 =2。具体见表 3.9。

表 3.9 评分策略分类

评分策略分类	指标层	所属准则层
图表有无与详略：无 = 0，数据 = 1，图表 = 2	图文说明	可理解性
文字描述有无与详略：无 = 0，简略 = 1，详细 = 2	专业术语	可理解性
	碳信息审验	可靠性
	碳核算量化标准	可比性
文字与数据描述有无与详略：无 = 0，文字 = 1，数据 = 2	碳排放风险	平衡性
	碳减排目标	相关性
	碳减排管理	相关性
	碳减排投入	相关性
	碳减排意识	相关性
	碳排放量	相关性
	碳减排量	相关性
	碳减排效益	相关性
	碳排放交易	相关性

（2）关键字分类。

进行人工小样本操作，确定关键字分类。考虑到同一家企业的报告表述习惯比较稳定，采取随机抽样的方法，分年度等比例从沪、深两市抽取 12% 的样本公司，共 399 家。认真阅读各公司社会责任报告，收集碳信息资料。评分人按照前面构建的碳信息披露质量评价体系的指标，将其进一步分解为 31 项搜索指标，仔细阅读报告，将符合搜索指标内容的关键字或关键字组合进行记录，再依据评分策略进行评分。为保证评分的可靠性，分别由 2 人独立完成，再互相核对评分数据，对差异性文字与评分进行讨论，最终达成一致。人工操作确定了各项评分内容所依据的关键字和关键字组合、披露内容的表现形式以及披露内容的所在位置，不仅为机器评分的技术实现奠定基础，也为机器评分的有效性检验提供数据支持。

（3）机器评分。

为了将构建的评价体系运用于大样本，尝试采取机器评分。机器评分过程：第一步，建立评分标准文件，根据 31 项搜索指标对人工操作提取的关键字或关键字组合进行分类。第二步，根据评分策略，将搜索指标划分为常规性指标与特殊性指标，常规性指标的评分策略是：文字与数据描述有无与详略，无 =0，文字 =1，数据 =2；特殊性指标的评分策略是：图表有无与详略，无 =0，数据 =1，图表 =2；文字描述有无与详略，无 =0，简略 =1，详细 =2。评分时，先进行常规性指标的评分，再进行特殊性指标的评分。第三步，对碳信息相关语句进行分类并评分，常规性指标评分标准：依据关键字或关键字组合出现与否，摘取关键词所在的语句，以句号和分号作为语句摘取的分隔符，判断关键词所在语句是否有数据描述。有数据描述，得 2 分；无数据描述，得 1 分；否则，得 0 分。特殊性指标评分标准见表 3.10。第四步，评分标准文件建立后，实施机器评分：读取报告和评分标准文件，将评分标准文件转换成字符串，在报告中进行关键词搜索与评分，对评分出现的异常值进行人工修正。第五步，根据输出的搜索指标的评分结果，进一步计算得到上级指标层得分，再根据各项指标权重计算得到碳信息披露质量评价指数（CDI），采用功效系数法对 CDI 进行归一化处理，将其值域化为 [0，1]。

表 3.10　　　　　　　　　　特殊性指标评分标准

准则层	指标层	评价标准
可靠性	碳信息审验	所披露的碳信息是否有第三方专业机构审验，无审验 =0，有报告（报告中涉及碳信息，否则视为无）审验 =1，有针对碳信息披露审验 =2
可理解性	图文说明	碳信息披露形式上文字、数据与图表的使用情况，无图表和数据 =0，仅有数据 =1，有图表 + 数据 =2
	专业术语	碳信息披露中是否有专业术语及其解释，有专业术语且无解释 =0，无专业术语 =1，有专业术语并附解释说明 =2
可比性	碳核算量化标准	碳核算量化标准是否为大众性数据单位，无核算数据 =0，仅有具体数据 =1，有具体数据且有大众性数据单位 =2

（4）有效性检验。

为了检验机器评分的有效性，将随机抽取的 399 家样本分别进行人工评分和机器评分，检测两者评分结果的一致性程度。将评分结果按照公司股票代码排序，得到两组随机序列，用两组序列之间的相关系数来衡量两种评分方法的一致性程度。相关系数的计算公式为：

$$r = \frac{\sum [x - \overline{x}(y - \overline{y})]}{\sum (x - \overline{})^2 \times (y - \overline{y})^2}$$

其中，x、y 分别为手工和机器评分序列；$\overline{x}$ 和 $\overline{y}$ 为样本均值。经过计算，人工评分和机器评分的总分值相关系数为 0.921，且在 0.01 的水平上显著，两组序列高度相关。上述相关性检验结果表明，碳信息披露质量的机器评分与人工评分高度一致，机器评分有效。

3.3.3　企业碳信息披露质量评价结果分析

（1）碳信息披露质量均值分析。

描述性统计结果见表 3.11，全样本的质量评价指数最大值为 0.9294，最小值为 0.0351，均值为 0.3397，说明中国上市公司碳信息披露质量总体水平偏低。沪市指数均值要高于深市及全样本均值，但标准差却高于深市及全样本标准差，说明沪市碳信息披露质量总体优于深市，但披露质量之间的"贫富差距"大于深市，披露质量参差不齐。

表 3.11　　　　　　　　　　样本企业碳信息披露质量的描述性统计

项目	最小值	最大值	均值	标准偏差
全样本质评价量指数	0.0351	0.9294	0.3397	0.1645
沪市质量评价指数	0.0351	0.9294	0.3413	0.167
深市质量评价指数	0.0391	0.7842	0.3349	0.1566

（2）碳信息披露内容分析。

碳信息披露的内容分析见表 3.12。"碳减排量""碳减排投入"是三个样本中披露最多的两项，比例均高于 90%；披露较多的项目是"碳排放量"和"碳减排意识"，比例均高于 60%；"碳排放管理"比例均高于 50%。可能是因为中国颁布的《节约能源法》要求上市公司披露碳减排的举措及绩效。三个样本中三成左右的公司披露了"碳风险"和"碳减排战略与目标"，表明上市公司已经逐渐意识到全球低碳经济发展以及中国产业结构转型升级等宏观因素对企业的影响。"碳审计"项目披露的比例仅不到 5%，说明中国上市公司碳信息审计落后，进展缓慢。"碳减排效益"项目全样本及沪市披露比例仅在4%左右，深市披露比例低至2.55%，说明企业在社会责任报告中缺少对碳减排经济效益的披露。全样本中仅有不到14%的企业披露"碳交易"项目，深市仅占10%，出现这一情况的原因是我国目前只将电力行业纳入碳排放交易权交易的范围，未来随着碳市场覆盖范围的扩大，将会有更多企业参与碳交易。

表3.12   样本企业碳信息披露的内容分析

披露内容	全样本披露公司		沪市披露公司		深市披露公司	
	数量（家）	比例（%）	数量（家）	比例（%）	数量（家）	比例（%）
碳审计	334	4.84	242	4.94	92	4.61
碳核算标准	1 767	25.61	1 338	27.29	429	21.48
碳风险	2 212	32.05	1 419	28.94	793	39.68
碳排放量	4 476	64.85	3 266	66.60	1 210	60.56
碳减排量	6 332	91.74	4 474	91.24	1 857	92.96
碳减排效益	303	4.39	252	5.14	51	2.55
碳减排战略与目标	2 006	29.06	1 419	28.94	587	29.37
碳减排管理	3 901	56.52	2 688	54.82	1 212	60.68
碳减排投入	6 436	93.25	4 535	92.48	1 901	95.15
碳减排意识	4 309	62.43	3 065	62.50	1 244	62.26
碳交易	948	13.73	746	15.22	202	10.09

（3）碳信息披露质量行业差异分析。

深沪两市上市公司碳信息披露质量的行业差异分析见表3.13。在沪市中，制造业作为碳信息披露数量最多的行业，披露质量评价指数均值为0.3387，并非最高。披露质量评价指数均值排在前三位的行业分别为采矿业（0.4539）、建筑业（0.4121）和水利、环境和公共设施管理业（0.4081），而这三种行业披露碳信息的公司数量较少，分别为286家、174家和12家，说明沪市上市公司在碳信息披露中存在披露数量与披露质量不对称。在深市中，制

造业的碳信息披露数量为 1 156，排名第一；其披露质量评价指数均值为
0.3727 也排名第一。这说明深市制造业碳信息披露数量与质量较对称。除此
以外，深市其他行业与沪市一样存在碳信息披露数量与质量不对称的问题。从
标准差看，深市卫生和社会工作、农林牧渔业的碳信息披露质量评价指数的标
准差明显低于沪市，均值高于沪市，说明深市这两类行业碳信息披露质量更平
均且优于沪市。与此情况相反，深市水利环境和公共设施管理业的碳信息披
露质量评价指数的标准差明显高于沪市，均值低于沪市，说明沪市该行业碳
信息披露质量更平均且优于深市。由此可见，行业间碳信息披露质量差异
明显。

表 3. 13　　　　　　　　样本企业碳信息披露质量的行业差异

行业	沪市样本			深市样本		
	样本量	均值	标准偏差	样本量	均值	标准偏差
采矿业	286	0.4539	0.1812	92	0.3065	0.1527
水电煤气供应	341	0.3802	0.1549	95	0.3721	0.1525
房地产业	292	0.2585	0.1328	175	0.2798	0.1542
建筑业	176	0.4121	0.2012	31	0.3236	0.1250
交通运输、仓储和邮政业	412	0.3502	0.1702	31	0.1908	0.0886
金融业	473	0.3634	0.1904	107	0.2598	0.1322
科研和技术服务业	24	0.2509	0.1016	10	0.2189	0.0731
农、林、牧、渔业	37	0.2057	0.1454	24	0.2474	0.0593
批发和零售业	282	0.3117	0.1294	97	0.2750	0.1560
水利、环境和公共设施管理业	12	0.4081	0.0595	22	0.3610	0.1443
卫生和社会工作	16	0.1871	0.1777	15	0.2189	0.0244
文化、体育和娱乐业	51	0.2123	0.0779	34	0.2443	0.0766
信息传输、软件信息技术服务业	144	0.2747	0.1699	56	0.2186	0.1089
制造业	2 273	0.3387	0.1559	1 156	0.3727	0.1549
住宿和餐饮业	14	0.2903	0.0010	5	0.2122	0.0464
租赁和商务服务业	39	0.2820	0.1269	36	0.2327	0.0988
综合	33	0.1808	0.1222	12	0.2376	0.0560

3.4　本章小结

本章构建的碳信息披露质量评价体系，以满足利益相关者碳信息需求为基础，建立和巩固企业与利益相关者之间良好的互动关系以实现与利益相关者共享价值最大化为目标。评价体系构建的过程：以 2.1.3 小节中碳信息披露质量特征框架体系为理论结构，结合中国企业的利益相关者实际碳信息需求设计问卷，选择利益相关者代表参与问卷，运用探索性因子分析法对问卷结果进行科学分析，进而构建包含 5 个质量特征维度的 15 项评价指标体系，指标间权重的计算依据同样来自问卷调查的结果，计算过程科学严谨。

为实现评价体系在大样本范围内的应用，需要先人工建立关键字库，根据评价体系的各项指标，对应查阅报告中出现的关键字（图或表格）并进行记录；然后根据关键字披露的不同方式（定性的文字表述、定量数据或图表）确定评分标准；再结合文本挖掘技术，通过计算机在报告中自动检索相应的关键字并输出评分结果；按照评价体系中指标权重对评分结果进行标准化处理，最终得到碳信息披露质量指数。该指数综合地反映了企业披露的碳信息满足利益相关者需求的程度。指数的值域范围为 [0, 1]，指数越接近于 1，表明披露的碳信息越能够很好地满足利益相关者的需求，对建立与利益相关者的良好互动关系越有利，在 ESG 视角下碳信息披露质量越高。在关键字库的建立过程中，为避免信息有所遗漏，分别由两人独立完成关键字的查阅和记录，对比二人的记录结果，对差异部分进行修正。为检验机器评分的可靠性，对随机抽取的 399 家样本企业分别进行人工评分和机器评分，并对二者评分结果进行相关性分析。分析结果显示，人工与机器两组评分序列的相关系数为 0.921，在 0.01 的水平上显著，二者高度相关，证明机器评分的效果与人工一致。新技术的运用克服了人工文本分析的随机性与低效率，有助于该评价体系的运用推广。

运用碳信息披露质量评价体系对中国企业的碳信息披露质量进行评价，研究发现，碳信息披露的内容多集中于碳减排措施与碳排放绩效，对碳审计与碳减排效益的披露寥寥无几；企业间碳信息披露质量参差不齐，"贫富差距"悬殊，碳信息披露数量与披露质量不对称，行业间差异较大。

　　基于利益相关者信息需求的碳信息披露质量评价体系，可以帮助企业在分析利益相关者碳信息需求和自身关系资源的效用及能力的基础上，指导企业建立与完善有利于提升企业竞争优势和市场适应能力的碳排放管理与披露制度，为我国碳信息披露框架的构建提供有益借鉴。与文本挖掘技术的有机融合，有助于该评价体系的运用推广。以评价体系为基础创新构造的碳信息披露质量评价指数拓展了碳信息披露质量评价的计量方法，为学术研究的开展提供了可靠的计量基础。

第 4 章

基于 ESG 理念的碳信息披露质量价值传导路径的实证研究

本章根据 2.3 节中构建的基于 ESG 理念的碳信息披露质量影响企业价值创造的理论分析框架，以企业与利益相关者的关系作为企业价值创造的驱动，深入分析并阐述了碳信息披露质量价值传导机制，即以利益相关者关系为价值创造的路径，通过影响利益相关者行为，传导对企业价值创造的影响，形成研究假设，进行研究设计，开展实证分析，对研究假设进行检验。研究设计中碳信息披露质量的计量选择以第 3 章构建的碳信息披露质量评价体系对样本企业在社会责任报告中披露的碳信息进行质量评价和计量；对企业价值创造的计量，根据 2.1 节中界定的 ESG 理念下的企业价值创造的价值构成进行价值计量。

4.1 问题描述

低碳发展是中国经济高质量发展与坚决扭转生态环境继续恶化的必然选择。从微观企业行为到宏观政策调控，都需要足够的碳信息为支撑。因此，碳信息披露质量受到了利益相关者的普遍关注。企业是实施碳减排的主体，碳排放数据的收集与发布使企业运营成本增加，生产工艺改造、减排设施投入和绿色产品开发等给企业带来一定的资金压力，企业迫切需要寻求降低成本的方法和提高收益的途径。只有将企业的经济需求与社会、环境需求紧密融合，才能切实提高碳信息披露的自主性和质量。为解决企业碳信息披露质量的现实困境和促进企业更好发展，对深刻揭示碳信息披露质量的价值效应提出了研究要求。

国内外关于碳信息披露质量价值效应的研究结论大相径庭。

①碳信息披露质量具有正向的价值效应。高质量的碳信息披露可以为企业带来很多好处，例如获得特许经营权、享受税收优惠、建立良好的企业声誉等（Mclaughlin et al.，1996；Falck & Hebich，2007；Weber et al.，2008；柳学信等，2021）。碳信息披露可以作为公司治理的手段，用来协调管理者、利益相关者与外部环境的关系，通过降低信息不对称程度，预防逆向选择和道德风险的发生，降低企业资本成本，带来超额收益和预期稳定的现金流，进而为企业创造价值（陈华等，2017；李力等，2019；王丽萍等，2020；杨洁等，2020）。潘施琴和汪凤（2019）研究发现，碳信息披露通过向外部投资者传递内部管理者的行为表现，获得投资者认可，从而有利于企业财务绩效的提升。企业所面临的公共压力越大，即政府环境规制、媒体关注度和环保组织监督水平越高，碳信息披露质量的价值创造效应越显著（符少燕等，2018；李慧云等，2020；宋晓华等，2019）。

②碳信息披露质量具有负向的价值效应。碳信息披露也可能暴露公司环境风险等问题（蔡佳楠等，2018），导致企业碳减排实践需要支付更高的成本，降低了企业的资产回报率；还可能引发投资者情绪，造成股票价格波动增大（Lee et al.，2013），股价下跌，股票收益率缩水，导致企业资本市场价值下降。肖华和张国清（2008）以"松花江事件"为背景研究了突发环境事件后环境信息披露对企业股票收益的影响，实证结果发现二者显著负相关。张晶等（2017）以世界 500 强企业中参与 CDP 的强能源企业为样本，研究发现强能源企业碳信息披露质量与财务绩效显著负相关。

③碳信息披露质量不具有显著的价值效应。企业碳排放报告会影响投资者对目标企业的评估与决策行为，在报告公布的当天和第 2 天市场会出现企业股价和交易量的剧烈波动（Haigh & Shapiro，2011）。但是在中国市场没有发现碳信息披露引起企业短期市场价值变化的证据（唐国平等，2011；Hsu & Wang，2013；王仲兵和靳晓超，2013；张巧良等，2013）。王仲兵和靳晓超（2013）在 2009 年的沪市社会责任指数成分股企业中并没有发现企业资本市场价值与环境信息披露显著相关的证据，这样的研究结果很可能是因为市场内信

息不足导致市场失灵。舒和王（Hsu & Wang，2013）研究了华尔街周刊报道的关于温室气体排放的新闻引起的市场反应，发现正面的环境新闻并未给积极减排的企业带来显著的效益，反而增加了成本；而因为减排不力被媒体所诟病的企业却并没有受到负面新闻的影响，造成剧烈的市场波动。造成以上研究结论的差异可能是因为研究视角和研究数据来源不同。

本章尝试揭开碳信息披露质量影响企业价值创造的黑箱，根据 2.3 中构建的碳信息披露质量价值传导机制的理论分析框架，以利益相关者关系为价值创造的路径，通过影响利益相关者行为，传导对企业价值创造的影响，形成研究假设，进行研究设计，选择 2011～2021 年中国 A 股上市公司为样本开展实证研究，对研究假设进行检验。

4.2 理论分析与研究假设

4.2.1 碳信息披露质量与企业价值创造

根据利益相关者理论，企业主动披露碳信息可视为一种满足利益相关者信息需求的企业行为（Botosan et al.，1997），企业积极关注并及时回应利益相关者对评估企业可持续发展能力的信息需要，以获得对方的认可，并建立信任关系得到对方的支持。基于信任建立的交易关系，交易成本更低，为企业节约了融资成本（Sengupta et al.，1998）。透明度高的企业，更容易获得投资者关注，引起投资者兴趣（Healy et al.，1999）。加扎利等（Gozali et al.，2002）研究发现，股价会因为企业碳信息披露质量的提高而上涨。瓦尔特等（Walther et al.，2004）研究发现，积极披露碳信息的企业，帮助投资者对企业价值创造进行合理评估，投资者对企业状况的评估更好，企业价值创造更高。如果企业未披露投资者关注的碳信息，投资者不得不花费成本来获取这些信息，或者因为未知风险而要求额外"补偿"，而这些信息成本或风险"补偿"最终会转嫁给目标企业（Johnston et al.，2005），挤占企业价值创造的空间。

根据信息不对称与信号传递理论，企业增加自愿性信息披露可以降低企内外的信息不对称程度，预防和治理逆向选择问题，从而降低代理成本。碳信息仍属于企业自愿披露的信息范畴。相比碳减排实践不佳的企业，减排绩效较好的企业碳信息披露的积极性更高，通过真实自愿地披露碳信息来向投资者说明企业未来在碳排放方面的计划和安排的公司，将会赢得投资者的关注和信赖。杨子绪等（2018）通过分组对比研究发现，与强制披露相比，自愿披露的信息价值效应更强，可以视为管理层向投资者传递信心的信号。爱泼斯坦等（Epstein et al.，2008）认为，企业管理者忽视气候变化对企业发展的重要影响，缺少应对气候变化风险的意识和策略，会引起投资者对企业长期价值评价的下降。弗里德曼和杰吉（Freedman & Jaggi，2005）研究认为，存在碳排放违规或重污染的企业，被要求投入更多的资源进行碳治理，挤占了企业投入在其他经营活动的资源，在短期内会引起财务绩效的下降。查普尔等（Chapple et al.，2013）进一步研究了不同碳排放密度的企业之间是否存在碳信息披露质量的价值效应差异，发现虽然碳排放密度更高的企业支付的排放费更高，但提高碳信息披露质量为这类企业带来的价值增值更高。西谷和国分（Nishitani & Kokubu，2012）通过研究投资者对企业环境信息的态度认为，投资者将企业披露的视为对企业长期发展具有重要价值的无形资产，进一步实证检验发现 GHG 减排与企业价值创造存在显著的正相关性。

根据资源优势理论，碳信息是企业重要的信息资源，通过高质量的碳信息披露可以发挥该信息资源的竞争优势，有利于提升企业价值创造。企业想在市场中获得长期竞争优势，就应该长期践行社会责任与环境责任（Falck & Hebich，2007）通过披露社会责任信息与环境信息来建立好的企业声誉，进而获得更多收益，比如特许经营权或税收优惠等（Deephouse & Carter，2005；Studer et al.，2006；Weber et al.，2008）。布朗和达辛（Brown & Dacin，1997）指出，企业环境信息披露行为会影响公司的产品需求，与产品市场产生相关性。企业通过披露碳信息向消费者传递企业在绿色产品与技术创新开发方面取得的良好效果，进而获得区别于其他同类产品企业的竞争优势：一是通过披露碳信息帮助消费者了解产品及服务的环境与社会影响，具有优于同类产品的环保特质，更能够满足顾客使用需求和顾客环境需求（Fornell et al.，1996）；二是通过披露碳信息可以向消费者传递企业生产技术的先进性和环保性，在生产过程中优于同类产品企业（Nair & Kumar，2013）。资源优势为企业带来竞争优势，一方面，有利于提高企业市场占有率；另一方面，通过新技术革新进一步压缩成本空间，拓展利润空间。基于以上分析，本书认为碳信息披露质量对企业价值创造具有积极的影响，故提出以下假设：

H4 - 1：碳信息披露质量与 ESG 理念下的企业价值创造显著正相关。

4.2.2　投资者关系路径的价值传导

投资者与上市公司之间通过信息披露与信息反馈形成彼此间关系，这种关系会影响投资者决策与行为，进而体现在企业股票的流动性和融资成本的变化，并最终转化为对企业价值创造的影响。因此，本书选取市场流动性与融资成本作为投资者关系路径中价值传导的关键要素。

（1）经过市场流动性的价值传导。

①碳信息披露质量与市场流动性。高质量的碳信息披露可以预防和治理因信息不对称引发的逆向选择问题，有利于提高企业股票的市场流动性。根据信息不对称理论，参与市场交易活动的行为主体所处的信息地位不均衡，作为企业内部管理者掌握的企业内部信息更多，占据信息优势。投资者是企业重要的利益相关方，由于掌握的信息不足而影响投资决策的准确，导致逆向选择问题发生。提高碳信息披露质量可以缓解信息不对称，预防和治理逆向选择的问题，节约投资者获取信息的成本，缩小交易买卖差价，促进股票流动（李姝和肖秋萍，2012）。提高碳信息披露质量可以降低投资者之间的信息不对称程度，防止侵占他人利益的机会主义行为发生，提高投资者交易意愿，交易量增加，市场流动性增大。有研究表明，股票交易量在上升，内幕交易发生的概率在减小（Easley et al.，1996）。提高碳信息披露质量有利于稳定股价。提高碳信息披露质量使市场内的知情交易者增加，从而吸引更多的投资者加入，交易量和交易额得到大幅度提高，市场交易更加活跃。交易的频率提高使股票价格更加趋于公允，即使发生较大规模的交易，股价在短暂波动后仍会迅速回到均衡价格保持稳定，稳定的股价有利于促进股票的市场流动。

碳信息披露具有信号传递的作用，可以增强投资者信心，有利于提高企业股票的市场流动性。根据信号传递理论，当市场中信息不足时，投资者无法甄别企业优劣，企业愿意披露更多相关信息向投资者释放信号，吸引投资者关注。投资者普遍认为，企业主动披露信息是企业对外传递的有利信号，可以增加投资者信心。大多数投资者更青睐透明度高、预期风险较低的企业，他们认为信息披露质量越高，企业越透明，内幕交易的可能性较低，股票价格更公允，对自身未来投资收益更有信心；对于信息披露质量较低的企业，投资者表现出担忧。有研究表明，信息披露质量较低的企业，股票的市场流动性较弱（Verrecchia et al.，2001）。因此，企业应提高碳信息披露质量，加强与投资者的沟通效果，降低投资者预期风险，增强投资者信心。基于以上分析，本书认为高质量的碳信息披露能够提高企业股票市场流动性，故提出以下假设：

H4 - 2：碳信息披露质量与市场流动性显著正相关。

②市场流动性的中介作用。股票的流动通过投资者交易实现，投资者交易的决策受到其掌握的信息以及投资预期等因素的影响。吉姆和维拉西亚（Kim & Verrecchia，1994）认为，企业自愿披露信息的行为能有效缓解交易双方信息不对称的程度。企业自愿披露的信息质量越高，投资者掌握的企业信息越充分，有利于降低投资者的信息风险与财务风险，提高投资者的交易意愿，促进股票流动。当股票的流动性增强，市场中的股票价格被认为更加公允，又进一步提高投资者买入意愿，使股票的买入量增加，对企业价值产生积极影响。相反，缺乏信息披露或信息披露质量较低的企业，会使投资者产生怀疑和不信任感，进一步加剧此类企业在市场上的不利局面。

提高碳信息披露质量可以增加市场中的信息总量，为投资者提供更多财务报表以外的有价值的信息，便于投资者更加全面地了解企业经营对环境与社会的影响，对企业的可持续发展能力进行评估（沈洪涛等，2020）。提高碳信息披露质量均衡了不同投资者之间的信息不对称程度（Qian et al.，2015），使市场内知情投资者增加，能够防止"搭便车"的行为发生（Khanna & Sonti，2004），提高了投资者投资意愿，使股票交易量上升，提高股票的市场流动性（Srinivasan & Hanssens，2009）。市场流动性提高有利于稳定股价对企业价值创造产生的积极影响。不稳定的股价反映了投资者情绪的波动，意味着投资者面临的不确定性增加，使投资者对未来收益感到担忧，导致投资者决策受到影响，企业价值创造受到不利影响。有研究表明，股价波动与企业价值创造显著负相关，股价波动越大，越不利于企业价值创造的增加，相反股价越稳定，波动幅度越小，越有利于企业价值创造的提升（Srinivasan & Hanssens，2009）。流动性水平较高的市场会吸引更多的知情交易者，市场内交易更加活跃，股价趋于公允股价且更加稳定，此时市场信息被价格完全吸收，资源配置有效（Khanna & Sonti，2004）。在流动性水平较高的市场，由于市场内参与交易的投资者较多，管理者受到的监督更多，其机会主义行为会受到抑制，督促管理者作出有利于企业发展的决策，对提高企业资源配置效率和促进企业价值创造具有积极作用（Edmans et al.，2009；Easley et al.，1996）。杜湘红和伍奕玲（2016）通过研究发现，投资者决策在碳信息披露对企业价值创造的正向驱动效应中发挥部分传导作用。基于以上分析，本书认为提高碳信息披露质量可以增加股票的市场流动性，从而促进企业价值创造。因此提出以下假设：

H4 - 3：市场流动性在碳信息披露质量与 ESG 理念下的企业价值创造之间发挥中介作用。

（2）经过融资成本的价值传导。

①碳信息披露质量与融资成本。融资成本是企业通过发行股票获得资金而付出的代价，是投资者要求的最低投资回报率（李姝等，2013）。由于交易市场的信息不对称，处于信息劣势地位的投资者不能完全了解企业的真实情况，导致投资风险增加，为了保护自身利益，投资者会减少投资或提高投资回报以补偿风险，对企业而言引起资本成本增加。李力等（2019）在研究碳信息披露质量对融资成本的影响时发现，财务性碳信息披露比非财务性碳信息披露更能降低企业的融资成本。重污染企业可能因为环境问题而受到惩罚，如果企业隐瞒这些信息，导致投资者投资风险增加。为了保护自身利益，投资者会要求更高的投资回报以补偿"超额风险"，导致企业的权益资本增加。企业披露的碳信息可以作为投资者评价企业可持续发展风险与机遇的重要参考，提高投资者预测的准确性，使投资风险下降，为企业节约了融资成本（Clarkson et al.，1996；汪炜和蒋高峰，2004；Lambert et al.，2007；Aerts et al.，2008；沈洪涛等，2010；Dhaliwal et al.，2011；Blanco et al.，2015；叶淞文等，2018）。

提高碳信息披露质量有利于降低信息不对称引发的逆向选择问题，会导致市场配置效率下降，引起交易成本增加。为了补偿昂贵的交易成本投资者会在每次交易时要求更高的投资回报，导致交易双方买卖差价扩大，资本成本快速上升。提高企业环境信息透明度，使外部投资者更加全面地了解企业环境责任的履行情况和企业可能面临的环境风险，降低投资的不确定性，进而消除投资者的价格保护心理，使其降低交易成本。有研究表明，公司环境信息披露水平与公司的买卖价差之间存在显著负相关（Welker et al.，1995）。

提高碳信息披露质量具有积极的信号传递作用（张兆国等，2013），有利于增强投资者信心。根据信号传递理论，当市场中信息不足，投资者无法甄别企业优劣时，企业愿意披露更多相关信息向投资者释放信号，吸引投资者关注。投资者普遍认为，企业主动披露信息是企业对外传递的有利信号。有研究表明，企业主动披露环境与社会责任信息有助于提高投资者对企业长期业绩的预期（Griffin et al.，2012），增强投资者信心，企业透明度越高，越受到投资者青睐。基于以上分析，本书认为提高碳信息披露质量有利于降低融资成本，故提出以下假设：

H4-4：碳信息披露质量与融资成本显著负相关。

②融资成本的中介作用。企业创造的价值等于企业投资回报与筹资成本之间的差额。若投资的不确定性增加，意味着投资的风险较大，投资者会要求更高的收益率来补偿投资风险，这样就会导致企业的融资成本增加，压缩了企业价值创造的空间。由碳信息披露质量对融资成本的影响机理分析可知，提高碳信息披露质量有利于降低投资者对未来收益的不确定性，降低投资风险。提高碳信息披露质量使市场中信息量增加，减少了投资者的代理成本，其要求的投资回报也随之下降。企业融资成本下降意味着企业的投资回报空间增大，有利于提升企业价值创造。当企业以更低成本筹集大量资金时，资金的流动性更强，资源的配置效率更高，更加有利于企业价值创造（杨璐和范英杰，2016）。此外，有研究表明，企业的信息披露可以通过影响股价、融资成本、市场风险等因素来影响企业价值创造（苑泽明等，2015）。基于以上分析，本书认为提高碳信息披露质量可以降低企业的融资成本，从而促进企业价值创造，因此提出以下假设：

H4-5：融资成本在碳信息披露质量与 ESG 理念下的企业价值创造之间发挥中介作用。

4.2.3 消费者关系路径的价值传导

碳信息披露被消费者视为企业承担环境与社会责任的具体表现，负责任的企业更易形成良好的消费者关系，对消费者行为具有积极的引导作用。当市场中存在信息不对称的情况，尤其在企业推出新产品时，消费者对新产品的情况不确定，消费者会倾向于选择履行社会责任的企业产品，新产品获得的评价也更高。罗和巴塔卡里亚（Luo & Bhattacharya，2006）发现，企业社会责任有助于建立顾客满意，顾客满意在企业社会责任和企业市场价值之间起了中介作用。胡铭等（2008）实证研究发现，社会责任信息披露通过顾客满意对企业价值创造发挥正向促进作用。因此，本部分选取顾客满意作为消费者关系路径中价值传导的关键要素。

（1）碳信息披露质量与顾客满意。

顾客满意是指消费者通过使用产品获得的感知效用符合或超过自身对产品效用的预期所形成的愉悦的感觉（Lee & Heo，1986）。要实现顾客满意需要同时满足消费者对产品的感知质量、感知价值和顾客期望（Tang et al.，1992）。感知与期望是个人的心理感受和心理预期，具有较强的主观性，对同一事物的评价会因评价者的偏好不同而存在明显差异。因此，要实现顾客满意的三要素，必须从心理层面获得消费者的认可。有学者研究发现，企业披露环境信息可以提高消费者对企业的认可（Vikas & Kamakura，2009；白长虹和刘炽，2012）。首先，提高碳信息披露质量有利于满足消费者对产品感知质量的要求。顾客满意的实现以消费者购买为前提，在市场信息不对称的情况下，除了价格等公开信息外，消费者对产品质量和使用价值等重要内在信息难以直接观测，消费者无法甄别产品优劣。企业主动披露碳信息以提高企业透明度，向消费者传递企业对生产高质量管理的优势信号，消费者普遍认为透明度高的企业产品质量更优。其次，提高碳信息披露质量有利于满足消费者对产品感知价值的要求。随着环保意识的增强，消费者将更加关注企业社会责任与环境责任的履行情况。消费者对于产品的感知价值除了产品本身的使用价值外，还包括产品的社会价值与环境价值，即产品及产品生产对环境与社会的影响。提高碳信息披露质量向消费者传递企业产品是低碳节能的，以及使用产品将会对环境与社会产生积极影响，满足消费者对产品使用价值、环境价值及社会价值的综合感受。最后，提高碳信息披露质量有利于满足甚至超过消费者对产品的预期效用。提高碳信息披露质量通过传递与消费者一致的环境责任观，会增强消费者认同感，让消费者在使用产品的过程中获得额外效用，这部分额外效用是由企业承担环境责任而为产品附加的效用为。基于以上分析，本书认为提高碳信息披露质量有利于实现顾客满意。故提出以下假设：

H4－6：碳信息披露质量与顾客满意显著正相关。

（2）顾客满意的中介作用。

根据碳信息披露质量对顾客满意的影响机理分析可知，碳信息披露质量会影响消费者行为。碳信息披露被消费者视为企业承担环境与社会责任的具体表现，消费者更倾向于选择履行环境与社会责任的企业产品（Yeosun et al.，2003）。高质量的碳信息披露通过满足消费者对产品的感知质量、感知价值和顾客期望以实现顾客满意。企业主动披露碳信息提高企业透明度，向消费者传递企业对生产的高质量管理的优势信号，消费者普遍认为透明度高的企业产品质量更优。高质量碳信息披露向消费者传递企业产品是低碳节能的，以及使用产品将会对环境与社会产生积极影响，满足消费者对产品使用价值、环境价值及社会价值的综合感受。高质量的碳信息披露通过传递与消费者一致的环境责任观，会增强消费者认同感，让消费者在使用产品的过程中获得额外效用。

获得良好使用感受的消费者更容易形成消费偏好，通过更加频繁和大量地重复购买企业产品（Gruca & Lopo，2001；Claes et al.，2002），使企业与顾客之间形成更加稳定的关系。企业掌握了顾客喜好，通过学习曲线效应，即使未来顾客数量保持不变，也可以为企业带来更多的利润，资金的周转速度也会加快（Gruca & Lopo，2005）。满意的顾客会主动向周围人分享正面的消费体验并进行推荐，这种正面口碑传播将为企业带来新的顾客群体（Szymanski & Henard，2001），为企业收入增加带来新的源泉（Claes et al.，1992），同时节约了企业的营销成本（Rajendra et al.，1998）。满意的顾客对企业新产品的接受度更高，接受速度更快，为企业降低了新产品投入市场的风险，降低了交易成本，加速了研发资金的回流、成本的回收（汪纯孝等，2003）。满意的顾客对产品价格的包容度更高由于消费偏好，消费者愿意为自己喜欢的企业产品支付溢价（Homburg & Koschate，2005），根据交易价值对等原则，消费者也获得了相应的超额效用。因此，消费者不会因为价格的上涨而轻易改变消费需求，使企业能够获得高于平均水平的回报率来维持更高的盈利能力（Eugene et al.，1996）。顾客满意使消费者对企业过失的宽容度提高（Bhattacharya et al.，2004）。当企业产品出现质量问题时，曾获得满意的消费者更可能对企业采取宽容的态度，配合企业积极的整改措施，有助于缓解危机给企业造成的不利影响。拥有满意顾客的公司有着较高的顾客忠诚度（Oliver et al.，1980），能够通过阻止顾客的背叛行为来提高企业的利润率（Reichheld & Sasser，1990）。由此可见，高质量碳信息披露通过实现顾客满意建立的消费者信任关系是一种具有专用性的优势资源，有利于企业扩大市场占有率与提高企业市场竞力，为企业价值创造输送源源不断的动力。基于以上分析，本书认为高质量的碳信息披露可以提升顾客满意度，从而促进企业价值创造，因此提出以下假设：

H4-7：顾客满意在碳信息披露质量与 ESG 理念下的企业价值创造之间发挥中介作用。

4.2.4　社会公众关系路径的价值传导

高质量碳信息披露可以提高企业透明度以获得社会公众的青睐，可以传递企业积极履行环境责任的信号以获得社会公众对企业的正面评价，提高企业声誉（章金霞和白世秀，2019）。企业声誉是社会公众对企业信息的一种综合认知，是企业将自身在经济、社会与环境三个方面的行为及效果，通过与利益相关者进行沟通，逐渐建立起来的，企业声誉通过影响利益相关者的行为对企业价值创造产生影响。因此本书选取企业声誉作为社会公众关系路径中价值传导的关键要素。

（1）碳信息披露质量与企业声誉。

企业生存与发展依赖于外部的资源与环境，当外部环境发生变化时，企业对关键资源的控制力就会减弱甚至丧失。为了获得对关键资源的控制，企业就需要与环境建立友好关系（李大元等，2010）。履行环境责任不仅是社会责任的体现，也是企业获得外部资源的交换方式（李海芹和张子刚，2010）。环境的变化加剧了企业内外的信息不对称，履行环境责任符合社会对企业的期望和规范，通过披露环境信息告知公众企业为环境保护所作的努力，展示企业的社会道德标准，传递企业发展良好的信号（Brammer & Millington，2005），以降低信息不对称（Qian et al.，2015），获得社会公众的信任，使企业获得资源优势。环境责任履行得好的企业积极披露环境信息，使自己区别于其他企业，很快就会在社会公众中形成好的口碑，更加有助于建立和提高企业声誉（顾雷雷和欧阳文静，2017）。有研究证实，披露环境信息有助于提高企业声誉（Toms et al.，2002；Hasseldine et al.，2005）。

碳信息披露通过信息均衡和信号传递，满足投资者对企业的期望和降低投资者预期风险，建立投资者对企业的正面感知，进而获得投资者认可，有利于提升企业声誉。投资者对企业的期望企业经营的合法性、未来收益的稳定性、内部治理的有效性和企业发展的持续性。环境绩效良好的企业信息披露的主动性更高，企业希望通过信息披露传递企业内部治理完善、公共关系稳定、企业发展可持续的信号，帮助投资者甄别与选择。投资者通过掌握更多关于企业履行环境与社会责任情况的信息对企业未来收入、成本、风险与机遇作出更准确的判断降低投资的不确定性。另外，企业通过积极承担环境与社会责任建立的良好公共关系具有缓冲风险的"信誉担保"作用，可以减少外部环境变化给企业造成的不良影响，提高企业的抗风险能力，使投资者利益得到更好保护。

高质量的碳信息披露通过满足消费者对企业的期望，提高消费者购买意向和提升消费者的价值感知，获得消费者认可，有利于提升企业声誉。消费者环保意识与社会责任意识的增强，对企业履行环境与社会责任的期望不断提高，能否满足消费者期望会影响消费者是否购买或抵制产品。"道德型消费者"更愿意支持环境友好型产品（Gürhan-Canli & Batra，2004），抵制"无良商家"的产品。在市场信息不对称的情况下，消费者认为透明度越高的企业产品质量越可靠，碳信息帮助消费者识别企业（Bhattacharya et al.，2004）。环境绩效良好的企业通过高质量的碳信息披露，传递企业对顾客、对社会、对环境负责的责任观与消费者一致的信号，传递本企业产品和服务优于其他企业更能为消费者创造价值的信号，强化消费者对企业的正面印象（Lankoski et al.，2008）。基于以上分析，本书认为提高碳信息披露质量有利于提高企业声誉。因此，提出以下假设：

H4-8：碳信息披露质量与企业声誉显著正相关。

（2）企业声誉的中介作用。

根据碳信息披露质量对企业声誉的影响机理分析可知，管理者通过碳信息披露向利益相关者传递企业的环境责任行为与贡献，吸引利益相关者关注，提高其对企业声誉的感知，有利于加深利益相关者对企业的正面认知。企业积极履行环境与社会责任符合社会对企业的期望和规范，展示企业的社会道德标准，传递企业可持续发展的信号（Brammer & Millington，2005），以降低信息不对称（Qian et al.，2015），有利于提升企业声誉。

良好的企业声誉是企业重要的无形资产，并具有专用性，传递着企业可信赖、负责任和高品质等重要特征信号，是实现企业价值创造可持续的关键（Branco & Rodrigues，2006）。在交易活动实施过程中，企业声誉可以降低交易的实施成本。由于"机会主义"的存在，企业声誉是需要依赖重复契约关系建立的，如果企业出现剥夺或占用"准租"的可能性，这种重复的契约会立即终止，在重复博弈的过程中，交易的另一方可以通过观测企业声誉来判定企业履约的能力与意愿。良好的企业声誉是企业竞争优势的来源，帮助企业赢得更多利益相关者的支持，对投资者来说，企业声誉让他们对未来的投资回报形成良好的预期，从而增加持续性投资和吸引更多新增投资；对消费者来说，企业声誉让他们对产品质量抱有信心，从而持续性购买和吸引更多新增消费者；对政府来说，企业声誉让他们对企业承担的社会与环境责任给予肯定，从而增加对企业的政策支持；企业获得的外部资源和支持，将长期发挥价值增效。企业声誉对企业财务绩效具有重大影响（Basdeo et al.，2006）。声誉高的企业比声誉低的企业销售增长率更高，现金流更加稳定，经营风险较低，具有更强的竞争力。企业声誉可以吸引更多客户和优质资源，有利于提高企业财务绩效，提高企业的市场价值（Basdeo et al.，2006）。当企业面临危机时，企业声誉可以缓解危机给企业价值创造造成的不利影响（张宏和唐非凡，2021）。基于以上分析，本书认为提高碳信息披露质量有利于提升企业声誉，从而促进企业价值创造，因此提出以下假设：

H4-9：企业声誉在碳信息披露质量与 ESG 理念下的企业价值创造之间发挥中介作用。

碳信息披露质量价值传导路径的研究假设如图 4.1 所示。

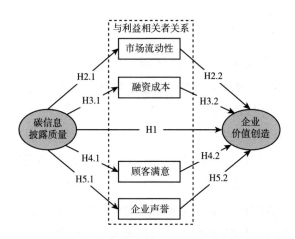

图 4.1 碳信息披露质量价值传导路径的研究假设

4.3 研究设计

4.3.1 样本选择及数据来源

以 2011～2021 年深沪两市的 A 股上市公司为样本，以其社会责任报告作为碳信息披露载体，并将所得到样本进行如下处理：由于企业碳信息披露质量与价值创造可能存在滞后效应，本部分对解释变量和控制变量进行了滞后一期处理；剔除保险、金融行业；剔除 ST、ST* 公司；剔除财务数据缺失公司；为消除样本内可能存在的极端值对研究结论的干扰，对样本 1% 和 99% 分位数处理进行 Winsor 处理。最终获得 11 年间 20 735 条"企业—年度"观测值，其中进行碳信息披露的观测值共 5 995 条。指标数据来源包括社会责任报告文本分析、年报文本分析、国泰安数据库（CSMAR）和中国研究数据库（CNRDS），环境监管数据来自自然资源保护协会和公众环境研究中心共同发布的《城市污染源监管信息公开指数（PITI）报告》。本部分的数据处理采用 SPSS 22.0 软件。

4.3.2　变量选取与计量

（1）解释变量。

选择碳信息披露质量评价指数（CDI）作为碳信息披露质量的代理变量，即模型中的解释变量。CDI 值越高表明企业披露的碳信息披露质量越好。信息披露质量的计量是环境信息披露领域甚至是社会科学研究领域中一个不可忽视的问题。现有文献对碳信息披露质量的测度主要有问卷调查法和内容分析法。CDP 以问卷调查获得研究数据，受参与企业数量的限制，难以利用 CDP 数据深入研究中国问题。学者们沿用雅培等（Abbott et al.，1979）构造的 SID 指数，采用内容分析法测度中国企业碳信息披露质量，这种方法虽然在一定程度上实现了对碳信息披露质量的量化，但仍未能全面考虑碳信息披露质量的各要素。科学合理地评估碳信息披露质量尤为重要，既要对碳信息披露的内容作出科学界定，又要克服"以量代质"的评价倾向。本部分借鉴前期文献的计量方法，根据第 3 章对问卷调查结果进行科学论证后构建的碳信息披露质量评价体系结合内容分析法，以上市公司社会责任报告作为数据来源载体，采用人工采集与文本挖掘相结合，对报告内容实现机器判别与评分，构造碳信息披露质量评价指数（CDI）以全面反映企业碳信息披露质量，并作为碳信息披露质量的代理变量。

（2）被解释变量。

以长期价值（VL）作为企业价值创造的代理变量，即模型中的被解释变量。伴随价值创造观的转变，企业绩效的评价标准必将随之改变（黄世忠，2021）。ESG 视角下企业价值创造是一种可持续的长期价值创造，对提升企业自身经济绩效、形成企业竞争优势、降低企业经营风险和加强企业与利益相关者关系至关重要，既要反映企业创造利润的能力，还要反映企业对社会与环境作出的贡献，是企业在经济、社会与环境三方面的可持续发展能力的体现。将 ESG 理念下的企业价值创造定义为满足可持续发展要求并为利益相关者所共享的长期价值创造，包含经济价值（V_W）、社会价值（V_S）与环境价值（V_E）三个范畴。

本部分以朱卫东等（2014）提出的"增加价值"计算公式、黄世忠（2020）提出的"宏观利润公式"以及达沃斯国际商业理事会（2020）提出的"净经济贡献"为基础，对企业创造社会价值与环境价值进行补充，得到长期价值创造的计算公式：

$V_L = V_W + V_S + V_E$

V_W =（营业收入 – 营业成本）+ 职工薪酬 + 利息费用 + 现金股利 +（税费支出 – 财政援助）

V_S = 正向社会价值 – 负向社会价值

V_E = 正向环境价值 – 负向环境价值

企业价值创造的度量见表4.1。

表4.1　　　　　　　　　　　企业价值创造的度量

范畴	价值构成	项目名称	数据来源	计算公式
企业价值创造	经济价值创造	生产的直接经济价值	营业收入	利润表中营业收入	营业收入 – 营业成本
			营业成本	利润表中营业成本	
		分配的直接经济价值	职工薪酬	资产负债表中应付职工薪酬；现金流量表中支付给职工以及为职工支付的现金	应付职工薪酬变化值 + 支付给职工以及为职工支付工资
			利息费用	利润表中财务费用	利息费用明细数据
			现金股利	会计年度红利分配研究数据库	派息数
			税费支出	资产负债表中应交税费；现金流量表中支付的各项税费	支付税费 + 应交税费期末期初之差 – 收到税费返还 – 政府补助 – 奖励金
			财政援助	现金流量表中收到税费返还；报表附注中政府补助与奖励金	

续表

范畴	价值构成	项目名称	数据来源	计算公式
企业价值创造	社会价值创造 正向社会价值	研发创新财政补助	报表附注中政府补助与奖励金	研发创新政府补助明细数据（非环保）
		技术转让收入	报表附注中营业外收入或支出明细的具体相关内容	技术转让收入明细数据（非环保）
		慈善公益捐赠		公益性支出明细数据（非环保）
	负向社会价值	监管罚款		罚款支出明细数据（非环保）
		事故损失		事故损失明细数据（非环境污染事故）
	环境价值创造 正向环境价值	环保研发财政补助	报表附注中政府补助与奖励金	环保创新政府补助明细数据
		环保技术转让收入	报表附注中营业外收入或支出明细的具体相关内容	环保技术转让收入明细数据
		碳排放权交易收益		碳排放权交易收益明细数据
		环保公益支出	上市公司社会责任评价指标表	环保公益性支出明细数据
		节约能源消耗费用		节约能耗相关费用明细数据
	负向环境价值	排污费		排污费明细数据
		环境污染罚款		环境污染罚款明细数据
		环境污染事故损失		环境污染事故损失明细数据

（3）中介变量。

①市场流动性的计量。市场流动性是指股票价格的波动性（Keynes et al.，1936）。以往研究中常采用交易买卖差价、股票交易额、股票交易量、股票换手率、流动性比率等指标作为市场流动性的代理变量。乔旭东和陈亮（2007）研究认为，中国股票市场的特殊竞价方式，集合竞价与连续竞价，导致交易买

卖差价对市场流动性反应不充分，不适合用于中国资本市场的研究，并且交易买卖差价更适合用于短期高频数据样本的研究，当研究数据样本时间跨度较长时，交易买卖差价对市场流动性的衡量效果并不理想。股票换手率比交易额与交易量更能反映交易活动的活跃程度，并排除了公司特征因素的干扰，对市场流动性的计量效果更好。本部分借鉴达塔等（Data et al.，1998）、班纳吉等（Banerjee et al.，2007）、史金艳等（2011）、唐国平和李龙会（2011）等学者的做法，采用股票换手率（turnover rate，TR）来作为计量市场流动性的代理变量：股票换手率 = 年末股票总交易量/年初总流通股股数。

②融资成本的计量。关于融资成本计量模型主要有股利增长模型（Willams et al.，1938）、资本定价模型（Sharpe et al.，1964；Lintner et al.，1965；Black et al.，1972）、套利定价模型（Ross et al.，1976）、三因素模型（Fama & French，1993）、剩余收益贴现模型（Ohlson et al.，1995）、GLS 模型（Gebhardtetal et al.，2001）、CT 模型（Claus & Thomas，2001）、GM 模型（Gode & Mohanram，2003）及 PEG 模型（Easton et al.，2004）等。

借鉴叶陈刚等（2015）的研究，使用 Ohlson-Juettner 模型（剩余收益贴现模型）来衡量融资成本（CEF）。选择该模型主要基于以下四点考虑：第一，Ohlson-Juettner 模型不需要假设股利支付，避免了上市公司股利发放不确定的干扰；第二，不需要受到账面价值估计的限制；第三，与事后融资成本估计模型相比，Ohlson-Juettner 模型的事前风险管理原则更为科学；第四，数据更容易获取。具体公式如下：

$$\mathrm{CEF} = \frac{1}{2}\left[(\gamma - 1) + \frac{\delta \times \mathrm{EP_{S1}}}{P_0}\right] +$$

$$\sqrt{\frac{1}{4}\left[(\gamma - 1) + \frac{\delta \times \mathrm{EP_{S1}}}{P_0}\right]^2 + \frac{\mathrm{EP_{S1}}}{P_0}\left[\frac{\mathrm{EP_{S2}} - \mathrm{EP_{S1}}}{\mathrm{EP_{S1}}} - (\gamma - 1)\right]}$$

其中，CEF 为融资成本；$\gamma - 1$ 为长期盈余增长率，反映的是在一个相当长时期内整个经济的平均增长水平；δ 为过去三年平均股票支付率；$\mathrm{EP_{S1}}$ 为 $t + 1$ 年 12 月份分析师预测的每股收益的平均值；$\mathrm{EP_{S2}}$ 为 $t + 2$ 年 12 月份分析师预测的每股收益的平均值；P_0 为 t 年末的股票收盘价。采用前人研究做法，令 $(\gamma - 1) = 5\%$，由于 Ohlson-Juettner 模型只有在 $EP_{S1} > 0$ 和 $EP_{S2} > 0$ 时才有意义，故剔除 t + 1 期和 t + 2 期每股收益的分析师预测值为负的样本。

③顾客满意的计量。现有相关研究中，关于顾客满意的计量，主要分为两大类：一类是采用各国机构发布的顾客满意度指数（CSI）来衡量顾客满意。罗和巴塔卡里亚（Luo & Bhattacharya，2006）在研究中常采用美国顾客满意指数（ACSI）作为顾客满意的计量指标。2001 年，中国国家市场监督管理总局和清华大学中国企业研究中心共同合作开发了中国顾客满意度指数（CCSI），由中国标准化研究院统一发布。中国顾客满意度指数（CCSI）反映消费者对企业和品牌的总体满意评价的指数体系。王毅和赵平（2010）以 CCSI 作为顾客满意的代理变量，研究了顾客满意与企业股东价值的关系。另一类是采用顾客满意的相反指标进行互补计量（Uusitalo et al.，2011；杨园华等，2015）。顾客满意的互补情况是顾客投诉，投诉越多，满意度越低。考虑到研究采用的行业分类是证监会发布的行业分类标准与 CCSI 的行业分类不同，因此选择以顾客投诉作为顾客满意的代理变量。

本部分借鉴杨园华等（2015）的计量方法，以是否受到顾客投诉来衡量顾客满意与否。中国消费网是为维护消费者合法权益而开办的，是中国权威的线上投诉平台。该平台定期会曝光受到消费者多次投诉的产品。这些产品通常存在质量或其他方面的缺陷，无法实现顾客满意。以企业产品是否在当年被中国消费网曝光作为判定顾客对企业是否满意的依据。若曝光，则顾客不满意 = 0；若不曝光，则顾客满意 = 1。

④企业声誉的计量。在社会责任信息披露研究领域，关于企业声誉的计量方法主要有四类。第一类是根据权威机构对企业的排名来衡量企业声誉，来自 Fortun 杂志的最受尊敬企业排行是影响范围最广的企业排行，有学者以此排行榜数据计量企业声誉，研究企业环境信息披露对企业声誉的影响（Roberts & Dowling，1997，2002）。第二类是采用情景设计和调查问卷方法获取研究数据，测评企业声誉（廉春慧等，2018）。第三类是采用荣誉积分法、企业在行业中的地位来衡量企业声誉（Aert et al.，2008；李新娥和彭华岗，2010；沈洪涛等，2011）。第四类是将企业声誉看作企业重要的无形资产，包括企业的专利、商誉、商标等（周丽萍等，2016；刘艳博等，2021；张宏，2021）。

企业声誉代理变量的选取须考虑到以下问题：第一，中国《经济观察报》举办了"中国最受尊敬企业"评选，但数据量有限，且不连续；由《财富》杂志中文版进行的"最受赞赏的中国公司"排行榜，上榜企业仅仅几十家。第二，以调查问卷方法来测评企业声誉，工作量巨大，且各地域内企业分布不均，调查数据是否可得、是否有效，仍待商榷。第三，以荣誉积分衡量企业声誉，荣誉的等级与内容是否具有可比性，不同荣誉间的权重该如何科学确定。

本部分借鉴周丽萍等（2016）研究方法，以企业年报中披露的无形资产作为企业声誉的代理变量。企业声誉是公司利益相关者对公司过去行为感知的一种综合评价，是企业重要的无形资产（Hall et al. , 1993）。这种无形资产难以复制，有助于提升企业的市场竞争力（Agarwal et al. , 2015）。对于消费者而言，企业声誉是消费者对企业的产品或服务的认知评价，企业声誉通过其感召力和竞争力两大作用，提高顾客忠诚度，促进消费者购买更多的企业产品与服务，从而增加企业的市场占有率（Aaker & Keller, 1990），对企业财务绩效有促进作用（查尔斯·J. 福诺布龙，2004），能够提升企业价值创造（王谨乐和史永东，2016），且这种作用具有持续性（Roberts et al. , 2002）。

（4）控制变量。

借鉴关于碳信息披露质量及企业价值创造的相关研究（王仲兵和靳晓超，2013；刘银国和朱龙，2011；陈华等，2013；何玉等，2014；叶陈刚等，2016；杨皖苏和杨善林，2016；宋常等，2017；闫海洲和陈百助，2017；符少燕和李慧云，2018；宋晓华等，2019），本部分选择以下因素进行控制，包括企业规模（Size）、资产负债率（Lev）、盈利能力（ROA）、成长能力（Growth）、股权集中度（Oc）、产权性质（Soe）、综合风险水平（Beta）、广告投入（AD）、环境监管（PITI）以及行业（Ind）与年份（Year）。

①综合风险水平（Beta）。综合风险水平是影响市场流动性和融资成本的重要因素，通常 Beta 系数越低时，投资者的投资意愿更强；Beta 系数越高，股票的市场波动性越大，企业对风险越敏感，融资成本越高。

②广告投入（AD）。麦乐等（Melo et al. , 2012）研究发现，广告推广会影响企业价值，消费者行为可能会受到广告推广的引导，干扰碳信息披露质量的价值效应的检验效果，因此，本部分参考王等（Wang et al. , 2008）

的研究方法，以广告费用与销售收入之比对广告投入进行控制，从而避免广告对检验结果的干扰。

③产权性质（Soe）。对于不同产权性质的企业，其信息披露与企业价值的关系也存在显著差异（申慧慧和吴联生，2012）。由于国有企业的国家控股性质，对国有企业管理者的监管动机较弱（孙光国和赵健宇，2014），提高碳信息披露质量对国有企业的价值贡献较低，对非国有企业的价值提升更显著（韩美妮和王福胜，2016）。在国家大力推进低碳发展的背景下，国有企业承担更多的环境保护、低碳发展责任，其碳信息披露质量相对较高。因此，本部分设置产权性质（Soe）虚拟变量，国有企业 Soe 取值为 1，非国有企业 Soe 取值为 0。

④环境监管（PITI）。已有研究表明，企业所受环境监管压力会影响碳信息披露质量价值效应（付少燕和李慧云，2018；宋建波等，2018；崔秀梅等，2016；张勤和章新蓉，2016）。因此，本部分对企业所在地区的环境监管水平进行控制。借鉴相关研究，采用国内学者认可度较高的中国城市污染源监管信息公开指数（pollution information transparency index，PITI）来衡量环境监管，以反映企业所在地区的外部环境监管情况。PITI 越高，表示该地区的环境监管水平越高。

⑤行业（Ind）与年份（Year）。对时间趋势与行业固定效应加以控制可以避免检验结果受到宏观因素和行业特性的干扰（Surroca et al.，2010）。具体见变量定义表 4.2。

表 4.2　　　　　　　　　　　　　　　变量定义

变量类型	变量符号	变量名称	变量定义
被解释变量	VL	企业价值创造	企业长期价值创造取自然对数
解释变量	CDI	碳信息披露质量	碳信息披露质量评价指数
中介变量	TR	市场流动性	年末股票总交易量/年初总流通股股数
	CEF	融资成本	用 Ohlson – Juettner 模型计算
	CR	企业声誉	公司无形资产取自然对数
	CS	顾客满意	虚拟变量，产品在当年是否在中国消费网被曝光，曝光取值为 0，否则为 1

续表

变量类型	变量符号	变量名称	变量定义
控制变量	Size	公司规模	企业总资产取自然对数
	ROA	总资产收益率	息税前利润/平均总资产
	Lev	资产负债率	企业平均总负债/平均总资产
	Growth	成长能力	营业收入增长率
	Oc	股权集中度	第一大股东持股比例
	Soe	产权性质	国有企业取值为 1；非国有企业取值为 0
	Beta	市场综合风险水平	年度综合 Beta 值
	AD	广告	销售费用/销售收入
	PITI	环境监管	污染源监管信息公开指数
	Ind	行业	虚拟变量，共涉及 16 个行业
	Year	年份	虚拟变量，时间跨度为 2011～2021 年

4.3.3　模型构建

（1）主效应模型。

为检验碳信息披露质量对企业价值创造的影响，本部分构建模型（4-1）：

$$VL_{i,t} = a_0 + a_1 CDI_{i,t-1} + a_2 Size_{i,t} + a_3 ROA_{i,t} + a_4 Lev_{i,t} + a_5 Growth_{i,t} + a_6 Oc_{i,t} +$$
$$a_7 Soe_{i,t} + a_8 Beta_{i,t} + a_9 AD_{i,t} + a_{10} PITI_{i,t} + \sum Ind + \sum Year + \varepsilon$$

$$(4-1)$$

（2）中介效应模型。

检验碳信息披露质量对企业价值创造的影响机制，在模型（4-1）的基础上设定以下模型，对碳信息披露质量的价值传导路径进行检验。

投资者关系路径检验：以市场流动性为中介变量，构建模型（4-2）和模型（4-3）以检验假设 H4-2 和假设 H4-3。

$$TR_{i,t} = a_0 + a_1 CDI_{i,t-1} + a_2 Size_{i,t} + a_3 ROA_{i,t} + a_4 Lev_{i,t} + a_5 Growth_{i,t} + a_6 Oc_{i,t} +$$
$$a_7 Soe_{i,t} + a_8 Beta_{i,t} + a_9 AD_{i,t} + a_{10} PITI_{i,t} + \sum Ind + \sum Year + \varepsilon$$

$$(4-2)$$

$$VL_{i,t} = a_0 + a_1CDI_{i,t-1} + a_2TR_{i,t} + a_3Size_{i,t} + a_4ROA_{i,t} + a_5Lev_{i,t} +$$
$$a_6Growth_{i,t} + a_7Oc_{i,t} + a_8Soe_{i,t} + a_9Beta_{i,t} + a_{10}AD_{i,t} +$$
$$a_{11}PITI_{i,t} + \sum Ind + \sum Year + \varepsilon \qquad (4-3)$$

以融资成本为中介变量，构建模型（4-4）和模型（4-5）以检验假设 H4-4 和假设 H4-5。

$$CEF_{i,t} = a_0 + a_1CDI_{i,t-1} + a_2Size_{i,t} + a_3ROA_{i,t} + a_4Lev_{i,t} + a_5Growth_{i,t} + a_6Oc_{i,t} +$$
$$a_7Soe_{i,t} + a_8Beta_{i,t} + a_9AD_{i,t} + a_{10}PITI_{i,t} + \sum Ind + \sum Year + \varepsilon$$
$$(4-4)$$

$$VL_{i,t} = a_0 + a_1CDI_{i,t-1} + a_2CEF_{i,t} + a_3Size_{i,t} + a_4ROA_{i,t} + a_5Lev_{i,t} +$$
$$a_6Growth_{i,t} + a_7Oc_{i,t} + a_8Soe_{i,t} + a_9Beta_{i,t} + a_{10}AD_{i,t} +$$
$$a_{11}PITI_{i,t} + \sum Ind + \sum Year + \varepsilon \qquad (4-5)$$

消费者关系路径检验：以顾客满意为中介变量，构建模型（4-6）和模型（4-7）以检验假设 H4-6 和假设 H4-7。

$$logitCS_{i,t} = a_0 + a_1CDI_{i,t-1} + a_2Size_{i,t} + a_3ROA_{i,t} + a_4Lev_{i,t} + a_5Growth_{i,t} +$$
$$a_6Oc_{i,t} + a_7Soe_{i,t} + a_8Beta_{i,t} + a_9AD_{i,t} + a_{10}PITI_{i,t} +$$
$$\sum Ind + \sum Year + \varepsilon \qquad (4-6)$$

$$VL_{i,t} = a_0 + a_1CDI_{i,t-1} + a_2CS_{i,t} + a_3Size_{i,t} + a_4ROA_{i,t} + a_5Lev_{i,t} +$$
$$a_6Growth_{i,t} + a_7Oc_{i,t} + a_8Soe_{i,t} + a_9Beta_{i,t} + a_{10}AD_{i,t} +$$
$$a_{11}PITI_{i,t} + \sum Ind + \sum Year + \varepsilon \qquad (4-7)$$

社会公众关系路径检验：以企业声誉为中介变量，构建模型（4-8）和模型（4-9）以检验假设 H4-8 和假设 H4-9。

$$CR_{i,t} = a_0 + a_1CDI_{i,t-1} + a_2Size_{i,t} + a_3ROA_{i,t} + a_4Lev_{i,t} + a_5Growth_{i,t} + a_6Oc_{i,t} +$$
$$a_7Soe_{i,t} + a_8Beta_{i,t} + a_9AD_{i,t} + a_{10}PITI_{i,t} + \sum Ind + \sum Year + \varepsilon$$
$$(4-8)$$

$$VL_{i,t} = a_0 + a_1CDI_{i,t-1} + a_2CR_{i,t} + a_3Size_{i,t} + a_4ROA_{i,t} + a_5Lev_{i,t} +$$
$$a_6Growth_{i,t} + a_7Oc_{i,t} + a_8Soe_{i,t} + a_9Beta_{i,t} + a_{10}AD_{i,t} +$$

$$a_{11}\text{PITI}_{i,t} + \sum \text{Ind} + \sum \text{Year} + \varepsilon \tag{4-9}$$

模型（4-1）~模型（4-9）中，i 表示企业个体；t 表示年份；ε 表示随机误差；α_0 表示常数项；α_n 表示各变量的系数。考虑到碳信息披露质量的价值效应存在滞后性，同时为了削弱反向因果关系的内生性问题，本部分对 CDI 进行了滞后一期的处理，用 $\text{CDI}_{i,t-1}$ 表示；$\sum \text{Ind}$，$\sum \text{Year}$ 为行业固定效应和时间固定效应。

4.4　实证结果分析

4.4.1　描述性统计

主要变量的描述性统计见表 4.3。本部分的研究共获取 20 735 家上市公司为样本。样本企业的碳信息披露质量（CDI）平均值为 0.34，标准差 0.16，最大值为 0.93，最小值为 0.04，说明中国上市公司碳信息披露质量总体水平偏低。样本企业价值创造（VL）的平均值为 1.63，标准差为 1.75，最小值为 0.05，最大值为 30.24，说明企业的价值创造能力存在明显差异。企业年度股票换手率（TR）的平均值为 4.84，最大值为 54.51，最小值为 0.05，样本企业的市场流动整体较好，但企业股票之间流动性差异较大；样本企业的融资成本（CEF）的平均值为 0.13，最大值为 0.35，最小值为 0.01，差异较大；企业声誉（CR）的平均值为 6.35，标准差为 2.01，最小值为 1.63，最大值为 12.65，声誉差异明显。仅有 11% 的样本企业被中国消费网曝光，曝光率总体较低，样本企业顾客满意度整体较好。企业规模（Size）平均值 23.39，标准差为 1.85，说明企业间规模差异较大；ROA 均值为 0.04，标准差为 0.05，最小值为 -0.48，最大值为 0.48，说明样本企业的盈利能力差异明显；企业平均负债率（Lev）为 0.46，处于适宜水平；公司平均成长能力（Growth）为 0.52，标准差为 2.82，最大值为 50.71，最小值为 -0.79，说明企业总体成长能力较强，但企业间差异明显，有的企业甚至出现负增长。样本的综合风险水平（Beta）平均值为 0.85；样本企业的平均广告费用占销售收入的 8%，最小值为 0.03，最大值为 0.33，说明广告宣传在企业销售中占据重要地位；从 PITI 的得分看，样本企业所承受的环境监管力度存在较大差异。

表 4.3   主要变量描述性统计

变量	均值	标准差	最小值	最大值
VL	1.63	1.75	0.05	30.24
CDI	0.34	0.16	0.04	0.93
TR	4.84	5.96	0.05	54.51
CEF	0.13	0.02	0.01	0.35
CR	6.35	2.01	1.63	12.65
CS	0.11	0.32	0.00	1.00
Size	23.39	1.85	19.52	30.65
ROA	0.04	0.05	−0.48	0.48
Lev	0.46	0.21	0.03	0.95
Growth	0.52	2.82	−0.79	50.71
Oc	0.38	0.17	0.04	0.89
Soe	0.63	0.48	0.00	1.00
Beta	0.85	0.11	0.28	1.47
AD	0.08	0.28	0.03	0.33
PITI	60.73	15.96	13.80	147.90

4.4.2 相关性分析

对变量进行 Pearson 相关系数检验结果见表 4.4。碳信息披露质量（CDI）与企业价值创造（VL）的相关系数为 0.082 且在 1% 的水平上显著，说明二者显著正相关，初步验证假设 H4 − 1。碳信息披露质量（CDI）与市场流动性（TR）的相关系数为 0.176 且在 1% 的水平上显著，说明二者显著正相关，初步验证假设 H4 − 2。碳信息披露质量（CDI）与融资成本（CEF）的相关系数为 −0.045 且在 5% 的水平上显著，说明二者显著负相关，初步验证假设 H4 − 4。碳信息披露质量（CDI）与企业声誉（CR）的相关系数为 0.098 且在 5% 的水平上显著，说明二者显著正相关，初步验证假设 H4 − 6。碳信息披露质量

表 4.4

变量相关性分析

变量	CDI	VL	TR	CEF	CR	CS	Size	ROA	Lev	Growth	Beta	AD
CDI	1.000											
VL	0.082***	1.000										
TR	0.176***	0.387**	1.000									
CEF	-0.045**	-0.124**	0.196***	1.000								
CR	0.098**	0.364***	0.235**	0.356***	1.000							
CS	0.117**	0.164***	0.015*	0.231**	0.251**	1.000						
Size	0.237***	-0.439***	-0.445***	0.365***	0.331***	0.045**	1.000					
ROA	0.135***	0.104***	0.184***	0.177***	0.165***	0.121***	0.070***	1.000				
Lev	0.022**	-0.453***	-0.226***	-0.010*	0.209***	0.001*	0.424**	-0.446**	1.000			
Growth	-0.065**	0.104***	0.013**	0.007**	-0.008*	0.018**	0.020*	0.028*	-0.011**	1.000		
Beta	-0.0121***	-0.304**	0.536***	-0.258***	0.015*	0.023*	-0.252***	-0.345***	-0.054*	0.0002	1.000	
AD	-0.103**	0.218***	0.018*	0.022*	0.07***	0.119***	0.176***	0.155***	0.014**	-0.028**	0.001	1.000

注：***、**、* 分别表示在 1%、5% 和 10% 水平上的显著性。

（CDI）与顾客满意（CS）的相关系数为 0.117 且在 5% 的水平上显著，说明二者显著正相关，初步验证假设 H4 - 8。企业价值创造（VL）与市场流动性（TR）显著正相关、与融资成本（CEF）显著负相关、与企业声誉（CR）显著正相关、与顾客满意（CS）显著正相关。控制变量中，企业规模（Size）、负债水平（Lev）、综合风险水平（Beta）均与企业价值创造（VL）显著负相关；成长能力（Growth）和广告（AD）均与企业价值创造（VL）显著正相关，这符合大多数学者的研究结论。

变量的多重共线性分析结果见表 4.5。各变量的方差膨胀因子 VIF 值均在 1.5 以下，说明各变量间存在多重共线性问题的概率较小。

表 4.5 变量共线性诊断

项目	CDI	TR	CEF	CR	CS	Size	ROA	Lev	Growth	Beta	AD
VIF	1.309	1.277	1.246	1.197	1.101	2.039	1.347	1.025	1.329	1.112	1.065

4.4.3 总效应检验

根据 Hausman 检验结果，模型（4 - 1a）与模型（4 - 1）的 P 值均近似为 0，说明适合采用固定效应进行回归分析，回归分析结果如表 4.6 所示。模型不包含控制变量，调整的 R^2 为 13.91%，F 值为 34.29，模型显著但拟合度偏低，说明碳信息披露质量对企业价值创造具备一定的解释能力。在加入控制变量后调整的 R^2 上升至 14.31%，F 值上升至 41.18，模型拟合度提高，说明加入的控制变量对企业价值创造同样具备解释能力。要具体研究碳信息披露质量对企业价值创造的影响，必须对这些变量进行控制。

表 4.6 模型（4 - 1a）与模型（4 - 1）回归分析

变量	模型（4 - 1a）	模型（4 - 1）
	VL	VL
CDI	0.082 ***	0.112 ***
	(6.98)	(11.15)
Size		− 0.034 ***
		(− 4.49)

续表

变量	模型（4-1a）	模型（4-1）
	VL	VL
ROA		0.032 *** （3.11）
Lev		-0.015 *** （-3.26）
Growth		0.029 *** （12.19）
Oc		-0.037 *** （-3.06）
Soe		-0.003 （-0.73）
Beta		-0.225 *** （-3.44）
AD		0.008 （0.37）
PITI		0.006 （0.021）
常数项	5.201 *** （10.14）	4.920 *** （5.32）
Ind	控制	控制
Year	控制	控制
Obs	20 735	20 735
调整 R^2	0.1391	0.1431
F 检验	F = 34.29 P = 0.000	F = 41.18 P = 0.000
Hausman 检验	Chi^2 = 129.63 P = 0.000	Chi^2 = 107.82 P = 0.000

注：*** 、** 、* 分别表示在 1% 、5% 和 10% 水平上的显著性。

　　模型（4-1）的回归分析结果分析：碳信息披露质量（CDI）与企业价值创造（VL）的回归系数为 0.112 在 1% 的水平上表现出显著性，支持假设 H4-1，即碳信息披露质量与企业价值创造显著正相关，说明提高碳信息披露质量有利于企业价值创造。高质量的碳信息披露可以增加市场中的信息量和均衡利益相关者的信息占有量和提高企业透明度。透明度高的企业更容易获得利益相关者的青睐。通过高质量的碳信息披露积极回应并满足利益相关者的信息需求与利益诉求，以这种良好的交流沟通方式，建立企业与利益相关者之间彼此信任的关系并获得利益相关者支持。基于信任缔结的契约关系，以利益相关者获得的利益均衡为前提，以企业履约能力与可置信承诺为保证，交易成本更低，可以为利益相关者创造更多的共享价值。

对于模型（4-1）的控制变量，除资产负债率外，其余指标，包括企业规模、盈利能力、成长能力、股权集中度等均通过了显著性检验。其中，企业规模（Size）的回归系数为 -0.342，在 1% 的水平上表现出显著性，即企业规模与企业价值创造显著负相关，说明企业规模越大，企业价值创造空间反而越小。企业盈利能力（ROA）对企业价值创造的贡献最大，系数达 6.764，即公司经营成果能够最直接有效地促进企业价值提升。企业成长能力（Growth）的回归系数为 0.359，在 1% 的水平上表现出显著性，即企业成长能力与企业价值创造显著正相关，说明成长能力较高的企业拥有较好的价值创造能力。而股权集中度（Oc）与企业价值创造反向变动，系数为 -2.371，在 1% 的水平上显著，说明普遍情况下，决策者结构越单一，有利于企业发展的决策效率越低。综合风险水平（Beta）的回归系数为 -0.225，在 1% 的水平上表现出显著性，说明外部系统性风险较高时对企业价值创造不利。

4.4.4　中介效应检验

（1）偏差校正的非参数 Bootstrap 法检验。

本部分研究的碳信息披露质量价值效应的传导路径比较复杂，包含投资者关系、社会公众关系、消费者关系等多条路径，选择以市场流动性、融资成本、企业声誉与顾客满意为中介变量，研究碳信息披露质量对企业价值创造的影响，属于并行多重中介模型（见图 4.2）。温忠麟等（2014）研究表明，并行多重中介模型包含的变量较多，路径相对复杂，一般采用结构方程模型进行检验。

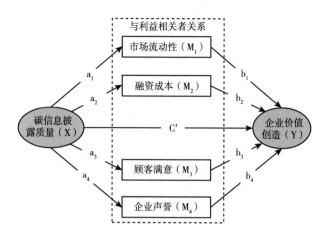

图 4.2 多重并行中介效应模型

Bootstrap 法适用于结构方程模型进行多重中介效应分析（Cheung，2007；方杰等，2011；Lau & Cheung，2012），分为参数与非参数 Bootstrap 法。由于本部分重复抽样的对象是样本数据，因此本部分选用非参数 Bootstrap 法，通过从总体样本进行 n 次（n > 1 000）有放回的重复抽样，计算每个样本中系数乘积估计值，记为 a×b，根据总中介效应估计值将其升序排列，以此得到特定中介效应或总效应的非参数近似抽样分布。其中，第 2.5 百分位点和第 97.5 百分位点构成置信度为 95% 的置信区间。方杰等（2011）研究指出，采用偏差校正的（Bias-corrected）Bootstrap 置信区间估计法对效应值分布的不对称性进行了纠正，具有更准确的估计结果，统计功效也更佳。为了比较特定中介效应间是否存在显著差异，本部分采用偏差校正的非参数 Bootstrap 法对中介效应的置信区间进行估计，若置信区间不包含 0，则说明中介效应显著。

运用 Mplus 7.0 软件构建结构方程模型，验证研究假设。设定 Bootstrap 重复抽样次数为 10000 次，检验市场流动性、融资成本、企业声誉与顾客满意的中介效应。本文构建的结构方程模型的拟合结果是：$\chi^2 = 156.29$，自由度 df = 32，$\chi^2/df = 4.88$，CFI = 0.96，TLI = 0.94，RMSEA = 0.07，表明模型拟合度良好。

结构方程模型估计的路径系数分析如图 4.3 所示，碳信息披露质量对企业价值创造具有显著的正向影响，$c' = 0.049$，$p = 0.000$，验证假设 H4 – 1；

碳信息披露质量对市场流动性具有显著的正向影响，$a_1 = 0.085$，$p = 0.000$，验证假设 H4 - 2；碳信息披露质量对融资成本动性具有显著的负向影响，$a_2 = -0.066$，$p = 0.000$，验证假设 H4 - 4；碳信息披露质量对顾客满意具有显著的正向影响，$a_3 = 0.173$，$p = 0.032$，验证假设 H4 - 6；碳信息披露质量对企业声誉具有显著的正向影响，$a_4 = 0.110$，$p = 0.021$，验证假设 H4 - 8。

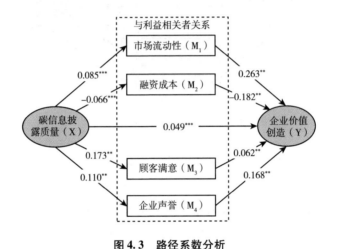

图 4.3　路径系数分析

①总效益、总体中介效应的估计与检验。中介效应检验结果见表 4.7。总效应系数为 0.112，其 95% 置信度下的偏差校正 Bootstrap 置信区间为（0.03，0.176），不包含 0，即碳信息披露质量对企业价值创造具有显著的正向影响，支持假设 H4 - 1。总体中介效应系数为 0.063，其 95% 置信度下的偏差校正 Bootstrap 置信区间为（0.028，0.082），不包含 0，总体中介效应显著；而且直接效应系数为 0.049，在 1% 的水平上显著，说明利益相关者关系在碳信息披露质量与企业价值创造之间发挥部分中介作用。

表 4.7　　　　　　　　　　　中介效应检验

路径	效应	S. E.	BC95% 置信区间		P
			下限	上限	
X→Y（c）	总效益	0.112 ***	0.045	0.03	0.176	< 0.01
X→M_1		0.085 **	0.048	0.046	0.164	< 0.05
X→M_2		- 0.066 **	0.044	- 0.112	- 0.022	< 0.05

续表

路径	效应		S. E.	BC95% 置信区间		P
				下限	上限	
$X \to M_3$		0. 110 ***	0. 045	0. 035	0. 185	<0. 01
$X \to M_4$		0. 173 ***	0. 043	0. 103	0. 243	<0. 01
$M_1 \to Y$		0. 263 ***	0. 041	0. 192	0. 327	<0. 01
$M_2 \to Y$		− 0. 182 ***	0. 048	− 0. 232	− 0. 134	<0. 01
$M_3 \to Y$		0. 062 **	0. 042	0. 02	0. 114	<0. 05
$M_4 \to Y$		0. 168 ***	0. 046	0. 092	0. 242	<0. 01
$X \to Y$ （c′）	直接效应	0. 049 **	0. 045	0. 004	0. 094	<0. 05
	总体中介效应	0. 063 **	0. 017	0. 028	0. 082	<0. 05
$X \to M_1 \to Y$	市场流动性中介效应	0. 022 **	0. 013	0. 003	0. 047	<0. 05
$X \to M_2 \to Y$	融资成本中介效应	0. 012 **	0. 008	0. 002	0. 026	<0. 05
$X \to M_3 \to Y$	顾客满意中介效应	0. 011 **	0. 008	0. 002	0. 027	<0. 05
$X \to M_4 \to Y$	企业声誉中介效应	0. 018 **	0. 009	0. 006	0. 038	<0. 05

注：Bootstrap 重复抽样 10 000 次；*** 、** 、* 分别表示在 1%、5% 和 10% 水平上的显著性；分析中均加入了控制变量。

②特定中介效应的估计与检验。中介作用效应量结果汇总见表 4.8。只经由市场流动性、融资成本、企业声誉与顾客满意的中介效应系数分别为 0. 022、0. 012、0. 018 和 0. 011，其 95% 置信度下的偏差校正 Bootstrap 置信区间均不包含 0，说明市场流动性、融资成本、顾客满意与企业声誉在碳信息披露质量与企业价值创造之间中介效应显著，各条路径的效应占比分别为 19. 96%、10. 71%、9. 82% 和 16. 07%，支持假设 H4 - 3、假设 H4 - 5、假设 H4 - 7 和假设 H4 - 9。

表 4.8　　　　　　　　　中介效应量汇总

路径	检验结论	总效应	直接效应	中介效应	BC95% 置信区间	中介效应率（%）
$X \to M_1 \to Y$	部分中介			0. 022	0. 003 ~ 0. 047	19. 96
$X \to M_2 \to Y$	部分中介	0. 112 ***	0. 049 **	0. 012	0. 002 ~ 0. 026	10. 71
$X \to M_3 \to Y$	部分中介			0. 011	0. 002 ~ 0. 027	9. 82
$X \to M_4 \to Y$	部分中介			0. 018	0. 006 ~ 0. 038	16. 07

注：*** 、** 、* 分别表示在 1%、5% 和 10% 水平上的显著性。

③特定中介效应间的比较。特定中介效应间的比较结果见表4.9。$a_1 \times b_1 -$
$a_2 \times b_2$ 的系数估计值为 0.010，其 95% 置信度下的偏差校正 Bootstrap 置信区间为
（0.004，0.073）不包含 0，$a_1 \times b_1 - a_3 \times b_3$ 的系数估计值为 0.011，其 95% 置信
度下的偏差校正 Bootstrap 置信区间为 （0.004，0.074）不包含 0，说明市场流
动性的中介效应要显著高于融资成本和顾客满意。其他路径的中介效应不存在
显著差异。

表 4.9   特定中介效应间的比较

路径差异	路径系数差异	效应	S. E.	BC95% 置信区间		P
				下限	上限	
$M_1 - M_2$	$a_1 \times b_1 - a_2 \times b_2$	0.01 *	0.016	0.004	0.073	< 0.1
$M_1 - M_3$	$a_1 \times b_1 - a_3 \times b_3$	0.011 *	0.014	0.004	0.074	< 0.1
$M_1 - M_4$	$a_1 \times b_1 - a_4 \times b_4$	0.004	0.015	− 0.011	0.082	> 0.1
$M_2 - M_3$	$a_2 \times b_2 - a_3 \times b_3$	0.001	0.016	− 0.015	0.017	> 0.1
$M_2 - M_4$	$a_2 \times b_2 - a_4 \times b_4$	− 0.006	0.015	− 0.021	0.009	> 0.1
$M_3 - M_4$	$a_3 \times b_3 - a_4 \times b_4$	0.007	0.017	− 0.010	0.024	> 0.1

注：*** 、** 、* 分别表示在 1% 、5% 和 10% 水平上的显著性。

假设检验结果汇总见表 4.10。检验结果表明：碳信息披露质量对企业价
值创造具有显著的促进作用，该促进作用包含碳信息披露质量对企业价值创造
的直接作用和经过利益相关者关系路径传导的间接作用；通过比较各条路径的
间接效应差异发现，经过市场流动性传导的间接效应不仅显著高于同在投资者
关系路径中的融资成本，还显著高于经过消费者关系路径的间接效应。

表 4.10   假设检验结果汇总

序号	假设	支持与否
H4 - 1	碳信息披露质量与 ESG 理念下的企业价值创造显著正相关	支持
H4 - 2	碳信息披露质量与市场流动性显著正相关	支持
H4 - 3	市场流动性在碳信息披露质量与 ESG 理念下企业价值创造之间发挥中介作用	支持
H4 - 4	碳信息披露质量与融资成本显著负相关	支持
H4 - 5	融资成本在碳信息披露质量与 ESG 理念下的企业价值创造之间发挥中介作用	支持
H4 - 6	碳信息披露质量与顾客满意显著正相关	支持

续表

序号	假设	支持与否
H4-7	顾客满意在碳信息披露质量与 ESG 理念下的企业价值创造之间发挥中介作用	支持
H4-8	碳信息披露质量与企业声誉显著正相关	支持
H4-9	企业声誉在碳信息披露质量与 ESG 理念下的企业价值创造之间发挥中介作用	支持

（2）逐步回归法。

检验中介效应最常用的方法是逐步检验回归系数（Baron & Kenny，1986；Judd & Kenny，1981；温忠麟等，2004），即通常说的逐步法。温忠麟等（2004）认为，如果检验结果都显著，逐步检验结果强于 Bootstrap 法检验结果，因此，他们提出的检验流程中，先进行依次检验，不显著再进行 Bootstrap 法检验。温忠麟等（2014）对中介效应逐步法的检验步骤进行相应的修改，修改后的检验步骤如下。

建立回归方程描述变量间关系：

$$Y = cX + e_1 \tag{4-10}$$

$$M = aX + e_2 \tag{4-11}$$

$$Y = c'X + bM + e_3 \tag{4-12}$$

其中，方程（4-10）的系数 c 为自变量 X 对因变量 Y 的总效应；方程（4-11）的系数 a 为自变量 X 对中介变量 M 的效应；方程（4-12）的系数 b 是在控制了自变量 X 的 Y 影响后，中介变量 M 对因变量 Y 的效应；系数 c′是在控制了中介变量 M 的影响后，自变量 X 对因变量 Y 的直接效应；$e_1 \sim e_3$ 是回归残差。中介效应等于间接效应，即等于系数乘积 ab，它与总效应和直接效应有 c = c′ + ab（MacKinnon et al.，1995）。

第一步，检验方程（4-10）的系数 c，如果显著，按中介效应立论，否则按遮掩效应立论。但无论是否显著，都进行后续检验。

第二步，依次检验方程（4-11）的系数 a 和方程（4-12）的系数 b，如果两个都显著，则间接效应显著，转到第四步；如果至少有一个不显著，进行第三步。

第三步，用 Bootstrap 法直接检验系数乘积 ab 的显著性，如果显著，则间接效应显著，进行第四步；否则间接效应不显著，停止分析。

第四步，检验方程（4 - 12）的系数 c' 如果不显著，即直接效应不显著，说明只有中介效应，即完全中介效应；如果 c' 显著，即直接效应显著，即部分中介效应。

为确保研究结论的可靠性，本部分根据以上检验步骤，采用逐步回归法对碳信息披露质量经过利益相关者关系路径传导的中介效应进行检验。由于第一步检验已在"4.4.3 总效应检验"中完成，因此本部分直接从第二步检验开始。

①市场流动性的中介效应检验。回归分析结果见表 4.11。模型（4 - 2）调整的 R^2 为 15.14%，F 值为 28.92，模型具有一定的显著性和拟合度，说明碳信息披露质量对市场流动性具备一定的解释能力。主变量回归检验，碳信息披露质量（CDI）与市场流动性（TR）的回归系数为 0.085，在 5% 的水平上表现出显著性，即碳信息披露质量与市场流动性显著正相关，说明透明度高的企业更受投资者欢迎，提高碳信息披露质量有利于增强企业股票市场流动性。支持假设 H4 - 2。高质量的碳信息披露可以更好地满足外部投资者的信息需求，促进更多交易实现，市场流动性提高。随着环保意识的提高，投资者会更加关注企业履行环境与社会责任的情况，高质量的碳信息披露有助于提高投资者对企业长远发展的预期，促使投资意愿增强并转化为更多交易行为，促进股票流动。

表 4.11　　　　　　　　　市场流动性中介效应的回归分析

变量	模型（4 - 1）	模型（4 - 2）	模型（4 - 3）
	VL	TR	VL
CDI	0.112 *** (11.15)	0.085 *** (3.93)	0.038 ** (2.21)
TR			0.263 *** (4.64)
Size	-0.034 *** (-4.49)	-2.108 ** (-2.47)	-0.033 *** (-4.02)
ROA	0.032 *** (3.11)	5.655 *** (6.87)	0.032 *** (3.11)

续表

变量	模型（4-1）	模型（4-2）	模型（4-3）
	VL	TR	VL
Lev	-0.015 *** (-3.26)	-0.001 (-0.21)	-0.015 *** (-3.27)
Growth	0.029 *** (12.19)	0.0007 (0.34)	0.030 *** (12.18)
Oc	-0.037 *** (-3.06)	-0.0015 (-0.34)	-0.036 *** (-3.05)
Soe	-0.003 (-0.73)	-0.036 (-0.08)	-0.002 (-0.67)
Beta	-0.225 *** (-3.44)	-6.503 *** (-13.25)	-0.215 *** (-3.04)
AD	0.008 (0.37)	0.0005 (0.18)	0.008 (0.37)
PITI	0.006 (0.021)	0.0002 (0.09)	0.059 (0.020)
常数项	4.920 *** (5.32)	0.078 *** (4.10)	3.920 *** (4.63)
Ind	控制	控制	控制
Year	控制	控制	控制
Obs	20 735	20 735	20 735
调整 R²	0.1431	0.1514	0.1459
F 检验	F = 41.18 P = 0.000	F = 28.92 P = 0.000	F = 35.6 P = 0.000

注：*** 、 ** 、 * 分别表示在 1%、5% 和 10% 水平上的显著性。

对于模型（4-2）的控制变量，企业规模（Size）与市场流动性（TR）负相关，这可能是因为规模较大的公司为了维护企业形象，会选择性披露对公司有利的信息，回避不利信息，由于信息披露得不充分，投资者发生逆向选择。企业盈利能力（ROA）的回归系数达 5.655，在 1% 的水平上显著，即公司盈利能力越强，股票的市场反应越好。综合风险水平（Beta）的回归系数为 -6.503，在 1% 的水平上表现出显著性，通常 Beta 系数越高，股票的市场波动性越大对股票的市场流动不利。

在模型（4-1）中引入市场流动性（TR）得到模型（4-3），模型（4-3）调整的 R^2 为 14.59%，F 值为 35.6，模型的显著性水平为 0.000，与模型（4-1）相比，模型（4-3）的解释能力有所上升，说明加入市场流动性变量之后，模型拟合度更优。模型（4-3）的市场流动性（TR）与企业价值创造（VL）显著正相关。碳信息披露质量（CDI）与企业价值创造（VL）显著正相关，与模型（4-1）相比，碳信息披露质量（CDI）的回归系数下降至 0.038，显著性下降到 5% 的水平，说明碳信息披露质量对企业价值创造的影响有一部分通过市场流动性传导。由此可见，市场流动性在二者关系中发挥部分中介作用，支持假设 H4-3。高质量的碳信息披露通过提高市场流动性促进企业价值创造。流动性水平较高的市场可以吸引更多投资者进入，股票交易量和交易频率得到提高，活跃的市场富有弹性有利于稳定股价进而对企业市场表现产生积极的影响。拥有较高流动性水平的企业受到的投资者关注更多，相应的企业管理者受到的监督也更多，其机会主义行为受到抑制，督促管理者决策的公平化和科学化，有利于企业资源的优化配置，从而对企业价值创造产生积极的影响。

②融资成本的中介效应检验。回归分析结果见表 4.12。模型（4-4）调整的 R^2 为 17.01%，F 值为 35.6，模型具有一定的显著性和拟合度，说明碳信息披露质量对融资成本有一定解释力。碳信息披露质量（CDI）与融资成本（CEF）的回归系数为 -0.066，在 1% 的水平上表现出显著性，即碳信息披露质量与融资成本显著负相关，说明提高碳信息披露质量有利于降低融资成本，支持假设 H4-4。高质量的碳信息披露可以缓解信息不对称和传递积极的信号，有利于增强投资者信心，降低投资者预期风险，相应的企业融资成本下降。

表 4.12　融资成本中介效应的回归分析

变量	模型（4-1）	模型（4-4）	模型（4-5）
	VL	CEF	VL
CDI	0.112 *** (11.15)	-0.066 *** (-6.22)	0.012 *** (6.66)
CEF			-0.182 *** (-6.77)

续表

变量	模型（4-1）	模型（4-4）	模型（4-5）
	VL	CEF	VL
Size	-0.034 ***	-0.133 ***	-0.029 ***
	(-4.49)	(-3.87)	(-3.52)
ROA	0.032 ***	-4.765 ***	0.028 ***
	(3.11)	(-5.48)	(2.98)
Lev	-0.015 ***	0.034 ***	-0.013 ***
	(-3.26)	(4.27)	(-3.01)
Growth	0.029 ***	0.055 ***	0.027 ***
	(12.19)	(4.08)	(11.08)
Oc	-0.037 ***	-0.322	-0.033 ***
	(-3.06)	(-0.66)	(-2.95)
Soe	-0.003	-0.361	-0.0028
	(-0.73)	(-0.98)	(-0.70)
Beta	-0.225 ***	0.0117 ***	-0.215 ***
	(-3.44)	(4.27)	(-3.04)
AD	0.008	0.0062	0.007
	(0.37)	(0.21)	(0.25)
PITI	0.006	0.0013	0.005
	(0.021)	(0.023)	(0.016)
常数项	4.920 ***	0.088 ***	4.020 ***
	(5.32)	(4.78)	(4.03)
Ind	控制	控制	控制
Year	控制	控制	控制
Obs	20 735	20 735	20 735
调整 R^2	0.1431	0.2647	0.1766
F 检验	F = 41.18 P = 0.000	F = 28.92 P = 0.000	F = 33.14 P = 0.000
Hausman 检验	Chi^2 = 107.82 P = 0.000	Chi^2 = 110.15 P = 0.000	Chi^2 = 119.63 P = 0.000

注：***、**、*分别表示在1%、5%和10%水平上的显著性。

模型（4-4）的控制变量，企业规模（Size）的回归系数为-0.133，在1%的水平显著，即企业规模与融资成本之间显著负相关，企业规模越大，融资成本越高。企业盈利能力（ROA）的回归系数达-4.765，在1%的水平上显著，即公司盈利能力越强，融资成本越低。企业负债水平（Lev）的回归系数为 0.034，在 1% 的水平上显著，即企业负债水平与融资成本显著正相关，即负债水平越高的企业，融资成本越高，因为投资者考虑到企业的债务风险过高，为了保护自身利益，要求更高的投资回报，融资成本增加。企业成长能力（Growth）的回归系数为 0.055，在 1% 的水平上表现出显著性，即企业成长能力与融资成本显著正相关，这可能是因为高成长企业往往处在发展初期，未来发展的不确定性较大，因此，投资者会要求更高的投资回报作为风险补偿，导致融资成本增加。综合风险水平与融资成本显著正相关。通常 Beta 系数越高表明市场风险越高，作为风险补偿投资者会要求更高的投资回报，导致企业的融资成本增加。

在模型（4-1）中引入融资成本（CEF）得到模型（4-5），回归分析结果见表 4.12。模型（4-5）调整的 R^2 上升至 17.66%，模型的显著性水平为 0.000，与模型（4-1）相比，模型（4-5）的解释能力有所上升，说明加入融资成本变量之后，模型拟合度得到提高。模型（4-5）的融资成本（CEF）与企业价值创造（VL）的回归系数为 -0.182，在 1% 的水平上显著，即融资成本与企业价值创造显著负相关。与模型（4-1）相比，模型（4-5）中碳信息披露质量（CDI）与企业价值创造（VL）的回归系数由 0.112 下降到 0.012，说明在加入融资成本之后，碳信息披露质量对企业价值创造的解释能力有所降低，但方向依然为正，融资成本是碳信息披露质量与企业价值创造的中间变量，发挥了部分中介作用，支持假设 H4-5。融资成本是企业通过发行股票获得资金而付出的代价，是投资者要求最低投资回报率。企业的投资回报与融资成本的差额是企业价值创造的重要来源。融资成本增加会挤占企业价值创造的空间。高质量碳信息披露有益于降低投资者的预期风险和决策成本，增强投资者信心，为企业节约融资成本，进一步扩大价值创造的空间。其余变量与前面结果基本一致。

③顾客满意的中介效应检验。回归分析结果见表 4.13。由于顾客满意（CS）为 0，1 虚拟变量，对模型（4-8）采用了 logit 回归。为保证检验结果的稳健性，借鉴学者格尼等（Greene et al., 2008）、斯塔尼和艾力（Stanny & Ely, 2008）的研究方法，以计算回归过程中的标准误差进行异方差修正。模

型（4 - 8）的 McFadden R^2 为 19.33%，LR 值为 35.36，显著性水平为 0.000，说明模型的检验效果显著，拟合度偏低尚在可接受范围内。模型（4 - 8）的碳信息披露质量（CDI）与顾客满意（CS）的回归系数为 0.173 在 5% 的水平上表现出显著性，即碳信息披露质量与顾客满意显著正相关说明顾客满意的企业碳信息披露质量更高，支持假设 H4 - 6。顾客满意是指消费者通过使用产品获得的感知效用符合或超过自身对产品效用的预期所形成的愉悦的感觉。高质量的碳信息披露使企业的环境与社会责任行为更加透明可信，是产品质量可靠的保证，有利于提高消费者的价值感受（包括产品使用价值、环境价值与社会价值），能够让消费者获得额外效用（如使用产品可以为环境与社会作出贡献），顾客满意度更高。

表 4.13　　　　　　　　　　顾客满意中介效应的回归分析

变量	模型（4 - 1）	模型（4 - 6）	模型（4 - 7）
	VL	CS	VL
CDI	0.112 *** (11.15)	0.173 *** (5.33)	0.011 ** (2.24)
CS			0.062 *** (4.25)
Size	-0.034 *** (-4.49)	-0.031 (-0.15)	-0.029 *** (-3.52)
ROA	0.032 *** (3.11)	0.765 *** (6.40)	0.028 *** (2.98)
Lev	-0.015 *** (-3.26)	-0.034 (0.27)	-0.013 *** (-3.01)
Growth	0.029 *** (12.19)	0.091 *** (3.33)	0.027 *** (11.08)
Oc	-0.037 *** (-3.06)	-0.022 (-0.17)	-0.033 *** (-2.95)
Soe	-0.003 (-0.73)	-0.003 (-0.02)	-0.0028 (-0.70)

续表

变量	模型（4-1）	模型（4-6）	模型（4-7）
	VL	CS	VL
Beta	-0.225*** (-3.44)	0.012 (0.02)	-0.215*** (-3.04)
AD	0.008 (0.37)	-0.162* (1.21)	0.007 (0.25)
PITI	0.006 (0.021)	0.001 (0.01)	0.005 (0.016)
常数项	4.920*** (5.32)	0.148*** (4.78)	4.020*** (4.03)
Ind	控制	控制	控制
Year	控制	控制	控制
Obs	20 735	20 735	20 735
调整 R^2/McFadden R^2	0.1431	0.1933	0.1744
F 检验/LR 检验	F = 41.18 P = 0.000	LR = 35.36 P = 0.000	F = 30.16 P = 0.000
Hausman 检验	Chi^2 = 107.82 P = 0.000	Chi^2 = 112.15 P = 0.000	Chi^2 = 118.44 P = 0.000

注：***、**、*分别表示在1%、5%和10%水平上的显著性。

模型（4-6）的控制变量，企业规模（Size）与顾客满意无显著相关性；企业盈利能力（ROA）的回归系数为0.765，在1%的水平上显著，说明顾客满意度较高的企业，盈利能力较强。企业成长能力（Growth）对顾客满意（CS）的回归系数为0.091，在1%的水平上显著，即企业成长能力与顾客满意显著正相关，说明处于初创期的企业成长能力较强，企业在此阶段需要获得更多的顾客满意来积极开拓市场。广告投入（AD）的回归系数为-0.162，在10%的水平上显著，即广告投入与顾客满意显著负相关，说明过多的投放广告并不能为企业收获更多的顾客满意，这可能是因为广告投放越多，消费者对产品的心理预期越高，当实际产品无法达到心理预期时，顾客难以满意。

在模型（4-1）中引入顾客满意（CS）得到模型（4-7），对比模型（4-1），模型（4-7）调整的 R^2 上升至17.44%，模型依然显著，说明加入顾客满意变量之后，模型拟合度更优。模型（4－7）的顾客满意（CS）与企业价值创造（VL）的回归系数为 0.062，在 5% 的水平上表现出显著性，即顾客满意与企业价值创造显著正相关。与模型（4－1）相比，模型（4－7）的碳信息披露质量（CDI）与企业价值创造（VL）的回归系数下降到 0.011，显著性水平下降到 5%，说明在加入顾客满意之后，碳信息披露质量对企业价值创造的解释能力有所下降，但回归系数方向为正，可见碳信息披露质量对企业价值创造的影响有部分是经过顾客满意传导的。顾客满意在二者之间发挥了部分中介传导作用，支持假设 H4－7。高质量的碳信息披露有利于提高顾客满意，并通过顾客满意传导对企业价值创造积极影响。顾客满意为企业保留下的优质顾客更容易形成消费偏好，通过扩大购买和正面口碑传播，为企业价值创造输送源源不断的动力。顾客满意是企业维护与管理消费者关系的结果，企业通过高质量的碳信息披露积极回应消费者需求，与消费者建立彼此信任的关系，赢得消费者信任与支持，有利于企业扩大市场占有率和提升市场竞争力。其余变量与前面研究结果基本一致。

④企业声誉的中介效应检验。回归分析结果见表 4.14。模型（4－8）调整的 R^2 为 19.33%，F 值为 27.36，模型的显著性水平为 0.000，显示模型具有一定的显著性和拟合度，说明碳信息披露质量对企业声誉具备一定的解释能力。碳信息披露质量（CDI）与企业声誉（CR）的回归系数为 0.110，在 5% 的水平上表现出显著性，即碳信息披露质量与企业声誉显著正相关，说明企业碳信息越透明，越受到公众认可，有利于塑造良好的企业声誉，支持假设 H4－8。企业通过高质量的碳信息披露对外传递企业为环境保护所作的努力，展示企业的社会道德标准，传递企业可持续发展的信号，有利于利益相关者对企业形成良好的认知，提升企业声誉。对于模型（4－8）的控制变量，企业规模（Size）的回归系数为 0.283，在 1% 的水平上显著，即企业规模与企业声誉显著正相关，说明公司规模越大，越重视维护企业形象，企业声誉更好。企业盈利能力（ROA）的回归系数为 2.485，在 1% 的水平上显著，说明声誉高的企业往往盈利能力较强。广告投入（AD）与企业声誉显著正相关，说明广告对企业声誉的塑造具有一定促进作用。

表 4.14   企业声誉中介效应的回归分析

变量	模型（4-1）	模型（4-8）	模型（4-9）
	VL	CR	VL
CDI	0.112 ***	0.110 **	0.018 **
	(11.15)	(2.25)	(2.66)
CR			0.168 ***
			(6.22)
Size	-0.034 ***	0.283 ***	-0.024 ***
	(-4.49)	(4.75)	(-3.22)
ROA	0.032 ***	2.485 ***	0.031 ***
	(3.11)	(5.66)	(3.01)
Lev	-0.015 ***	-0.044	-0.013 ***
	(-3.26)	(-0.33)	(-3.01)
Growth	0.029 ***	0.066	0.027 ***
	(12.19)	(0.45)	(11.08)
Oc	-0.037 ***	0.022	-0.033 ***
	(-3.06)	(0.17)	(-3.01)
Soe	-0.003	0.0003	-0.0028
	(-0.73)	(0.001)	(-0.67)
Beta	-0.225 ***	0.0002	-0.215 ***
	(-3.44)	(0.019)	(-3.22)
AD	0.008	0.162 **	0.006
	(0.37)	(2.21)	(0.22)
PITI	0.006	0.001	0.004
	(0.021)	(0.01)	(0.014)
常数项	4.920 ***	5.48 ***	4.120 ***
	(5.32)	(6.78)	(4.43)
Ind	控制	控制	控制
Year	控制	控制	控制
Obs	20 735	20 735	20 735
调整 R^2	0.1431	0.1933	0.1845
F 检验	F = 41.18	F = 27.36	F = 29.55
	P = 0.000	P = 0.000	P = 0.000
Hausman 检验	Chi^2 = 107.82	Chi^2 = 109.15	Chi^2 = 108.12
	P = 0.000	P = 0.000	P = 0.000

注：*** 、** 、* 分别表示在1%、5%和10%水平上的显著性。

在模型（4-1）中引入企业声誉（CR）得到模型（4-9），回归分析结果表 4.14。对比模型（4-1），模型（4-9）调整的 R^2 上升至 18.45%，模型依然显著，说明加入企业声誉变量之后，模型拟合度更优。模型（4-9）的企业声誉（CR）与企业价值创造（VL）的回归系数为 0.168，在 5% 的水平上显著，说明提高企业声誉对价值创造具有积极的促进作用。与模型（4-1）相比，模型（4-9）的碳信息披露质量（CDI）与企业价值创造（VL）的回归系数由 0.112 下降到 0.018，显著性由 1% 下降到 5%，说明在加入企业声誉之后，碳信息披露质量对企业价值创造的解释能力有所降低，但回归系数方向为正，说明企业声誉在碳信息披露质量的价值效应中发挥了部分中介作用，支持假设 H4-9。碳信息披露是企业的声誉管理手段之一，高质量的碳信息披露可以提高企业经营透明度和传递企业对社会与环境可持续发展的贡献，获得社会公众的关注与好评，提升企业声誉。良好的企业声誉是企业可信赖、负责任和高品质等重要特征的信号，有利于企业获得投资者和消费者偏好，为企业可持续价值创造提供优势资源。

4.4.5　内生性检验

考虑到关于碳信息披露质量与企业价值创造二者关系的研究可能存在着遗漏变量和二者互为因果关系而存在内生性问题。因此，本部分采用倾向得分匹配双重差分法（PSM-DID）和使用工具变量对全样本进行两阶段最小二乘法（2SLS）回归分析，对研究结论进行内生性检验。

（1）倾向得分匹配双重差分法（PSM-DID）。

相比于双重差分，倾向得分匹配双重差分法（PSM-DID）能够更加有效地控制观测和非观测因素（如个体特征因素）的影响。因为进行碳信息披露的企业与无碳信息披露的企业在某些企业特征上存在着显著差异与而导致选择偏差。为了缓解这些差异对本部分研究结论的影响，本部分以披露碳信息的企业为实验组，以未披露碳信息的企业为控制组，对两组样本进行非重复倾向得分匹配。从公司规模、盈利能力、成长性、负债水平、公司治理等方面选取了一系列特征变量作为配对变量，具体包括企业规模、总资产收益率、营业收入增长率、资产负债率、上市公司第一大股东持股比例、产权性质，分别对各年进行非重复匹配，采用 PSM 中 1∶1 最邻近匹配的方法进行稳健性检验。表 4.15 中，Panel A 列示了 PSM 分析结果，Panel B 列示了均衡性检验结果。从表 4.15 中可以看出，在经过匹配后，实验组的均值依然显著高于控制组，平均处理效应 ATT 值为 3.76，在 1% 的水平上显著，表明在经过匹配后，碳信息披露对企业价值创造依然存在显著的影响。从均衡性检验结果来看，多数控制变量之间的差异不再显著，表明 PSM 匹配的效果较好。

表 4.15　　　　　　　　　　　　　PSM 分析

Panel A：PSM 结果			
变量	实验组	控制组	Diff	T 值
VL	1.70	1.56	0.14***	3.76

Panel B：均衡性检验结果				
变量	匹配前（U）	均值		T-test	
	匹配后（M）	实验组	控制组	T 值	P 值
Size	U	24.378	21.781	18.76	0.000
	M	24.376	22.471	−2.59	0.010
ROA	U	0.025	0.041	−9.69	0.000
	M	0.025	0.024	−0.90	0.367
Lev	U	0.514	0.420	17.19	0.000
	M	0.513	0.512	0.14	0.889
Growth	U	0.466	0.059	−3.27	0.000
	M	0.466	0.454	−0.09	0.929
Oc	U	0.121	0.093	9.11	0.000
	M	0.120	0.134	−3.77	0.000
Soe	U	0.618	0.391	18.66	0.000
	M	0.617	0.634	−1.34	0.179
AD	U	0.079	0.081	−1.59	0.000
	M	0.081	0.812	−1.40	0.078

　　为了缓解互为因果的内生性问题，本部分利用企业披露碳信息和停止披露碳信息为时间点，取前后一年的数据构造了多期双重差分模型，进而检验碳信息披露所带来的企业价值创造的变化。若企业前期没有进行碳信息披露而在样

本期间某一年进行了披露，则披露后一年的样本（Disclose-start × Time-start）赋值为1，碳信息披露前一年的样本赋值为0；若企业前期有碳信息披露，在样本期间某一年停止了披露，则停止碳信息披露后一年的样本（Disclose-end × Time-end）赋值为1，停止碳信息披露前一年的样本赋值为0，始终没有进行碳信息披露的样本为控制组，赋值为0。在模型中控制了个体效应和时间效应，回归分析结果如表 4.16 所示。从表 4.16 中可以看出，Disclose-start × Time-start 的系数为 0.02，且在 1% 的水平上显著，表明企业进行碳信息披露后，企业价值创造显著提高；Disclose-end × Time-end 的系数为 - 0.009，且在 10% 的水平上显著，表明企业在停止碳信息披露后，企业价值创造会显著下降。以上结果表明，碳信息披露对企业价值创造具有显著的影响，主效应回归分析结果较为稳健。

表 4.16　　　　　　　　　　　双重差分回归分析

项目	VL	VL
Disclose-start × Time-start	0.02 *** (0.02)	
Disclose-end × Time-end		- 0.009 * (- 1.70)
Controls/个体效应/时间效应	控制	控制
常数项	0.067 * (1.69)	0.055 (0.28)
Adj-R²	0.351	0.058
Obs	2 391	2 017

注：*** 、** 、* 分别表示在 1% 、5% 和 10% 水平上的显著性。

（2）工具变量法。

为了缓解互为因果以及不可观测的遗漏变量问题，本部分运用工具变量法对全样本进行两阶段最小二乘法（2SLS）回归分析。根据工具变量选取原则，选取的工具变量应与解释变量相关，且对被解释变量没有直接的影响。因此本部分参考拉克和拉斯蒂克斯（Larcke & Rusticus，2010）和李慧云等（2016）的研究方法，分别选取样本期初行业平均的碳信息披露质量（AVCDI）和企业所在省份的市场化指数（Market）作为碳信息披露质量（CDI）的工具变量，其中，市场化指数选取自樊纲等编制的《中国分省份市场化指数报告（2019）》。碳信息披露质量的行业均值 AVCDI 与 CDI 相关，但直接影响单个企业价值创造的可能性较小；李慧云等（2016）认为，由于企业所在地区的市场化程度不一样，其法律法规完善程度、政府监管水平也存在差异，导致不同企业存在不同的自愿性信息披露动机，企业所在省份的市场化程度能够影响单个企业的碳信息披露。具体检验步骤如下：第一步，分别选取控制变量和工具变量 AVCDI 和 Market 为解释变量，对内生性变量 CDI 进行第一阶段回归，同时得到内生性变量 CDI 的预测变量 AVCDI – PCDI 和 Market – PCDI；第二步，继续分别选取控制变量与预测变量 AVCDI – PCDI、Market – PCDI 为解释变量，对模型（1）~模型（9）进行第二阶段回归，回归分析结果见表 4.17。

第一阶段采用 Shea's partial R^2 检验工具变量的强弱，结果显示内生性变量 CDI 的 Shea's partial R^2 分别为 0.51 和 0.78（大于 0.04），可以认定 Market 和 AVCDI 为强工具变量；根据第二阶段结果显示的 Sargan 值表明不存在过度识别的问题。根据 Market – PCDI 和 AVCDI – PCDI，在模型（1）中的回归系数分别为 0.009 和 0.11 且均在 5% 的水平上显著，表明碳信息披露与企业价值创造显著正相关，其余变量系数符号及显著性与前面研究结论基本一致。

4.4.6 稳健性检验

在进行稳健性检验过程中，分别对解释变量、被解释变量、中介变量的衡量方法进行了替换，采用原模型进行实证检验，能够基本验证模型结果的可靠性；最后，对研究样本进行替换，研究结论基本一致。

（1）解释变量的替换。

根据碳信息披露的性质采用 0~1 打分法对信息披露质量进行计量，定量信息披露记为 1 分，定性信息披露记为 0 分（王苏生和康永博，2017）。这种计量方法更加简便，可以在一定程度上避免人为因素的干扰，根据以上打分结果作为碳信息披露质量的代理变量，进行稳健性测试，模型回归分析结果见表 4.18。

表 4.17 两阶段最小二乘法回归分析

变量	第1阶段 预测模型	第2阶段								
	CDI	模型(4-1) VL	模型(4-2) TR	模型(4-3) VL	模型(4-4) CEF	模型(4-5) VL	模型(4-6) CS	模型(4-7) VL	模型(4-8) CR	模型(4-9) VL
AVCDI	1.020*** (9.93)	—	—	—	—	—	—	—	—	—
AV-PCDI	—	0.019*** (5.34)	0.08** (2.14)	0.02** (2.13)	-0.06** (-2.45)	0.012*** (3.68)	0.07*** (3.31)	0.016** (2.64)	0.110** (2.25)	0.018** (2.66)
TR	—	—	—	0.26*** (6.61)	—	—	—	—	—	—
CEF	—	—	—	—	—	-0.17*** (-6.47)	—	—	—	—
CS	—	—	—	—	—	—	—	0.05** (2.24)	—	—
CR	—	—	—	—	—	—	—	—	—	0.168*** (6.12)
常数项	1.32* (1.26)	7.12*** (6.29)	0.078*** (4.10)	3.920*** (4.63)	0.088*** (4.78)	4.02*** (4.03)	0.148*** (4.78)	4.02*** (3.93)	5.48*** (6.78)	4.12*** (4.43)
Controls/Ind/Year	控制	控制	控制	控制	控制	控制	控制	控制	控制	控制
Obs	20735	20735	20735	20735	20735	20735	20735	20735	20735	20735
Shea's partial R^2	0.51	—	—	—	—	—	—	—	—	—
Sargon 值	—	1.87	2.44	1.65	2.12	1.78	2.00	1.56	2.01	1.68
Over-identify	—	p=0.17	p=0.15	p=0.17	p=0.16	p=0.14	p=0.15	p=0.16	p=0.17	p=0.17

续表

变量	第1阶段 预测模型 CDI	第2阶段 模型 (4-1) VL	模型 (4-2) TR	模型 (4-3) VL	模型 (4-4) CEF	模型 (4-5) VL	模型 (4-6) CS	模型 (4-7) VL	模型 (4-8) CR	模型 (4-9) VL
Market	0.35* (1.38)	—	—	—	—	—	—	—	—	—
Market – PCDI	—	0.11** (2.34)	0.08** (2.94)	0.02** (2.43)	-0.06*** (-6.22)	0.06* (1.66)	0.07*** (5.33)	0.05* (1.64)	0.03*** (4.25)	0.06* (1.66)
TR	—	—	—	0.26*** (6.65)	—	—	—	—	—	—
CEF	—	—	—	—	—	-0.18*** (-4.77)	—	—	—	—
CS	—	—	—	—	—	—	—	0.06*** (4.25)	—	—
CR	—	—	—	—	—	—	—	—	—	0.16*** (6.22)
常数项	5.32*** (15.26)	6.12*** (5.39)	0.078*** (4.49)	6.01*** (5.66)	0.088*** (4.78)	4.02*** (4.03)	0.148*** (4.78)	4.02*** (3.93)	5.48*** (6.78)	4.12*** (4.43)
Controls/Ind/Year	控制	控制	控制	控制	控制	控制	控制	控制	控制	控制
Obs	20735	20735	20735	20735	20735	20735	20735	20735	20735	20735
Shea's partial R^2	0.78									
Sargon 值	—	2.31	1.88	2.22	1.78	2.12	1.77	2.19	1.64	2.16
Over – identify	—	p=0.11	p=0.19	p=0.09	p=0.19	p=0.11	p=0.21	p=0.11	p=0.18	p=0.10

注：***、**、*分别表示在 1%、5% 和 10% 水平上的显著性。

表 4.18   回归分析（CDI'）

变量	模型(4-1)	模型(4-2)	模型(4-3)	模型(4-4)	模型(4-5)	模型(4-6)	模型(4-7)	模型(4-8)	模型(4-9)
	VL	TR	VL	CEF	VL	CS	VL	CR	VL
CDI'	0.11*** (10.34)	0.08** (2.94)	0.052*** (5.43)	-0.06*** (-6.22)	0.017* (1.66)	0.35*** (5.33)	0.024** (2.65)	0.11*** (4.25)	0.009* (1.48)
TR	—	—	0.243*** (6.64)	—	—	—	—	—	—
CEF	—	—	—	—	-0.172** (-4.77)	—	—	—	—
CS	—	—	—	—	—	—	0.059*** (4.25)	—	—
CR	—	—	—	—	—	—	—	—	0.158*** (6.21)
常数项	6.12*** (5.39)	0.078*** (4.49)	6.01*** (5.66)	0.088*** (4.78)	4.020*** (4.03)	0.148*** (4.78)	4.020*** (4.03)	5.48*** (6.78)	4.120*** (4.43)
Controls/Ind/Year	控制	控制	控制	控制	控制	控制	控制	控制	控制
Obs	20 735	20 735	20 735	20 735	20 735	20 735	20 735	20 735	20 735
调整 R^2	0.1431	0.1514	0.1459	0.2647	0.1766	0.1933	0.1845	0.1933	0.1744
F 值	41.18	8.92	35.6	28.92	33.14	27.36	29.55	35.36	30.16
Sig.	P=0.000	P=0.000	P=0.000	P=0.000	P=0.000	P=0.000	P=0.000	P=0.000	P=0.000

注：***、**、*分别表示在1%、5%和10%水平上的显著性。

模型（4-1）碳信息披露质量与企业价值创造在1%的水平上显著正相关，支持假设 H4-1。模型（4-2）碳信息披露质量与市场流动性在5%的水平上显著正相关，支持假设 H4-2；模型（4-3）加入市场流动性后，碳信息披露质量与企业价值创造依然显著正相关，仅相关系数和显著性发生下降，说明市场流动性具有部分中介作用，支持假设 H4-3。模型（4-4）碳信息披露质量与融资成本在1%的水平上显著负相关，支持假设 H4-4；模型（4-5）加入融资成本后，碳信息披露质量对企业价值创造依然显著正相关，仅相关系数和显著性发生了下降，说明融资成本具有部分中介作用，支持假设 H4-5。模型（4-6）碳信息披露与顾客满意在1%水平上显著正相关，支持假设 H4-6；

模型（4-7）加入顾客满意后，碳信息披露质量与企业价值创造依然显著正相关，仅回归系数和显著性发生了下降，说明顾客满意具有部分中介作用，检验结果支持假设 H4-7。模型（4-8）碳信息披露质量与企业声誉在1%的水平上显著正相关，支持假设 H4-8；模型（4-9）加入企业声誉后，碳信息披露质量与企业价值创造依然显著正相关，仅回归系数和显著性发生了下降，说明企业声誉具有部分中介作用，支持假设 H4-9。

（2）被解释变量的替换。

以 Tobin's Q（以下简写为"TQ"）衡量企业价值创造。借鉴张立民和李琰（2017）的研究以 Tobin's Q 作为企业价值创造的代理变量。TQ 反映了企业的长期发展能力和市场价值，以 TQ 作为企业价值创造的替代变量，其值越高，表明企业价值创造越高，其计算公式如下：

TQ=（年末流通股市值+非流通股股数×每股净资产+长期负债合计+短期负债合计）/年末资产合计

回归分析结果见表4.19。碳信息披露质量与企业价值创造在5%的水平上显著正相关，检验结果支持假设 H4-1；加入市场流动性后，碳信息披露质量与企业价值创造依然显著正相关，仅相关系数和显著性发生下降，说明市场流动性具有部分中介作用，检验结果支持假设 H4-3。加入融资成本后，碳信息披露质量与企业价值创造依然显著正相关，仅相关系数和显著性发生了下降，说明融资成本具有部分中介作用，检验结果支持假设 H4-5。加入顾客满意后，碳信息披露质量与企业价值创造依然显著正相关，仅回归系数和显著性发生了下降，说明顾客满意具有部分中介作用，检验结果支持假设 H4-7。加入企业声誉后，碳信息披露质量与企业价值创造依然显著正相关，仅回归系数和显著性发生了下降，说明企业声誉具有部分中介作用，检验结果支持假设 H4-9。

表4.19　　　　　　　　　　　回归分析（TQ）

变量	模型（4-1）	模型（4-3）	模型（4-5）	模型（4-7）	模型（4-9）
	TQ	CDI-TR-TQ	CDI-CEF-TQ	CDI-CS-TQ	CDI-CR-TQ
CDI	0.035***	0.027***	0.002*	0.005**	0.001*
TR	—	0.003*	—	—	—

变量	模型（4-1）	模型（4-3）	模型（4-5）	模型（4-7）	模型（4-9）
	TQ	CDI-TR-TQ	CDI-CEF-TQ	CDI-CS-TQ	CDI-CR-TQ
CEF	—	—	-3.875**	—	—
CS	—	—	—	0.151*	—
CR	—	—	—	—	0.031*
常数项	6.12***	6.01***	4.020***	4.020***	4.120***
Controls/Ind/Year	控制	控制	控制	控制	控制
Obs	20 735	20 735	20 735	20 735	20 735
Adj. R^2/McFR^2	0.384	0.423	0.422	0.421	0.429
F/LR	55.87	60.44	58.23	38.33	41.56
Sig.	P=0.000	P=0.000	P=0.000	P=0.000	P=0.000

注：***、**、*分别表示在1%、5%和10%水平上的显著性。

以企业利润总额（Total Profit，TP）衡量企业价值创造。顾客满意对企业价值创造的间接影响主要以产品销售为媒介来实现，并最终转换为企业利润的创造。因此选择以企业利润总额作为企业价值创造的代理变量（Rappaport et al.，1999；谷瑶等，2011），对顾客满意的中介效应进行稳定性测试。企业利润总额（TP）的计算方法为企业利润总额取自然对数。

回归分析结果见表4.20。碳信息披露质量与企业价值创造显著正相关并在5%的水平上显著，检验结果支持假设 H4-1；加入顾客满意度后，碳信息披露质量与企业价值创造依然显著正相关，回归系数由原来的0.012下降为0.003，显著性由原来为的5%下降为10%，说明顾客满意在碳信息披露质量的价值创造效应中发挥了部分中介作用，检验结果支持假设 H4-7，说明实证结果稳健。

表4.20　　　　　　　　　　　　　回归分析（TP）

变量	模型（4-1）	模型（4-7）
	CDI-TP	CDI-CS-TP
CDI	0.012**	0.003*
CS	—	0.151**
常数项	6.120***	4.020***

变量	模型（4-1）	模型（4-7）
	CDI - TP	CDI - CS - TP
Controls/Ind/Year	控制	控制
Obs	20 735	20 735
Adjusted R²/McFadden R²	0.328	0.429
F - statistic/LR statistic	34.01	41.56
Sig.	P = 0.000	P = 0.000

注：*** 、** 、* 分别表示在 1%、5% 和 10% 水平上的显著性。

（3）中介变量的替换。

①市场流动性的变量替换。借鉴刘晓星等（2016）、李茂良（2017）的研究，以市场非流动性指标作为市场流动性的反向指标进行稳健性检验。艾米哈德（Amihud，2002）提出的市场非流动性指标（$ILLIQ_{i,t}$）反映了每交易 1% 的股份引起的价格变化程度，市场非流动性指标越大，表示市场流动性越差。博尔托洛蒂等（Bortolotti et al.，2007）考虑到非流动性可能受到公司股本结构的影响，于是对非流动性指标作出修正，修正后的非流动性指标如下：

$$ILLIQ_{i,t} = \frac{1}{D_{i,t}} \sum_{d=1}^{D_{i,t}} \frac{|R_{i,t,d}|}{Turn_{i,t,d}}$$

其中，$Turn_{i,t,d}$ 表示第 i 只股票在第 t 年第 d 天的换手率，换手率等于交易额和总市值的比值。由于市场非流动性指标是市场流动性的反向指标，解释回归系数的符号时需要注意：若相关系数符号为负，表示该指标与市场非流动性负相关；换言之，该指标与市场流动性正相关。

②回归分析结果见表 4.21。碳信息披露质量与市场非流动性负相关并在 10% 的水平上显著，即与市场流动性显著正相关，检验结果支持假设 H4 - 2；加入市场非流动性后，碳信息披露质量对企业价值创造仍然显著正相关，回归系数由之前的 0.112 下降至 0.024，显著性由原来的 1% 下降为 5%，说明市场非流动性阻碍了碳信息披露质量的价值传导，即市场流动性发挥部分中介作用，支持假设 H4 - 3。

表4.21 回归分析（ILLIQ）

变量	模型（4-1）	模型（4-2）	模型（4-3）
	CDI-VL	CDI-ILLIQ	CDI-ILLIQ-VL
CDI	0.112***	3.01**	0.024**
ILLIQ	—	—	0.019*
常数项	6.12***	0.078***	6.01***
Controls/Ind/Year	控制	控制	控制
Obs	20 735	20 735	20 735
Adjusted R^2	0.381	0.189	0.383
F-statistic	69.87	27.65	85.78
Sig.	P = 0.000	P = 0.000	P = 0.000

注：***、**、*分别表示在1%、5%和10%水平上的显著性。

③融资成本的变量替换。借鉴吉利等（2012）的研究，采用 EP 法来计算融资成本，即市盈率的倒数。吉利等（2012）指出 EP 法以市场价格为基础，是收益价格比模型的简化，与其他估价模型反映的本质一致。在信息披露研究领域中，EP 法也被学者广泛使用（杨园华，2015）。

④回归分析结果见表4.22。碳信息披露质量与融资成本显著负相关；加入融资成本后，碳信息披露质量的回归系数由之前的0.112下降至0.031，显著性由1%下降到5%，说明融资成本发挥部分中介作用，支持假设 H4-4 和假设 H4-5。

表4.22 回归分析（EP）

变量	模型（4-1）	模型（4-4）	模型（4-5）
	CDI-VL	CDI-EP	CDI-EP-VL
CDI	0.112***	-0.0004**	0.031**
EP	—	—	-0.885***
常数项	6.12***	0.088***	4.020***
Controls/Ind/Year	控制	控制	控制
Obs	20 735	20 735	20 735
Adjusted R^2	0.3806	0.3041	0.4123
F-statistic	69.87***	40.56***	84.28***
Sig.	P = 0.000	P = 0.000	P = 0.000

注：***、**、*分别表示在1%、5%和10%水平上的显著性。

（4）2011～2019 年的子样本检验。

本部分对 2011～2019 年的子样本进行稳健性检验，回归分析结果见表 4.23。检验结果与前面研究结果基本一致。

4.5 本章小结

本章根据在 2.3 节中构建的碳信息披露质量影响企业价值创造的理论分析框架，深入分析了碳信息披露质量通过影响利益相关者关系，由利益相关者行为传导对企业价值创造的影响路径及影响效果，形成研究假设，进行研究设计，对研究假设进行实证检验。以 2011～2021 年深沪两市的 A 股上市公司为样本，指标数据来源包括社会责任报告文本分析、年报文本分析、国泰安数据库（CSMAR）和中国研究数据库（CNRDS）。运用第 3 章构建的碳信息评价体系对社会责任报告中披露的碳信息进行质量评价和计量，根据 2.1 节中 ESG 理念下的企业价值创造的内涵，重新构建企业价值创造的价值结构并进行计量。

本章分别采用偏差校正的非参数百分位 Bootstrap 法和逐步回归法对碳信息披露质量与企业价值创造的关系进行实证检验。为保证研究结论的可靠性，本章采用倾向得分匹配双重差分法（PSM‒DID）和使用工具变量对全样本进行两阶段最小二乘法（2SLS）回归分析，对研究结论进行内生性检验。采用替换解释变量、被解释变量、中介变量以及研究样本的方法对研究结论进行稳健性检验。其中，研究样本选择 2011～2019 年的子样本进行稳健性检验。主要研究发现如下。

（1）提高碳信息披露质量对企业价值创造具有显著的积极影响。

（2）高质量的碳信息披露有助于提高企业股票的市场流动性，降低企业融资成本，提高企业声誉和顾客满意。

（3）碳信息披露质量会影响企业与利益相关者的关系，引起利益相关者决策行为变化，进而对企业价值创造产生间接影响：沿投资者关系路径通过市场流动性和融资成本对企业价值创造产生间接影响；沿消费者关系路径通过顾客反馈（满意或投诉）对企业价值创造产生间接影响；沿社会公众关系路径通过企业声誉对企业价值创造产生间接影响。

表 4.23　子样本（2011~2019 年）回归分析

变量	模型（4-1）CDI-VL	模型（4-2）CDI-TR	模型（4-3）CDI-TR-VL	模型（4-4）CDI-CEF	模型（4-5）CDI-CEF-VL	模型（4-6）CDI-CS	模型（4-7）CDI-CS-VL	模型（4-8）CDI-CR	模型（4-9）CDI-CR-VL
CDI	0.112***	0.085**	0.038**	-0.066**	0.012***	0.173**	0.011**	0.110**	0.018**
CS	—	—	—	—	—	—	0.062*	—	—
CR	—	—	—	—	—	—	—	—	0.168***
TR	—	—	0.263*	—	—	—	—	—	—
CEF	—	—	—	—	-0.182***	—	—	—	—
常数项	6.12***	0.078***	6.01***	0.088***	4.020***	0.148***	4.020***	5.48***	4.120***
Controls/Ind/Year	控制	控制	控制	控制	控制	控制	控制	控制	控制
Obs	13 920	13 920	13 920	13 920	13 920	13 920	13 920	13 920	13 920
Adj. R^2/McF. R^2	0.320	0.269	0.443	0.314	0.402	0.382	0.426	0.201	0.352
F/LR	40.16	27.92	48.36	37.68	60.28	30.25	67.84	43.47	40.22
Sig.	P=0.000	P=0.000	P=0.000	P=0.000	P=0.000	P=0.000	P=0.000	P=0.000	P=0.000

注：***、**、*分别表示在 1%、5% 和 10% 水平上的显著性。

第 5 章

内部控制对碳信息披露质量
价值传导调节效应研究

5.1 问题描述

企业碳信息披露质量及其与企业价值关系一直是会计理论工作的一个重要方面。理论界多将碳信息披露归咎于企业面对外部压力时的一种被动反应（沈洪涛和冯杰，2012；叶陈刚等，2015），提出需要加强外部环境监管，从而使得公司管理者因外部压力而向利益相关方提供碳信息报告（Chelli et al.，2014）。实证结果也表明，碳信息披露的制度压力与环境信息披露"水平"存在正相关关系（Cormier et al.，2005；王霞等，2013；Zeng et al.，2012）。然而，这种依赖于外部压力的披露实践效果却不尽如人意，来自政府治理、媒体舆论、行业竞争和公众监督等的约束，并未让公司高管层主动履行披露义务（王建明，2008；朱炜等，2019）。企业碳信息披露动力的不足，甚至导致"欲迎还拒"等信息披露怪象。企业碳信息披露的内容、方式虽然有了明显的改进（卢馨和李建明，2010），但披露质量却出现了下降，披露内容呈现出选择性、应对性和自利性，正面的、难以验证的描述性信息较多，负面的有关资源耗费以及污染物排放的信息则较少（沈洪涛等，2010；王霞等，2013）。

关于碳信息披露质量与企业价值的关系的研究仍未得出一致的结论。持正相关观点的学者认为，良好的公司环境绩效能够给公司带来"环境溢价"，同时公司环境绩效差的公司刻意"绿化"自身形象的环境披露行为容易引起严厉监管或法律诉讼；持不相关甚至负相关结论的学者恰恰相反，认为良好的公司环境绩效不能给公司带来更多的财务或市场收益，且公司环境绩效差的公司刻意"绿化"自身形象的环境披露行为不会引起法律诉讼。研究结论的差异来源于理论前提不同，持正相关观点的学者往往假定外部管制有效，主要从公司运营和内部利益视角分析；而持不相关和负相关观点的学者通常假定外部管制乏力，主要从外部压力理论来分析。迄今为止，较少有文献讨论当外部制度失灵时或结果不明确情形下，内部制度对外部制度的吸收、转化和促进作用。

内部控制制度是实现公司治理的基础设施建设和制度保障（杨雄胜，2005）。内部控制具有直接促进规范组织决策和提升治理水平的功能（李志斌和章铁生，2017）。企业的内部控制可以将外部制度压力转化为企业的行为。高质量的内部控制为保证企业财务报告可靠性和发展战略的实现提供了有力保障，而较弱的内部控制常常导致较高的资本成本和较低的公司业绩（Doyle et al.，2007；Ogneva，2007）。国内研究表明，加强内部控制建设，完善内部管理控制，将有利于上市公司会计信息披露质量的提升（姚海鑫和冷军，2016）。国外研究也发现，内部控制质量不仅会影响财务报告系统（COSO，2013），还可以对公司的其他活动产生普遍的影响（Levitt，2019），包括企业环境信息披露（Johnstone & Labonne，2009）。因此，内控制度作为外部制度的一种补充，会有效地促进企业相关治理活动，包括环境信息披露的改进。已有研究表明，内部控制不仅显著影响企业社会责任的履行（李志斌，2017），还会对环境信息披露与企业价值的关系产生重要影响（马文超等，2021）。

基于我国碳信息披露的"外部制度乏力"和会计信息披露的"内部控制效应显著"的状况，本章在前面关于碳信息披露质量对企业价值创造的影响及影响路径的基础上，从公司治理层面考察内部控制对碳信息披露质量的价值传导路径的调节作用，通过建立有调节的多重并行中介效应模型进行实证检验，并进一步从产权、行业与环境管制进行异质性分析。

5.2 理论分析与研究假设

5.2.1 内部控制对碳信息披露质量的直接价值效应的调节

李志斌（2014）研究发现，内部控制成为企业落实环境保护及相关信息披露的具体举措，对企业环境信息披露质量的提高具有促进作用。Cohen & Simnett（2015）明确指出，健全和完善的内部控制可以增强环境信息披露报告的可靠性。同时，内部控制具有将外部管制压力转化为服务价值创造的内部治理行为的作用。有学者研究发现，内部控制质量的提升有利于企业价值增加（宋常等，2014；Gal & Akisik，2020）。由此可知，高质量的内部控制不仅能够保证企业经营目标的实现，而且有助于外部利益相关者社会目标的实现。企业内部控制质量不同，其碳信息披露质量不同。内部控制质量较高的企业，其内部有关碳信息披露的流程会更规范，信息披露质量更高，因碳信息披露质量提高而产生的价值效应更加明显。基于以上分析，本部分提出以下假设：

H5 – 1：其他条件不变时，内部控制对碳信息披露质量的直接价值效应具有显著的正向调节作用。

5.2.2 内部控制对投资者关系中介效应的调节

（1）内部控制对市场流动性中介效应的调节。

默顿（Merton，1987）的投资者识别假说指出，不知情的交易者更可能投资在他们知道的较多且易于判断的公司上，高质量的信息披露可以提高公司的透明度，减少投资者对公司公开信息的处理成本，从而吸引更多不知情交易者参与到高披露质量的公司交易中，相应减少与知情交易者交易的风险。戴蒙德（Diamond，1985）研究认为，高质量信息披露的公司更可能及时发布实质的信息并提供更多前瞻性的信息，导致私人占有信息成本上升，且私人信息的时效性下降，使投资者利用私有信息进行交易的频率减少，从而降低信息不对称程度。由此可知，良好的内部控制系统有利于提高公司信息披露质量，降低资本市场信息的不对称程度，提高信息透明度，从而有利于恢复投资者信心，进而提高股票市场流动性并促进资本市场有效。基于以上分析，本部分提出以下假设：

H5-2：其他条件不变时，内部控制对碳信息披露质量经过市场流动性传导的间接价值效应具有显著的正向调节作用。

（2）内部控制对融资成本中介效应的调节。

兰伯特等（Lambert et al., 2007）研究指出，内部控制缺陷会导致较低的会计信息质量，从而增加投资者的信息风险，进而导到较高的融资成本；同时，内部控制缺陷会影响公司内部的真实决策，预示着较弱的管理控制能力，这将增加公司的经营风险，从而导致较高的融资成本。林钟高等（2017）研究发现，修复内部控制缺陷可以提高会计信息可靠性，强化公司治理能力，从而降低因内部控制缺陷而升高的融资成本。姜磊（2017）认为，内部控制缺陷修复可以降低企业价值被质疑的可能性，改善机构投资者的负面情绪，使得机构投资者增加持股。阿什博·斯卡夫等（Ashbaugh-Skaife et al., 2009）研究认为，内部控制在协调股东和管理者在内的众多利益相关者之间的关系以实现共同目标以及对彼此权力的制衡中，发挥着重要作用。由此可知，高质量的内部控制不仅能够提高企业披露信息的可靠性，降低投资者面临的信息风险，还能够有效减少管理层侵占或大股东掏空等机会主义行为，降低外部投资者面临的经营风险，从而增强投资者对公司的信任与认可，降低融资成本，对企业价值创造产生积极影响。基于以上分析，本部分提出以下假设：

H5-3：其他条件不变时，内部控制对碳信息披露质量经过融资成本传导的间接价值效应具有显著的正向调节作用。

5.2.3　内部控制对消费者关系中介效应的调节

高质量的内部控制可以提高企业信息的可靠性与透明度，更好地缓解企业与消费者间的信息不对称问题，使消费者对企业产品的真实情况了解得更加充分（Servaes & Tamayo, 2013）。高质量的内部控制还可以更好地保证企业产品的质量和提供更优质的产品售后服务，通过全面细化的标准制定与监督来保障企业产品的质量安全；通过优质的售后服务管理，使其与客户和消费者之间关系更加紧密，提高顾客满意度，培养客户的忠诚度，对企业价值创造产生积极影响。基于以上分析，本部分提出以下假设：

H5-4：其他条件不变时，内部控制对碳信息披露质量经过顾客满意传导的间接价值效应具有显著的正向调节作用。

5.2.4 内部控制对社会公众关系中介效应的调节

内部控制与企业信息的可靠性及流通性密不可分（Grossman & Hart，1980；Milgrom，1981；Francis et al.，2008b）。多伊尔等（Doyle et al.，2007b）研究发现，企业内部控制运行有效性的高低直接影响着信息质量，企业改善内部控制的运行有利于提高信息披露质量；内部控制较好的企业更愿意主动披露更多信息，企业透明度更高，更容易受到社会公众青睐。林钟高和陈曦（2016）认为，内部控制的风险免疫功能类似于生物内在免疫系统，在企业内部控制运行过程存在缺陷时，一些不利于企业可持续发展的因素就会通过漏洞和薄弱环节侵入企业内部，企业采取针对性的修复措施，恢复其运行效率。在修复完善的过程中，企业风险自我修复能力逐渐提升，控制环境逐步改善，向社会公众传递企业良好的风险管理信号，有利于增强社会公众对企业的信任与认可。由此可见，高质量内部控制是企业披露信息可靠性及企业透明度的重要保障，也是企业对外传递企业风险管控良好的积极信号，有利于提高社会公众对企业的评价，提高企业声誉，对企业价值创造产生积极影响。基于以上分析，本部分提出以下假设：

H5-5：其他条件不变时，内部控制对碳信息披露质量经过企业声誉传导的间接价值效应具有显著的正向调节作用。

基于以上分析，本部分提出了关于内部控制对碳信息披露质量直接价值效应的调节作用的研究假设 H5-1 和对间接价值效应的调节作用的研究假设 H5-2～假设 H5-5，建立了有调节的多重并行中介效应模型，因事先无法判断中介过程的哪一段路径受到调节，故假设前后端路径均受到内部控制的调节，如图 5.1 所示。

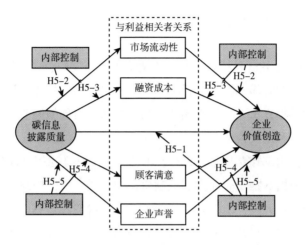

图 5.1 理论模型与研究假设

5.3 研究设计

5.3.1 样本选择及数据来源

以 2011～2021 年深沪两市的 A 股上市公司为样本，以其社会责任报告作为碳信息披露载体，并将所得到样本进行如下处理：由于企业碳信息披露质量与价值创造可能存在滞后效应，本部分对解释变量和控制变量进行了滞后一期处理，剔除保险、金融行业，剔除 ST、ST* 公司，剔除财务数据缺失公司；为消除样本内可能存在的极端值对研究结论的干扰，对样本 1% 和 99% 分位数处进行 Winsor 处理。最终获得 11 年间 20 735 条"企业—年度"观测值，其中进行碳信息披露的观测值共 5 995 条。指标数据来源包括社会责任报告文本分析、年报文本分析、国泰安数据库（CSMAR）和中国研究数据库（CNRDS），环境监管数据来自自然资源保护协会和公众环境研究中心共同发布的《城市污染源监管信息公开指数（PITI）报告》。

5.3.2　变量选取与计量

第 4 章已经对碳信息披露质量、企业价值创造以及市场流动性、融资成本、企业声誉和顾客满意变量进行了详细定义并列出了具体的计算方法。本章沿用该定义和计量方法，不再复述。下面对本章中出现的调节变量——内部控制质量进行解释和定义说明。

调节变量：内部控制质量（Sic）。本部分参考马文超等（2021）的研究方法，以内部控制指数衡量企业内部控制质量的高低。内部控制指数的数据指标来自深圳迪博公司开发的 DIB 迪博内部控制与风险管理数据库，该数据库每年更新一次，数据来源权威可靠。迪博内部控制与风险管理数据库的内部控制指数，涵盖企业内部环境、控制活动、风险评估、信息沟通、监督检查、会计师事务所是否出具评价报告及独立董事和监事会是否发表意见 7 个与内控有关的指标，比较综合客观地反映了企业的内部控制情况。对内部控制指数取对数进行标准化，若标准化后的公司内部控制指数大于中位数，则 Sic 赋值为 1；等于中位数，Sic 赋值为 0；低于中位数，Sic 赋值为 -1。

5.3.3　模型构建

（1）调节效应模型。

构建模型（5-1）检验内部控制质量对碳信息披露质量的直接价值效应的调节：

$$VL_{i,t} = c_0 + c_1 CDI_{i,t-1} + c_2 Sic_{i,t} + c_3 CDI_{i,t-1} \times Sic_{i,t} + c_4 Size_{i,t} +$$
$$c_5 ROA_{i,t} + c_6 Lev_{i,t} + c_7 Growth_{i,t} + c_8 Oc_{i,t} + c_9 Soe_{i,t} +$$
$$c_{10} Beta_{i,t} + c_{11} AD_{i,t} + c_{12} PITI_{i,t} + \sum Ind + \sum Year + \varepsilon \quad (5-1)$$

模型（5-1）中，i 表示企业个体；t 表示年份；ε 表示随机误差；c_0 表示常数项；c_n 表示各变量的系数。考虑到碳信息披露质量的价值效应存在滞后性，同时为了削弱反向因果关系的内生性问题，本部分对 CDI 进行了滞后一期的处理，用 $CDI_{i,t-1}$ 表示。$\sum Ind$ 和 $\sum Year$ 为行业和时间固定效应。若模型（5-1）的 c_3 显著为正，则支持假设 H6。

（2）有调节的中介效应模型。

投资者关系路径的调节效应检验：以市场流动性为中介变量，构建模型（5-2）和模型（5-3）以检验假设 H5-2。

$$
\begin{aligned}
TR_{i,t} = {} & a_0 + a_1 CDI_{i,t-1} + a_2 Sic_{i,t} + a_3 CDI_{i,t-1} \times Sic_{i,t} + a_4 Size_{i,t} + \\
& a_5 ROA_{i,t} + a_6 Lev_{i,t} + a_7 Growth_{i,t} + a_8 Oc_{i,t} + a_9 Soe_{i,t} + \\
& a_{10} Beta_{i,t} + a_{11} AD_{i,t} + a_{12} PITI_{i,t} + \sum Ind + \sum Year + \varepsilon \quad (5-2)
\end{aligned}
$$

$$
\begin{aligned}
VL_{i,t} = {} & c_0' + c_1' CDI_{i,t-1} + c_2' Sic_{i,t} + c_3' CDI_{i,t-1} \times Sic_{i,t} + b_1 TR_{i,t} + \\
& b_2 TR_{i,t} \times Sic_{i,t} + c_4' Size_{i,t} + c_5' ROA_{i,t} + c_6' Lev_{i,t} + c_7' Growth_{i,t} + \\
& c_8' Oc_{i,t} + c_9' Soe_{i,t} + c_{10}' Beta_{i,t} + c_{11}' AD_{i,t} + c_{12}' PITI_{i,t} + \\
& \sum Ind + \sum Year + \varepsilon \quad (5-3)
\end{aligned}
$$

以融资成本为中介变量，构建模型（5-4）和模型（5-5）以检验假设 H5-3。

$$
\begin{aligned}
CEF_{i,t} = {} & a_0 + a_1 CDI_{i,t-1} + a_2 Sic_{i,t} + a_3 CDI_{i,t-1} \times Sic_{i,t} + a_4 Size_{i,t} + \\
& a_5 ROA_{i,t} + a_6 Lev_{i,t} + a_7 Growth_{i,t} + a_8 Oc_{i,t} + a_9 Soe_{i,t} + \\
& a_{10} Beta_{i,t} + a_{11} AD_{i,t} + a_{12} PITI_{i,t} + \sum Ind + \sum Year + \varepsilon \quad (5-4)
\end{aligned}
$$

$$
\begin{aligned}
VL_{i,t} = {} & c_0' + c_1' CDI_{i,t-1} + c_2' Sic_{i,t} + c_3' CDI_{i,t-1} \times Sic_{i,t} + b_1 CEF_{i,t} + \\
& b_2 CEF_{i,t} \times Sic_{i,t} + c_4' Size_{i,t} + c_5' ROA_{i,t} + c_6' Lev_{i,t} + c_7' Growth_{i,t} + \\
& c_8' Oc_{i,t} + c_9' Soe_{i,t} + c_{10}' Beta_{i,t} + c_{11}' AD_{i,t} + c_{12}' PITI_{i,t} + \\
& \sum Ind + \sum Year + \varepsilon \quad (5-5)
\end{aligned}
$$

消费者关系路径的调节效应检验：以顾客满意为中介变量，构建模型（5-6）和模型（5-7）以检验假设 H5-4。

$$
\begin{aligned}
logitCS_{i,t} = {} & a_0 + a_1 CDI_{i,t-1} + a_2 Sic_{i,t} + a_3 CDI_{i,t-1} \times Sic_{i,t} + a_4 Size_{i,t} + a_5 ROA_{i,t} + \\
& a_6 Lev_{i,t} + a_7 Growth_{i,t} + a_8 Oc_{i,t} + a_9 Soe_{i,t} + a_{10} Beta_{i,t} + \\
& a_{11} AD_{i,t} + a_{12} PITI_{i,t} + \sum Ind + \sum Year + \varepsilon \quad (5-6)
\end{aligned}
$$

$$
VL_{i,t} = c_0' + c_1' CDI_{i,t-1} + c_2' Sic_{i,t} + c_3' CDI_{i,t-1} \times Sic_{i,t} + b_1 CS_{i,t} +
$$

$$b_2 CS_{i,t} \times Sic_{i,t} + c_4' Size_{i,t} + c_5' ROA_{i,t} + c_6' Lev_{i,t} + c_7' Growth_{i,t} +$$

$$c_8' Oc_{i,t} + c_9' Soe_{i,t} + c_{10}' Beta_{i,t} + c_{11}' AD_{i,t} + c_{12}' PITI_{i,t} +$$

$$\sum Ind + \sum Year + \varepsilon \qquad (5-7)$$

社会公众关系路径的调节效应检验：以企业声誉为中介变量，构建模型（5-8）和模型（5-9）以检验假设 H5-5。

$$CR_{i,t} = a_0 + a_1 CDI_{i,t-1} + a_2 Sic_{i,t} + a_3 CDI_{i,t-1} \times Sic_{i,t} + a_4 Size_{i,t} +$$

$$a_5 ROA_{i,t} + a_6 Lev_{i,t} + a_7 Growth_{i,t} + a_8 Oc_{i,t} + a_9 Soe_{i,t} +$$

$$a_{10} Beta_{i,t} + a_{11} AD_{i,t} + a_{12} PITI_{i,t} + \sum Ind + \sum Year + \varepsilon \qquad (5-8)$$

$$VL_{i,t} = c_0' + c_1' CDI_{i,t-1} + c_2' Sic_{i,t} + c_3' CDI_{i,t-1} \times Sic_{i,t} + b_1 CR_{i,t} +$$

$$b_2 CR_{i,t} \times Sic_{i,t} + c_4' Size_{i,t} + c_5' ROA_{i,t} + c_6' Lev_{i,t} + c_7' Growth_{i,t} +$$

$$c_8' Oc_{i,t} + c_9' Soe_{i,t} + c_{10}' Beta_{i,t} + c_{11}' AD_{i,t} + c_{12}' PITI_{i,t} +$$

$$\sum Ind + \sum Year + \varepsilon \qquad (5-9)$$

5.4 实证结果分析

5.4.1 内控质量分组的变量差异分析

根据内部控制质量高低分组，对样本均值进行独立样本 T 检验，结果如表 5.1 所示。在内部控制质量高和低的分组样本中，除了资产负债率（Lev），其余变量均通过显著性检验。内部控制质量高的样本组，碳信息披露质量（CDI）更高，企业规模更大，股权集中度更高，盈利能力更强，但企业价值创造却更低。

表 5.1　　　　　　　　　　内控质量分组均值 T 检验

变量	内部控制质量高低分组		
	t	显著性（双尾）	平均值差值
VL	3.1315	0.0018	0.1980
CDI	-0.8227	0.0000	-0.1617
TR	-15.7258	0.0000	-0.0135

变量	内部控制质量高低分组		
	t	显著性（双尾）	平均值差值
CEF	− 14.6785	0.0000	− 0.0447
CS	− 11.8874	0.0000	− 0.1477
CR	− 10.2789	0.0000	− 0.6441
Sic	− 42.1007	0.0000	− 0.1899
Size	− 13.5694	0.0000	− 0.7284
ROA	− 16.7458	0.0000	− 0.0295
Lev	0.9207	0.3573	0.0968
Growth	− 7.0817	0.0000	− 0.4221
Oc	− 6.6234	0.0000	− 0.0391

5.4.2 相关性分析

本部分主要研究变量的相关系数矩阵如表 5.2 所示，碳信息披露质量（CDI）与企业价值创造（VL）显著正相关，说明碳信息披露质量可能是促进企业价值创造的重要因素。内部控制质量（Sic）、市场流动性（TR）、顾客满意（CS）和企业声誉（CR）均与企业价值创造显著正相关，融资成本（CEF）与企业价值创造（VL）显著负相关，说明以上均是影响企业价值创造的重要因素。

表 5.2　　　　　　　　　　变量相关性分析

变量	CDI	VL	TR	CEF	CR	CS	Sic
CDI	1.000						
VL	0.082 ***	1.000					
TR	0.176 ***	0.387 **	1.000				
CEF	− 0.045 **	− 0.124 **	0.196 ***	1.000			
CR	0.098 **	0.364 ***	0.235 **	0.356 ***	1.000		
CS	0.117 **	0.164 ***	0.015 **	0.231 **	0.251 **	1.000	
Sic	0.237 ***	0.439 ***	0.445 *	− 0.365 ***	0.331 **	0.045 **	1.000

注：*** 、** 、* 表示在 1%、5% 和 10% 水平上显著相关。

在进行调节效应分析前，本部分对所有变量进行均值中心化，即以变量减去样本均值，再将解释变量（CDI）与调节变量（Sic）进行交乘，得到交互项作用 Sic×CDI，将中介变量市场流动性（TR）、顾客满意（CS）和企业声誉（CR）分别与调节变量（Sic）进行交乘，得到交互作用项 Sic×TR、Sic×CEF、Sic×CS 和 Sic×CR，以避免变量间的共线性问题。对各变量的共线性诊断如表 5.3 所示，所有变量的 VIF 值都不超过 1.5，表明变量间不存在共线性问题。

表 5.3 　　　　　　　　　　　　　变量共线性诊断

项目	CDI	TR	CEF	CR	CS	Sic	Sic×CDI	Sic×TR	Sic×CEF	Sic×CS	Sic×CR
VIF	1.309	1.277	1.246	1.197	1.110	1.039	1.347	1.025	1.329	1.117	1.047

5.4.3　有调节的中介效应检验

为了进一步检验内部控制是否对碳信息披露质量价值传导路径存在调节作用，本部分根据温忠麟等（2014）对有调节的中介模型检验步骤，依次对市场流动性路径、融资成本路径、企业声誉路径以及顾客满意路径进行检验，过程如下。

①以碳信息披露质量（CDI）作为解释变量，以企业价值创造（VL）作为被解释变量，以内部控制质量（Sic）作为调节变量，加入交互项（Sic×CDI）和其余控制变量得到模型（5-1），根据交互项（Sic×CDI）回归系数的显著性判断碳信息披露质量影响企业价值创造总价值效应是否受到内部控制质量的调节。

②以市场流动性（TR）、融资成本（CEF）、顾客满意（CS）和企业声誉（CR）作为被解释变量，以碳信息披露质量（CDI）作为解释变量，以内部控制质量（Sic）作为调节变量，加入交互项（Sic×CDI）和其余控制变量分别得到模型（5-2）、模型（5-4）、模型（5-6）和模型（5-8），根据交互项（Sic×CDI）回归系数的显著性以检验内部控制质量对中介效应的前半段是否存调节作用。

③在模型（5-1）的基础上，分别加入市场流动性（TR）、融资成本

（CEF）、顾客满意（CS）和企业声誉（CR）作为中介变量，再分别加入中介变量与调节变量的交互项（Sic × TR）、（Sic × CEF）、（Sic × CS）和（Sic × CR），分别得到模型（5-3）、模型（5-5）、模型（5-7）和模型（5-9），根据中介变量与调节变量的交互项回归系数的显著性以检验内部控制质量对中介效应的后半段是否存调节作用。检验结果如下。

模型（5-1）的路径检验结果如图5.2所示，碳信息披露质量（CDI）对企业价值创造（VL）的效应显著为正（$c_1 = 0.156$，$t = 5.334$，$p < 0.001$），表明碳信息披露质量对企业价值创造具有显著促进作用；碳信息披露质量（CDI）与内部控制质量（Sic）的交互项（Sic × CDI）对企业价值创造（VL）的调节效应显著为正（$c_3 = 0.026$，$t = 1.298$，$p = <0.001$），说明碳信息披露质量的直接价值效应受到内部控制质量的正向调节，检验结果支持假设 H5-1。

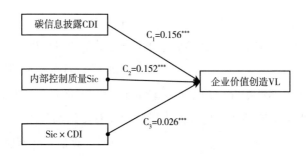

图5.2 内部控制质量对碳信息披露质量直接价值效应调节

第4章已经验证碳信息披露质量会经过利益相关者关系四条路径传导对企业价值创造的影响，本章主要研究内部控制质量对碳信息披露质量价值传导路径中介效应的调节作用，因此建立有调节的中介模型。

（1）内部控制对投资者关系路径中介效应的调节作用检验。

①内部控制对市场流动性中介效应的调节。

第一步，以市场流动性为中介变量，路径分析结果如图5.3所示。碳信息披露质量（CDI）对市场流动性（TR）的效应显著（$a_1 = 0.085$，$t = 2.937$，$p < 0.05$），碳信息披露质量（CDI）与内部控制质量（Sic）的交互项（Sic × CDI）对市场流动性（TR）的效应不显著（$a_3 = 0.007$，$t = 0.386$，$p = 0.699$）；市场流动性（TR）对企业价值创造（VL）的效应显著（$b_1 = 0.263$，$t = 6.646$，$p <$

0.001），内部控制质量（Sic）与市场流动性（TR）的交互项（Sic × TR）对企业价值创造（VL）的效应不显著（$b_2 = 0.037$，$t = 1.608$，$p = 0.710$），至此依然无法判断碳信息披露质量经过市场流动性对企业价值创造的中介效应是否受到内部控制质量的调节。

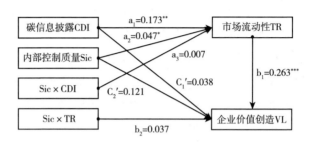

图5.3　市场流动性的路径分析结果

第二步，系数乘积的检验。运用偏差校正的 Bootstrap 法计算 $a_1 b_2$、$a_3 b_1$ 和 $a_3 b_2$ 的95%水平上的置信区间，检验结果显示：$a_1 b_2$ 为（0.001，0.053）、$a_3 b_1$ 为（-0.016，0.012）、$a_3 b_2$ 为（-0.002，0.005）。因为 $a_1 b_2$ 的置信区间不包含0，所以市场流动性中介效应的后半段路径受到内部控制质量的调节；$a_3 b_1$ 和 $a_3 b_2$ 的置信区间均包含0，所以前半段路径没有受到调节。

第三步，中介效应差异的检验。如表5.4所示，碳信息披露质量（CDI）经过市场流动性（TR）对企业价值创造（VL）的中介效应为 $a_1 b_1 + a_1 b_2 \times Sic = 0.022 + 0.001 Sic$，当 Sic 取值为1，即内部控制质量高时，碳信息披露质量通过市场流动性路径影响企业价值创造的间接效应为0.023，95%水平下的置信区间为（0.009，0.039）不包含0，间接效应显著；当 Sic 取值为-1，即内部控制质量低时，碳信息披露质量通过市场流动性路径影响企业价值创造的间接效应为0.021，95%水平下的置信区间为（0.010，0.022），不包含0，间接效应显著。碳信息披露质量（CDI）对企业价值创造（VL）的总效应为0.112，当 Sic 取值为1和-1时的中介效应分别占总效应的20.53%和18.75%。对不同内部控制质量下的中介效应进行差异分析，判定指标 INDEX 值为0.030，95%水平下的置信区间为（0.013，0.049），中介效应差异显著，说明不同水平的内部控制质量下，间接效应的差异明显。

以上检验结果说明，碳信息披露质量的间接价值效应，在市场流动性中介过程的后半段路径，受到内部控制质量的显著正向调节。支持假设 H5 – 2。

②内部控制对融资成本性中介效应的调节。

第一步，以融资成本为中介变量，路径分析结果如图 5.4 所示。碳信息披露质量（CDI）对融资成本（CEF）的效应显著为负（$a_1 = -0.066$，$t = -1.937$，$p < 0.001$），碳信息披露质量（CDI）与内部控制质量（Sic）的交互项（Sic × CDI）对融资成本（CEF）的效应不显著（$a_3 = 0.006$，$t = 0.052$，$p = 0.714$）；融资成本（CEF）对企业价值创造（VL）的效应显著（$b_1 = -0.182$，$t = -3.646$，$p < 0.001$），内部控制质量（Sic）与融资成本（CEF）的交互项（Sic × CEF）对企业价值创造（VL）的效应不显著（$b_2 = -0.028$，$t = -1.422$，$p = 0.662$）。至此，依然无法判断碳信息披露质量经过融资成本对企业价值创造的中介效应是否受到内部控制质量的调节。

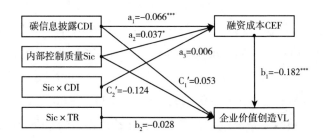

图 5.4 融资成本的路径分析结果

第二步，系数乘积的检验。运用偏差校正的 Bootstrap 法计算 $a_1 b_2$、$a_3 b_1$ 和 $a_3 b_2$ 的 95% 水平上的置信区间，检验结果显示：$a_1 b_2$ 为（0.001，0.026）、$a_3 b_1$ 为（– 0.005，0.012）和 $a_3 b_2$ 为（– 0.001，0.005）。因为 $a_1 b_2$ 的置信区间不包含 0，所以融资成本中介效应的后半段路径受到内部控制质量的调节；$a_3 b_1$ 和 $a_3 b_2$ 的置信区间均包含 0，所以前半段路径没有受到调节。

第三步，中介效应差异的检验。如表 5.4 所示，碳信息披露质量（CDI）经过融资成本（CEF）对企业价值创造（VL）的中介效应为 $a_1 b_1 + a_1 b_2 \times Sic = 0.012 + 0.00185 Sic$，当 Sic 取值为 1，即内部控制质量高时，碳信息披露质量通过融资成本路径影响企业价值创造的间接效应为 0.014，95% 水平下的置信区间为（0.008，0.034）不包含 0，间接效应显著；当 Sic 取值为 – 1，即内部控制质量低时，碳信息披露质量通过融资成本路径影响企业价值创造的间接效应为 0.010，95% 水平下的置信区间为（0.001，0.026）不包含 0，间接效应显著。碳信息披露质量（CDI）对企业价值创造（VL）的总效应为 0.112，当 Sic 取值为 1 和 -1 时的中介效应分别占总效应的 12.4% 和 9.1%。对不同内部控制质量下的中介效应进行差异分析，判定指标 INDEX 值为 0.020，95% 水平下的置信区间为（0.003，0.039），中介效应差异显著，说明在不同水平的内部控制质量下，间接效应的差异明显。

以上检验结果说明，碳信息披露质量的间接价值效应，在融资成本中介过程的后半段路径，受到内部控制质量的显著正向调节。支持假设 H5 - 3。

（2）内部控制对消费者关系路径中介效应的调节作用检验。

第一步，以顾客满意为中介变量，路径分析结果如图 5.5 所示。碳信息披露质量（CDI）对顾客满意（CS）的效应显著为正（$a_1 = 0.173$，$t = 2.221$，$p < 0.05$），碳信息披露质量（CDI）与内部控制质量（Sic）的交互项（Sic × CDI）对顾客满意（CS）的效应不显著（$a_3 = -0.025$，$t = 0.386$，$p = 0.661$）；顾客满意（CS）对企业价值创造（VL）的效应显著（$b_1 = 0.062$，$t = 4.512$，$p < 0.05$），内部控制质量（Sic）与顾客满意（CS）的交互项（Sic × CS）对企业价值创造（Y）的效应不显著（$b_2 = -0.022$，$t = -1.334$，$p = 0.722$）。至此，依然无法判断碳信息披露质量经过顾客满意对企业价值创造的中介效应是否受到内部控制质量的调节。

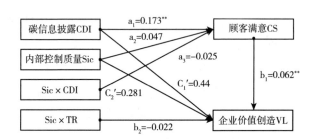

图 5.5 顾客满意的路径分析结果

第二步，系数乘积的检验。运用偏差校正的 Bootstrap 法计算 $a_1 b_2$、$a_3 b_1$ 和 $a_3 b_2$ 的 95% 水平上的置信区间，检验结果显示：$a_1 b_2$ 为（-0.003，-0.001）、$a_3 b_1$ 为（-0.014，0.012）、$a_3 b_2$ 为（-0.002，0.001）。因为 $a_1 b_2$ 的置信区间不包含 0，所以顾客满意中介效应的后半段路径受到内部控制质量的调节；

a_3b_1 和 a_3b_2 的置信区间均包含 0，所以前半段路径没有受到调节。

　　第三步，中介效应差异的检验。如表 5.4 所示，碳信息披露质量（CDI）经过顾客满意（CS）对企业价值创造（VL）的中介效应为 $a_1b_1 + a_1b_2 \times Sic = 0.011 - 0.0024Sic$，当 Sic 取值为 1 时，即内部控制质量高时，碳信息披露质量通过顾客满意路径影响企业价值创造的间接效应为 0.0086，95% 水平下的置信区间为（−0.005，0.023），包含 0，间接效应不显著；当 Sic 取值为 −1，即内部控制质量低时，碳信息披露质量通过顾客满意路径影响企业价值创造的间接效应为 0.0134，95% 水平下的置信区间为（0.006，0.022）不包含 0，间接效应显著。碳信息披露质量（CDI）对企业价值创造（VL）的总效应为 0.112，当 Sic 取值为 1 和 −1 时的中介效应分别占总效应的 7.68% 和 11.96%。对不同内部控制质量下的中介效应进行差异分析，判定指标 INDEX 值为 −0.041，95% 水平下的置信区间为（−0.050，−0.035），中介效应差异显著，说明在不同水平的内部控制质量下，间接效应的差异明显。

表 5.4　　　　　　　　　　　有调节的中介效应 Bootstrap 检验

路径	调节变量	条件间接效应			有调节的中介效应			假设检验
		Effect	SE	BC95% 置信区间	INDEX	SE	BC95% 置信区间	
TR	Sic = 1	0.023	0.011	(0.009，0.039)	0.03	0.009	(0.013，0.049)	支持 H5 − 2
	Sic = −1	0.021	0.003	(0.010，0.025)				
CEF	Sic = 1	0.014	0.005	(0.008，0.034)	0.02	0.006	(0.003，0.039)	支持 H5 − 3
	Sic = −1	0.010	0.009	(0.001，0.026)				
CS	Sic = 1	0.015	0.006	(−0.005，0.023)	−0.041	0.006	(−0.050，−0.035)	不支持 H5 − 4
	Sic = −1	0.021	0.015	(0.006，0.022)				
CR	Sic = 1	0.009	0.008	(0.006，0.034)	−0.027	0.005	(−0.034，−0.032)	不支持 H5 − 5
	Sic = −1	0.013	0.014	(0.009，0.032)				

　　注：Bootstrap 重复抽样 1 000 次；分析中均加入了控制变量。

　　以上检验结果说明，碳信息披露质量的间接价值效应，在顾客满意中介过程的后半段路径，受到内部控制质量的显著负向调节，检验结果不支持假设 H5 − 4。尤其当内部控制质量较高时，经过顾客满意传导的间接价值效应不再显著。说明在内部控制较完善的企业，产品质量控制更加严格、售后服务更加完善，无论顾客满意度还是企业价值本身都相对更高，因此通过提升碳信息披露质量带来的价值创造的效果并不明显。但是在内控相对薄弱的企业，通过提高碳信息披露质量，不仅可以提高顾客满意，更可以提升价值创造的效果。

（3）内部控制对社会公众关系路径中介效应的调节作用检验。

第一步，以企业声誉为中介变量，路径分析结果如图5.6所示。碳信息披露质量（CDI）对企业声誉（CR）的效应显著为正（$a_1 = 0.110$，$t = 2.937$，$p < 0.05$），碳信息披露质量（CDI）与内部控制质量（Sic）的交互项（Sic × CDI）对企业声誉（CR）的效应不显著（$a_3 = -0.025$，$t = 0.386$，$p = 0.724$）；企业声誉（CR）对企业价值创造（VL）的效应显著（$b_1 = 0.168$，$t = 4.646$，$p < 0.05$），内部控制质量（Sic）与企业声誉（CR）的交互项（Sic × CR）对企业价值创造（VL）的效应显著（$b_2 = -0.024^{**}$，$t = -1.369$，$p < 0.05$）。由此可知，碳信息披露质量经过企业声誉对企业价值创造的中介效应的前半段路径没有受到内部控制质量的调节，但后半段路径受到调节。

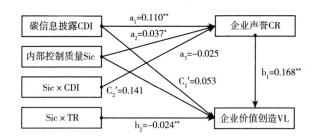

图 5.6　企业声誉的路径分析结果

第二步，系数乘积的检验。运用偏差校正的 Bootstrap 法计算 $a_1 b_2$、$a_3 b_1$ 和 $a_3 b_2$ 的 95% 水平上的置信区间，检验结果显示：$a_1 b_2$ 为（-0.003，-0.001）、$a_3 b_1$ 为（-0.001，0.012）、$a_3 b_2$ 为（-0.002，0.001）。因为 $a_1 b_2$ 的置信区间不包含 0，所有企业声誉中介效应的后半段路径受到内部控制质量的调节；$a_3 b_1$ 和 $a_3 b_2$ 的置信区间均包含 0，所以前半段路径没有受到调节。

第三步，中介效应差异的检验。如表5.4所示，碳信息披露质量（CDI）经过企业声誉（CR）对企业价值创造（VL）的中介效应为 $a_1 b_1 + a_1 b_2 \times Sic = 0.018 - 0.0026 Sic$，当 Sic 取值为 1，即内部控制质量高时，碳信息披露质量通过企业声誉路径影响企业价值创造的间接效应为 0.015，95% 水平下的置信区间为（0.006，0.034），不包含 0，间接效应显著；当 Sic 取值为 -1，即内部

控制质量低时，碳信息披露质量通过企业声誉路径影响企业价值创造的间接效
应为 0.021，95% 水平下的置信区间为（0.009，0.032），不包含 0，间接效应
显著。碳信息披露质量（CDI）对企业价值创造（VL）的总效应为 0.112，当
Sic 取值为 1 和 -1 时的中介效应分别占总效应的 13.75% 和 18.40%。对不同
内部控制质量的中介效应进行差异分析，判定指标 INDEX 值为 -0.027，95%
水平置信区间为（-0.034，-0.032），中介效应差异显著。

　　以上检验结果说明，碳信息披露质量的间接价值效应，在企业声誉中介过
程的后半段路径，受到内部控制质量的显著负向调节，检验结果不支持假设
H5-4。表明内控状况不佳的企业更应当重视提升碳信息披露质量，在改善企
业声誉的同时，创造更多企业价值。

　　根据以上检验结果，对研究模型进行修正，如图 5.7 所示。

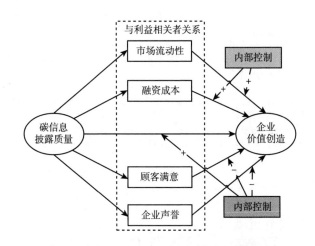

图 5.7　修正后的有调节的中介效应模型

　　以上检验结果显示内部控制质量对碳信息披露质量的直接价值效应具有显
著的正向调节作用，即高质量的内部控制能够显著增强碳信息披露质量对企业
价值创造的直接影响，检验结果支持假设 H5-1。

　　进一步研究内部控制质量对各条路径的价值传导效果的调节作用发现：

　　①在投资者关系路径中，市场流动性和融资成本的中介效应均会受到内部
控制质量的正向调节，即高质量的内部控制有利于增强市场流动性和融资成本
的中介效应，即同等质量的碳信息披露通过市场流动性和融资成本传导的间接

价值效应更多，检验结果支持假设 H5 - 2 和假设 H5 - 3。

②在消费者关系路径中，顾客满意的中介效应受到内部控制质量的负向调节，即随着内部控制质量的提高，同等质量的碳信息披露通过顾客满意传导的间接价值效应下降，不支持假设 H5 - 4。

③在社会公众关系路径中，企业声誉的中介效应受到内部控制质量的负向调节，即随着内部控制质量提高，同等质量的碳信息披露通过企业声誉传导的间接价值效应下降，不支持假设 H5 - 5。假设检验结果汇总如表 5.5 所示。

表 5.5 假设检验结果汇总

序号	假设	支持与否
H5 - 1	其他条件不变时，内部控制对碳信息披露质量的直接价值效应具有显著正向调节作用	支持
H5 - 2	其他条件不变时，内部控制对碳信息披露质量经过市场流动性传导的间接价值效应具有显著正向调节作用	支持
H5 - 3	其他条件不变时，内部控制对碳信息披露质量经过融资成本传导的间接价值效应具有显著正向调节作用	支持
H5 - 4	其他条件不变时，内部控制对碳信息披露质量经过顾客满意传导的间接价值效应具有正向调节作用	不支持
H5 - 5	其他条件不变时，内部控制对碳信息披露质量经过企业声誉传导的间接价值效应具有正向调节作用	不支持

5.4.4 异质性分析

不同产权性质的企业，其碳信息披露质量对企业价值创造的影响程度存在差异（申慧慧和吴联生，2012）。李强和冯波（2015）的研究证实，不同产权性质的企业，其碳信息披露行为存在显著差异。阿卡等（Acar et al.，2021）研究发现，国有股比例越高的企业，其碳信息披露质量越高。常等（Chang et al.，2013）研究表明，与非国有上市电力公司相比，国有所有权占比更高的上市电力公司更倾向于以主动和自愿的方式披露更多的碳信息，故进一步按照产权性质对样本进行分组。产权性质分组样本均值 T 检验结果见表 5.6。所有变量均通过显著性检验。国有企业的企业价值创造、盈利能力显著低于非国有企业，但国有企业碳信息披露质量更高，内部控制更加完善，企业规模更大，股权集中度更高，资产负债率也更高。相对国有企业而言，信息披露更能提升非国有企业的企业价值（韩美妮和王福胜，2016）。国家大力推进低碳高质量发展，国有企业承担更多环境保护和低碳发展任务，其碳信息披露质量也较高（叶陈刚等，2015）。

表 5.6　　　　　　　　　　　产权分组均值 T 检验

变量符号	产权性质分组		
	t	显著性（双尾）	平均值差值
VL	12.5841	0.0000	0.8934
CDI	− 10.0402	0.0000	− 1.9795
TR	− 7.7144	0.0000	− 0.0988
CEF	− 13.6014	0.0000	− 0.7488
CR	− 12.6014	0.0000	− 0.8112
CS	− 11.2788	0.0000	− 0.6647
Sic	− 3.7716	0.0002	− 0.0197
Size	− 17.8621	0.0000	− 0.9522
ROA	6.9701	0.0000	0.0136
Lev	− 2.6016	0.0037	− 0.2725
Growth	− 9.6543	0.0000	− 0.6047
Oc	− 17.5537	0.0000	− 0.1031

除产权性质外，企业所属行业的差异也会影响到碳信息披露行为（闫海洲和陈百助，2017）。因此本部分借鉴闫海洲和陈百助（2017）的研究，根据我国碳交易试点的强制控排范围，将采矿业、制造业、水电煤气供应业、建筑业以及交通运输、仓储、邮政业归为高碳排放行业，其他行业归为非高碳行业。

除企业自身特征因素外，企业受到的外部环境监管压力不同，其碳信息披露质量对企业价值创造的影响程度也会存在显著差异（宋晓华等，2019；付少燕和李慧云，2018；崔秀梅等，2016）。因此，本部分借鉴付少燕和李慧云（2018）的研究，以地区环境监管均值为标准，将样本企业划分为高水平环境监管地区组和低水平环境监管地区组。行业与地区环境监管分组均值 T 检验结果见表 5.7。

在高水平环境监管地区，企业碳信息披露质量、企业价值创造均显著高于处于低水平环境监管地区的企业。在高碳排放行业分组中，高碳排放行业的企业碳信息披露质量显著高于非高碳排放行业的企业，但其企业价值创造却显著低于非高碳排放行业企业。

表 5.7   行业与环境监管分组均值 T 检验

变量符号	高碳排放行业与非高碳行业分组			环境监管水平地区分组		
	t	显著性（双尾）	平均值差值	t	显著性（双尾）	平均值差值
VL	3.4115	0.0017	0.2344	−5.1648	0.0001	−0.0945
CDI	−62.0402	0.0000	−0.1433	−10.0402	0.0000	−0.1477

（1）产权异质分析。

在我国的制度背景下，国有企业具有双重身份，其碳信息披露行为也具有双重目标：一种是经济目标，通过积极披露环境信息塑造企业的良好形象，以获取持续稳定的经济收益，提高企业经济绩效；另一种是社会目标，为了积极响应国家政策和法律法规的要求而披露环境信息，展现国企的正面形象（唐伟和沈田田，2017）。实践中，我国国有企业的碳信息披露更多是为了社会目标的实现。在我国特殊的政治制度背景下，国有企业本身就处于优势地位，掌握更多的关键资源，在市场准入和融资方面具有非国有企业所没有的优势，因此其披露碳信息所带来的积极影响相对有限。与国有企业不同，非国有企业披露碳信息更多是为了通过积极承担社会责任，塑造形象、提高声誉、吸引投资者的关注，获得更低的融资成本，获得潜在的经济利益，增加企业价值。同时，非国有企业在市场竞争中处于弱势地位，因此，非国有企业需要通过积极履行社会责任来增加企业商誉，增加获取资源的途径和机会，巩固市场地位。而国有企业的财政贡献大，对于突发事故的公关能力强，与政府建立了良好的关系，其碳信息价值比非国有企业低（张秀敏等，2017）。

产权分组回归分析结果如表 5.8 所示。非国有企业碳信息披露质量的回归系数为 0.278，且在 1% 的水平上显著为正，而国有企业的回归系数不显著，说明非国有企业碳信息披露质量的提升对企业价值具有显著的促进作用，而国有企业碳信息披露质量的提升对企业价值创造的影响不显著。非国有企业披露碳信息更多是为了弥补其在资源获取方面的劣势，获得利益相关者的支持和社会公众的认同，提高价值创造效果。而国有企业提高碳信息披露质量更多出于公益性目的且被认为是理所应当。碳信息披露质量与内部控制质量的交互项（Sic×CDI）在国有企业中不显著，在非国有企业中系数为 0.051，在 1% 水平上显著为正，说明在非国有企业，内部控制质量对碳信息披露质量与企业价值创造正向关系的促进作用更强。

表 5.8 分组回归分析

变量	全样本	国有企业	非国有企业	高碳排放行业	非高碳排放行业	高水平环境监管	低水平环境监管
	VL	VL	VL	VL	VL	VL	VL
CDI	0.156 ***	0.090	0.278 ***	0.093 **	0.465 ***	0.225 ***	0.013
	(4.55)	(0.49)	(6.70)	(2.61)	(6.98)	(4.81)	(0.16)
Sic	0.152 ***	0.003	0.711 ***	0.151 ***	0.152 ***	0.006	0.521 ***
	(3.67)	(0.02)	(5.34)	(3.66)	(3.67)	(0.03)	(4.99)
Sic×CDI	0.026 ***	0.001	0.051 ***	0.084 ***	0.012 ***	0.006	0.052 ***
	(4.36)	(0.08)	(4.78)	(5.85)	(3.27)	(0.09)	(6.37)
常数项	9.342 ***	9.259 ***	10.375 ***	9.342 ***	10.662 ***	9.119 ***	11.012 ***
	(6.26)	(6.09)	(6.79)	(6.27)	(7.01)	(5.99)	(7.36)
Ind	控制	控制	控制	控制	控制	控制	控制
Year	控制	控制	控制	控制	控制	控制	控制
Obs	20 735	10 779	9 956	10 584	10 151	10 650	10 095
Adjusted R^2	0.154	0.146	0.191	0.205	0.134	0.248	0.116
F 值	28.64	21.750	29.32	30.44	20.58	35.47	19.98
Sig.	0.000	0.000	0.000	0.000	0.000	0.000	0.000

注：*** 、** 、* 分别表示在 1%、5% 和 10% 水平上的显著性。

（2）行业异质分析。

由于行业性质的差异，不同企业在生产经营活动中产生的二氧化碳排放量也不一样，尤其是能耗大、技术低的生产型企业，在生产活动中碳排放明显高于能耗低、技术性的服务型企业。虽然碳信息披露会增加外部利益相关者对企业的气候风险评估，但是主动的碳信息披露行为可以有效维护企业的社会责任形象，有利于帮助企业获得外部利益相关者的认可，从而获得优势资源，提高企业价值。在生态文明建设背景下，高碳排放行业企业面临着更为严格的环境管制，迫于监管压力，这些企业会更加重视其碳排放管理行为，并愿意通过更加积极主动的碳减排战略来降低环境风险和环境管制成本，提升企业价值（闫海洲和陈百助，2017）。由于高碳企业的经营行为更容易受到社会公众的关注，这些企业更有机会通过产业转型或技术革新向市场传递绿色发展的积极信号，通过高质量碳信息披露，传递企业有更强的自信能够降低碳排放，且被认为企业具有较高的社会与环境责任意识，从而提高外部人对企业未来发展和经济回报的预期（成琼文和刘凤，2022）。

行业分组回归分析结果如表 5.8 所示。分组样本的碳信息披露质量的价值效应系数均显著，说明无论高碳行业还是其他企业，通过提高碳信息披露质量都会显著提升企业价值。相比较而言，高碳行业回归系数和显著性都低于其他行业，说明非高碳企业的碳信息披露质量价值效应更显著。内部控制质量的回归系数基本一致，且在 1% 的水平上显著正相关，说明无论是否为高碳企业，内部控制质量的提高均有助于提升企业价值。碳信息披露质量与内部控制质量的交互项（Sic×CDI）回归系数也均在 1% 的水平上显著正相关，高碳企业为 0.084，其他行业企业为 0.012，说明内部控制对碳信息披露质量的价值效应具有显著的正向调节作用，与其他行业企业相比，高质量的内部控制更加能够提升高碳企业碳信息披露质量的价值效应。

（3）环境监管异质分析。

外部环境监管对碳信息披露质量的影响较大（张巧良等，2013）。企业碳排放管理行为具有明显的外部性，如果企业将自身碳排放管理问题置于外部而无须付出相应代价，那么企业将会追逐自身利益而罔顾社会和环境利益。只有提高外部不经济成本，进行监管规范，企业才会将外部不经济成本考虑到企业成本中，进而加强外部环境保护意识。企业作为社会环境中的行为主体，其所处的环境对其行为也产生影响，企业的行为受到外部来自政府监管的强制性压力（贾兴平和刘益，2014）。完善的监管环境能提升企业绩效，有效促进经济增长（韩美妮和王福胜，2016）。因此，环境监管可能对企业披露碳信息的行为及其企业价值创造能力产生一定的影响。样本分组回归分析结果如表 5.8 所示。

在高水平环境监管地区，企业碳信息披露质量的回归系数为0.225，且在1%的水平上显著为正，而处于低水平环境监管地区的企业回归系数不显著，说明良好的环境监管能有效提高碳信息披露质量的价值效应，企业通过提升碳信息披露质量更加能够有效提高价值创造。而在环境监管松懈的地区，企业碳信息披露质量的价值有限。内部控制质量的回归系数，在高水平环境监管地区的企业不显著，而在低水平地区的企业为0.521，且在1%的水平上显著为正，说明当外部环境监管不足时，加强企业内部控制有利于提升企业价值；当外部环境监管水平提高后，外部环境监督可以替代内部控制对企业价值提升的作用。碳信息披露质量与内部控制质量的交互项（Sic×CDI）回归系数，在高水平环境监管地区的企业不显著，而在低水平地区的企业为0.052且在1%的水平上显著为正，内部控制对碳信息披露质量的价值效应具有正向调节作用，说明当外部环境监督不足时，提高内部控制质量能有效提升碳信息披露质量对企业价值创造的积极影响；当外部环境监督充足时，内部控制对碳信息披露质量价值效应的调节作用不再显著。

5.4.5　内生性与稳健性检验

为了保证研究结论的可靠性，本部分分别采用工具变量对全样本进行两阶段最小二乘法（2SLS）回归分析，补充控制变量、替换解释变量衡量方法对研究结论进行内生性和稳健性检验。

（1）工具变量法。

为了缓解互为因果以及不可观测的遗漏变量问题，本部分运用工具变量法对全样本进行两阶段最小二乘法（2SLS）回归分析。本章沿用第4章使用的工具变量，选取样本期初行业平均的碳信息披露质量（AVCDI）和企业所在省份的市场化指数（Market）作为碳信息披露质量（CDI）的工具变量。其中，市场化指数选取自樊纲等编制的《中国分省份市场化指数报告（2019）》。在进行调节效应分析前，先将所有变量标准化处理变化成Z分数。

具体步骤如下：第一步，分别选取控制变量和工具变量AVCDI和Market为解释变量，对内生性变量CDI进行第一阶段回归，同时得到内生性变量CDI

的预测变量 AVCDI - PCDI 和 Market - PCDI；第二步，继续分别选取控制变量与预测变量 AVCDI - PCDI、Market - PCDI 为解释变量，对模型（5-1）进行第二阶段回归，回归分析结果见表5.9。第二阶段结果显示的 Sagan 值表明不存在过度识别的问题。模型（5-1）中，AVCDI - PCDI 和 Market - PCDI 的回归系数均显著为正，表明碳信息披露质量与企业价值创造显著正相关，交互项（Sic × AVCDI - PCDI）和（Sic × Market - PCDI）的回归系数也均显著为正，表明内部控制质量对碳信息披露质量与企业价值创造的关系具有显著的正向调节作用，与前面研究结论一致。

表5.9 两阶段最小二乘法回归分析

变量	第1阶段		第2阶段	
	预测模型	预测模型	模型（5-1）	模型（5-1）
	CDI	CDI	VL	VL
AVCDI	1.020 *** (9.93)			
Market		0.35 * (1.38)		
AVCDI - PCDI			0.095 *** (4.314)	
Market - PCDI				0.088 *** (4.014)
Sic			0.152 *** (4.569)	0.149 *** (4.012)
Sic × CDI			0.026 * (1.298)	0.039 * (1.642)
常数项	1.32 *** (4.26)	5.32 *** (15.26)	6.215 *** (6.01)	7.246 *** (6.76)
Controls/Ind/Year	控制	控制	控制	控制
Obs	20 735	20 735	20 735	20 735
Shea's partial R^2	0.51	0.78		
Sagan 值			1.87	2.31
Over-identifying			p = 0.17	p = 0.11

注：*** 、** 、* 分别表示在1%、5%和10%水平上的显著性。

（2）补充控制变量。

为了全面考察公司治理因素对研究结果的影响，尽可能降低模型遗漏变量的问题，本部分将管理层持股、董事会规模、独立董事比例、监事会规模作为公司股权治理、董事会治理和监事会治理特征的补充控制变量加入原有模型中，重新回归进行检验，新增控制变量定义见表5.10。

表5.10　　　　　　　　　　新增控制变量定义

变量类别	变量名称	变量符号	变量定义
新增控制变量	管理层持股	Ind-size	管理层持股比例
	董事会规模	B-size	董事会人数取自然对数
	独立董事占比	Ind-size	独立董事人数占董事会人数的比例
	监事会规模	Sup-size	监事会人数取自然对数

回归分析结果见表5.11，在补充了控制变量之后，模型（5－1b）调整 $R^2 = 0.3412$，较原模型有所上升，表明模型的揭示力增强。碳信息披露质量（CDI）的回归系数显著为正，表明碳信息披露质量仍旧显著正向影响企业价值创造，交互项（Sic×CDI）的回归系数显著为正，表明内部控制质量对碳信息披露质量与企业价值创造的关系仍具有显著的正向调节作用。管理层持股、董事会规模、独立董事比例、监事会规模与企业价值创造显著正相关。其余变量与前面研究结论基本一致。通过补充控制变量再次进行回归检验，表明内部控制质量对碳信息披露质量的价值效应具有正向调节作用，该研究结论稳健可靠。

表5.11　　　　　　　　　回归分析（补充控制变量）

变量	模型（5－1）	模型（5－1b）
	VL	VL
CDI	0.156 ***	0.124 ***
	(5.334)	(4.226)
Sic	0.152 ***	0.102 ***
	(4.569)	(3.524)
Sic×CDI	0.026 ***	0.014 ***
	(4.298)	(4.088)

续表

变量	模型（5-1）	模型（5-1b）
	VL	VL
MSH		2.010 ** (2.46)
B-size		0.260 (0.73)
Ind-size		0.225 ** (3.04)
Sup-size		0.102 (0.66)
常数项	4.342 *** (6.26)	3.268 *** (5.34)
Controls/Ind/Year	控制	控制
Obs	20 735	20 735
Adjusted R^2	0.2941	0.3412
F 值	69.87	41.56
Sig.	0.00	0.00

注：***、**、*分别表示在1%、5%和10%水平上的显著性。

（3）解释变量的替换。

根据披露的碳信息的性质，采用 0 - 1 打分法对信息披露质量进行计量，定量信息披露记为 1 分，定性信息披露记为 0 分（王苏生和康永博，2017）。这种计量方法更加简便，可以在一定程度上避免人为因素的干扰。将以上打分结果作为碳信息披露质量的代理变量；将所有变量标准化处理，变化成 Z 分数，采用偏差校正的非参数百分位 Bootstrap 法检验内部控制质量对碳信息披露质量直接价值效应和间接价值效应的调节作用。

内部控制质量对碳信息披露质量直接价值效应的调节作用的检验结果见表 5.12。低质量内部控制（Sic = -1）的调节效应没有达到显著性水平，其效应系数为 0.029，其 95% 置信区间为（-0.117，0.174），包含 0；高质量内部控制（Sic = 1）的调节效应达到了显著性水平，其效应系数为 0.267，其 95% 水平下的置信区间为（0.139，0.396），不包含 0。这表明在其他条件不变的情况下，内部控制质量越高的企业，通过提高碳信息披露质量能够更加直接且显著地促进企业价值创造，检验结果支持假设 H5 – 1。

表 5. 12　　　　　　　　　　　　调节效应 Bootstrap 检验

影响效应	变量	Effect	SE	BC95% 置信区间	假设检验
调节效应	Sic = – 1	0. 029	0. 074	（ – 0. 117，0. 174）	支持假设 H5 – 1
	Sic = 1	0. 267	0. 065	（0. 139，0. 396）	

注：Bootstrap 重复抽样 10 000 次；分析中均加入了控制变量。

内部控制质量对碳信息披露质量的间接价值效应的检验结果见表 5. 13。

表 5. 13　　　　　　　　　有调节的中介效应 Bootstrap 检验

路径	调节变量	条件间接效应			有调节的中介效应			假设检验
		Effect	SE	BC95% 置信区间	Index	SE	BC95% 置信区间	
TR	Sic = 1	0. 033	0. 021	（0. 058，0. 154）	0. 03	0. 009	（0. 013，0. 049）	支持假设 H5 – 2
	Sic = – 1	0. 021	0. 018	（0. 002，0. 055）				
CEF	Sic = 1	0. 084	0. 039	（0. 019，0. 177）	0. 02	0. 006	（0. 003，0. 039）	支持假设 H5 – 3
	Sic = – 1	0. 056	0. 021	（0. 001，0. 088）				
CS	Sic = 1	0. 009	0. 014	（ – 0. 005，0. 023）	– 0. 090	0. 041	（ – 0. 188， – 0. 023）	不支持假设 H5 – 4
	Sic = – 1	0. 013	0. 006	（0. 006，0. 022）				
CR	Sic = 1	0. 103	0. 045	（0. 039，0. 191）	– 0. 112	0. 035	（ – 0. 187， – 0. 050）	不支持假设 H5 – 5
	Sic = – 1	0. 162	0. 063	（0. 052，0. 285）				

注：Bootstrap 重复抽样 10 000 次；分析中均加入了控制变量。

内部控制质量对市场流动性中介效应的调节作用检验：由条件间接效应的检验结果可知：①当内部控制质量较高时，碳信息披露通过市场流动性路径影响企业价值创造的间接效应为 0. 033，95% 水平下的置信区间（0. 058，0. 154）不包含 0，间接效应显著；②当内部控制质量较低时，碳信息披露通过市场流动性路径影响企业价值创造的间接效应为 0. 021，95% 水平下的置信区间（0. 002，0. 055）不包含 0，间接效应显著；③中介效应差异的判定指标 Index 值为 0. 03，95% 水平下的置信区间（0. 013，0. 049）不包含 0。由①、②可知，内部控制质量越高，市场流动性的中介作用越强；由③可知，在不同水平的内部控制下，市场流动性的中介效应差异显著。因此，在其他条件不变时，内部控制对碳信息披露经过市场流动性路径传导的价值效应具有显著的正向调节作用，支持假设 H5 – 2。

内部控制对融资成本中介效应的调节作用检验：由条件间接效应的检验结果可知：①当内部控制质量较高时，碳信息披露通过融资成本路径影响企业价值创造的间接效应为 0.084，95% 水平下的置信区间（0.019，0.177）不包含 0，间接效应显著；②当内部控制质量较低时，碳信息披露通过融资成本路径影响企业价值创造的间接效应为 0.056，95% 水平下的置信区间（0.001，0.088）不包含 0，间接效应显著；③中介效应差异的判定指标 Index 值为 0.02，95% 水平下的置信区间（0.003，0.039）不包含 0。由①、②可知，内部控制质量越高，融资成本的中介作用越强；由③可知，在不同水平的内部控制下，融资成本的中介效应差异显著。因此，在其他条件不变时，内部控制对碳信息披露经过融资成本路径传导的价值效应具有显著的正向调节作用，假设 H5 – 3 得到验证。

内部控制对顾客满意中介效应的调节作用检验：由条件间接效应的检验结果可知：①当内部控制质量较高时，碳信息披露通过顾客满意路径影响企业价值创造的间接效应为 0.009，95% 水平下的置信区间（– 0.005，0.023）包含 0，间接效应不显著；②当内部控制质量较低时，碳信息披露通过顾客满意路径影响企业价值创造的间接效应为 0.013，95% 水平下的置信区间（0.006，0.022）不包含 0，间接效应显著；③中介效应差异的判定指标 Index 值为 – 0.09，95% 水平下的置信区间（– 0.188，– 0.023）不包含 0。由①、②可知，内部控制质量越高，顾客满意的中介作用越弱；由③可知，在不同水平的内部控制下，顾客满意的中介效应差异显著。因此，在其他条件不变时，内部控制对碳信息披露经过顾客满意路径传导的价值效应具有显著的负向调节作用，不支持假设 H5 – 4。

内部控制对企业声誉中介效应的调节作用检验：由条件间接效应的检验结果可知：①当内部控制质量较高时，碳信息披露通过企业声誉路径影响企业价值创造的间接效应为 0.103，95% 水平下的置信区间（0.039，0.191）不包含 0，间接效应显著；②当内部控制质量较低时，碳信息披露通过企业声誉路径影响企业价值创造的间接效应为 0.162，95% 水平下的置信区间（0.052，0.285）

不包含 0，间接效应显著；③中介效应差异的判定指标 Index 值为 - 0.112，95% 水平下的置信区间（ - 0.187， - 0.050）不包含 0。由①、②可知，内部控制质量越高，企业声誉的中介作用越弱；由③可知，在不同水平的内部控制下，企业声誉的中介效应差异显著。因此，在其他条件不变时，内部控制对碳信息披露经过企业声誉路径传导的价值效应具有显著的负向调节作用，不支持假设 H5 - 5。

5.5　本章小结

本章以 2011～2021 年深沪两市的 A 股上市公司为样本，构建有调节的多重并行中介效应模型，根据温忠麟等（2014）对有调节的中介效应模型检验步骤，采用偏差校正的非参数百分位 Bootstrap 的中介效应差异法检验内部控制对碳信息披露质量价值传导路径的调节作用。为保证研究结论的可靠性，分别采用工具变量对全样本进行两阶段最小二乘法（2SLS）回归分析，补充控制变量、替换解释变量衡量方法对研究结论进行内生性和稳健性检验。最后，进一步从产权性质、行业与地区环境监管三方面对内部控制对碳信息披露质量价值效应的调节作用进行差异分析。研究结论如下。

（1）内部控制对碳信息披露质量的直接价值效应具有显著的正向调节作用。

（2）在投资者关系路径中，市场流动性和融资成本的中介效应均会受到内部控制的显著正向调节，即内部控制质量越高，越有利于增强市场流动性和融资成本的中介效应，同等质量的碳信息披露通过市场流动性和融资成本传导的间接价值效应更多。

（3）在消费者关系路径中，顾客满意的中介效应受到内部控制的显著负向调节，尤其当内部控制质量较高时，同等质量的碳信息经过顾客满意传导的间接价值效应不再显著。这说明在内部控制较完善的企业，产品质量控制更加严格、售后服务更加完善，无论顾客满意度还是企业价值本身都相对更高，因此，通过提升碳信息披露质量带来的价值创造的效果并不明显。但是在内部控制相对薄弱的企业，通过提高碳信息披露质量，不仅可以提高顾客满意，更可以显著提升价值创造的效果。

（4）在社会公众关系路径中，企业声誉的中介效应受到内部控制质量的负向调节，即随着内部控制质量提高，同等质量的碳信息披露通过企业声誉传导的间接价值效应逐渐减小。这表明内部控制状况不佳的企业更应当重视碳信息披露质量的提升，在改善企业声誉的同时，创造更多企业价值。

（5）产权对比发现：非国有企业的碳信息披露质量的价值效应显著且受到内控质量的显著正向调节，而国有企业则无。国有企业掌握更多的关键资源，无论在市场准入还是融资方面都具有非国有企业所没有的优势，因此，其提高碳信息披露质量所带来的积极影响相对有限。而非国有企业通过提高碳信息披露质量，提升声誉、吸引投资者的关注和获得更低的融资成本，从而增加企业价值。

（6）行业对比发现：非高碳排放行业的碳信息披露质量的价值效应更高，但对高碳企业而言，提高内部控制质量，可以使碳信息披露质量的价值效应更大。由于高碳企业面临的环境监管更为严格，实施减排治理和绿色转型升级的投入更高，对传统高碳产业的剥离又使企业收益减少，对企业价值创造表现出不利影响。但是高碳企业可以通过加强企业环保方面的内控制度建设来提高环保内控质量，从而有效控制与环境监管相关的风险，并将外部管制压力转化为符合内部治理流程的价值行为，使碳信息披露质量的价值效应更大。

（7）外部环境监管比对发现：当外部环境监管严格时，企业碳信息披露质量的价值效应显著；当外部环境监管松懈时，通过提高内控质量能够显著提升碳信息披露质量的价值效应。这表明外部环境监管松懈会削弱碳信息披露质量对企业价值创造的提升作用，而内部控制可以弥补外部环境监管的不足。

第 6 章

研究结论与展望

6.1 研究结论

绿色经济的发展和生态文明建设的进一步推进都需要高质量的碳信息的供给，为了提高企业对碳信息披露质量的重视程度，需要让企业意识到碳信息披露质量的价值所在。ESG 是评价企业价值创造可持续能力的核心理念，作为本书的研究视角，决定了本书的研究立足于利益相关者共享价值创造的可持续。因此，本书重新界定了企业价值创造内涵，是满足可持续发展目标的，为利益相关者所共享的长期价值创造，包含经济价值、社会价值与环境价值三个范畴。为了更深入研究高质量碳信息披露在均衡多方利益相关者价值目标中发挥的重要作用，本书构建基于 ESG 理念的碳信息披露质量价值传导机制的理论框架，构建以满足利益相关者碳信息需求为基础，以巩固和提高企业与利益相关者关系、实现企业价值创造最大化为目标的碳信息披露质量评价体系，深入探索碳信息披露质量对企业价值创造的重要影响以及作用路径，并进一步探析当外部制度失灵或结果不明的情形下，内部控制对各路径传导的碳信息披露质量的价值效应的调节，并进行产权、行业和环境监管的差异分析。本书以2011～2021 年深沪两市的 A 股上市公司为研究对象，实证检验了碳信息披露对企业价值创造的影响和作用路径以及内部控制对传导路径的调节效应。研究结论如下。

（1）提高碳信息披露质量对企业价值创造具有显著的促进作用，这说明碳信息披露不能被单纯地视为一项成本，而更应被当作进行价值投资和竞争力提升的重要手段。企业通过披露高质量的碳信息，积极回应并满足利益相关者的信息需求与利益诉求，以这种良好的交流沟通方式，可以建立企业与利益相关者之间彼此信任的关系并获得利益相关者支持，基于信任缔结的契约关系，以利益相关者获得的利益均衡为前提，以企业履约能力与可置信承诺为保证，交易成本更低，可以为所有利益相关者创造更多的共享价值。

①于投资者而言，企业提高碳信息披露质量可以降低与投资者之间的信息不对称程度，改善投资者关系，通过提高股票的市场流动性和降低融资成本，有助于缓解企业的融资约束，对提升企业价值创造具有积极的影响。②于消费者而言，企业提高碳信息披露质量，可以让消费者获得更好的消费体验，为企业与消费者建立信任关系，获得顾客忠诚，提高企业价值创造的产出效率。③于社会公众而言，企业提高碳信息披露质量可以展现企业积极履行社会环境责任的正面形象，获得良好的声誉，得到社会各界的认可，为企业创造竞争优势。

（2）高质量的内部控制能够显著增大碳信息披露质量的边际价值效应，这说明内部控制发挥着将外部规制压力内化为服务价值创造的内部治理行为的作用，具有"黏合剂"功能，能够有效地促进企业碳治理活动，改进碳信息披露和提升碳信息披露的价值效果。

①于投资者而言，高质量的内部控制可以保障碳信息披露质量，降低投资者面临的信息风险，还能够有效减少管理层侵占或大股东掏空等机会主义行为，降低外部投资者面临的经营风险，从而增强投资者对公司的信任与认可，进而提高股票交易，促进市场流动和降低融资成本，提升碳信息披露的价值效应。②于消费者而言，碳信息披露的价值效应也随着内部控制质量的提高而逐渐减弱，这表明内部控制相对薄弱的企业，提高碳信息披露质量是通过消费者关系传导的，对企业价值创造的促进作用更强。因为内部控制较完善的企业，产品质量控制更加严格、售后服务更加完善，顾客满意度相对更高，企业的市场竞争优势更加显著，企业价值本身也相对更高，所以碳信息披露质量对顾客满意和价值提升的效果不明显。内部控制相对薄弱的企业可以通过提高碳信息

披露质量，加强产品质量与环保要求控制，提升售前与售后响应效率，以提高顾客满意度和培养顾客忠诚，获得市场竞争优势，提升企业价值创造。③于社会公众而言，随着内部控制质量提高，碳信息披露价值效应逐渐被抑制，这表明相对于内部控制较完善的企业，内部控制相对薄弱的企业，提高碳信息披露质量对通过社会公众关系传导的对企业价值创造的促进作用更强。因为内部控制质量较高的企业，企业声誉本身相对较好，企业价值也相对较高，所以提高碳信息披露质量对声誉改善和价值提升的效果不明显。内部控制相对较弱的企业可以通过提高碳信息披露质量，弥补企业在环保方面的内控缺陷，健全企业环保方面的内控设计与执行，降低企业运营风险，进而获得更多的社会认同，树立良好的企业形象，更容易获得关键资源，提升企业价值创造。

（3）通过异质性分析发现：①相对于国有企业，非国有企业碳信息披露质量的价值增值效应更加显著。因此，积极的碳信息披露行为是非国有企业提升企业价值创造的重要途径。高质量的内部控制可以为非国有企业披露的碳信息提供质量保障，更能够获得利益相关者的支持和社会公众的认同，以弥补非国有企业在资源获取方面的劣势，提高企业价值创造的效果。②相对于高碳企业，其他行业企业碳信息披露质量的价值增值效应更加显著。这可能是因为严格的环境管制和行业特殊性，使高碳企业进行减排治理和绿色转型升级中的投入更高，产出红利在一至两期内无法完全显现；另外，利益相关方普遍认为改善环境绩效是高碳企业的固有责任，因而降低了对企业碳信息披露的敏感性。因此，高碳企业可以通过加强环保方面和环境信息披露有关的内部控制，防范环境风险，进一步强化内部控制在外部压力转化为内部治理过程中的"黏合剂"作用，提高碳信息披露的价值效应。③相对于外部环境监管水平较低的地区，处在环境监管水平较高地区的企业碳信息披露的价值增效更显著。换言之，外部环境监管松懈会削弱碳信息披露对企业价值创造的提升作用。因此，当外部环境监管"乏力"时，加强企业内部控制可以降低企业运营风险，保障碳信息披露质量，能够有效提升信息披露价值效用，内部控制弥补了外部环境监管的不足。

6.2　政策建议

结合本书研究结论，提出以下政策建议。

6.2.1　政府层面

（1）完善碳信息披露准则的统一性与可操作性。

我国已陆续出台了关于环境信息披露的相关规定，但仍存在行业上的局限性和操作上的困难。政府应进一步完善碳信息披露的标准，提供更加翔实的披露要求，有效指引并帮助企业实现碳信息披露和加强碳风险管理，同时为广大利益相关者提供全面的、一致的、可比的碳信息。相关部门应结合我国国情，尽快出台与国际接轨的具有前瞻性的碳信息披露框架、指南和细则，明确碳信息披露的范围、披露的主体、披露标准和监管机制以及法律责任等，统一信息披露的指标体系和数据统计口径；同时，加强碳排放核算及碳效率量化标准，强化专业培训，规划企业内部碳排放信息披露，让企业掌握基本的量化方法，为企业会计人员开展实务操作奠定基础。

（2）规范碳信息披露的评价标准。

政府应进一步规范碳信息披露的评价标准，提高碳信息披露的质量，以提升碳信息披露的价值效应。在制定企业碳信息披露规范上，可以进一步提高信息披露的深度和广度，时间上应当覆盖产品的整个生命周期，空间上应囊括企业国内外开展的经营业务范畴。通过市场化的手段，使企业意识到充分披露碳信息和提高披露质量并不会损害自身利益，反而有利于企业价值提升，使企业更主动地配合碳信息披露，实现从自愿性披露向强制性披露转变，最终降低政府的监督成本。

（3）加大碳信息披露外部监督的奖惩力度。

尽管我国出台了一系列法律法规以加强碳信息披露的制度建设，对上市公司应当准确、及时、完整地披露碳信息提出了具体要求，但披露实践效果却不尽如人意。很多企业，特别是高耗能、高排放企业不愿意如实、全面地披露碳信息，在这种情况下，就需要政府相关部门加大对企业的奖惩力度，强化制度硬约束，对于违反碳信息披露制度（例如漏报、瞒报、谎报、不及时披露碳信息）的企业加大处罚力度，处以高额罚款并取消企业相关政策优惠，情节严重者，可以追究企业主要负责人刑事责任；对于能够作出合法性行为选择，按照规定进行碳排放权会计处理，并完整、准确、及时披露相关碳信息的企业，提高奖励金额并给予更多政策优惠，以更好地调动企业的积极性和自主性，使得更多的企业在压力和动力下，配合并保障碳信息披露制度的顺利执行。

6.2.2　企业层面

（1）提高 ESG 价值管理认知。

由于 ESG 高度契合可持续发展理念，在促进企业转型升级、提升产品服务质量和效率、提高利益相关者的满意度、有效控制环境与社会风险等方面均具有积极作用。企业应提高对 ESG 价值管理的认知，牢固树立 ESG 理念，并将该理念融入企业经营战略和年度经营方针。ESG 不仅是在单一的企业社会责任维度的可持续理念，更涵盖企业对社会、环境以及公司内部治理的多维度可持续理念。在当前高质量发展阶段，企业需要逐渐意识到其在生态环境保护、承担社会责任、完善公司治理等方面的投入并非增加企业额外成本，反而有利于提升自身竞争优势和有效缓解融资约束状况以获得更充足的研发资金支持，增加研发投入，推动自身实现高质量发展；还可以协调与利益相关方的关系，促进企业可持续发展。

（2）实施 ESG 价值管理实践。

①实施企业声誉管理。当同行竞争企业在产品与服务之间的差距逐渐缩小，企业对于环境保护的投入将会对企业声誉的维护发挥巨大作用。企业应当将碳信息披露纳入企业声誉管理工作，通过提高信息透明度，加强与利益相关者的有效沟通，进而与利益相关者建立相互信赖的关系，促使利益相关者采取有利于企业价值创造的决策行为。

②实施顾客满意计划。随着消费者的消费观逐渐由自身使用效用转变为自

身使用效用与环境效用并存，企业应积极创新以提供符合低碳消费模式的产品与服务，通过披露高质量的碳信息，让顾客获得信息满足和价值认同，进而影响消费行为，为企业价值创造提供原动力。

③加强内部控制建设。企业可以在公司内部设立专门的环保监督部门，在生产过程中对环境污染问题实施实时监督，提高内部控制质量；建立环境保护预警机制，对处于污染临界值的公司项目给予特别关注；建立完善的碳信息披露方案，提高环保绩效，增强外部投资者对企业环保问题的信心，获得资金支持，增强环保事业方面的投入，达到公司经营与环境保护的良性循环，实现绿色经济。

6.2.3 社会层面

（1）投资者应关注企业环境绩效与碳信息披露质量。

投资者应注重企业的环境表现，重点关注上市企业碳信息披露状况，对其是否披露碳信息及披露质量进行综合评价，在投资决策上充分考虑企业的环境绩效和充分评估企业可能面临的潜在环境风险，从而引导市场资金流向。要充分发挥投资者在碳信息披露对企业价值创造激励机制中的中介作用，引导企业构建高质量碳信息披露体系。同时，投资者作为企业的利益相关者，应重视自身在保证企业所披露碳信息的真实性方面具有的监督作用。

（2）消费者应发挥充分发挥"需求"导向的购买激励机制。

为了提高消费者对产品的购买率，企业会更加重视消费者的关注维度，充分认识消费者视角下的产品价值，采取相应的企业行为，以有效提高企业对消费者的感召力和影响力。企业环境责任的履行与相关信息的高质量披露，需要"具有环保意识的消费者"拉动。因此，消费者应当提高自身"需求层次"，更加关注企业的环境责任表现，使企业意识到除产品质量、价格等"硬实力"外，企业环境责任这样的"软实力"对于消费者购买行为同样具有重要的影响，从而激励企业重视其环境责任的履行和提高碳信息披露的质量。

（3）社会公众应充分发挥声誉导向的舆论监督功能。

声誉导向所体现的社会舆论压力有助于推动企业提升碳信息披露质量，督促企业改善其环境表现。在互联网快速发展和社交媒体兴起的环境下，企业的一举一动都会被广泛地快速传播，企业在通过营销建立和维护企业声誉时，可以通过积极履行环境责任和提高碳信息披露质量，使公众相信企业所宣传的"绿色"形象是真实的。因此，社会公众应充分发挥声誉导向的舆论监督功能，督促企业重视其环境责任的履行和提高碳信息披露的质量。

6.3 研究展望

（1）实证研究部分碳信息的样本数据来自企业社会责任报告。从数据的可得性和连续性考虑，企业社会责任报告在我国普及率较高且实践时间较长，较易获取具有时间序列的研究样本，可以观察碳信息披露质量与企业价值创造之间的联系程度及发展变化趋势。未来随着ESG理念的不断发展与普及，ESG报告或将为实证研究提供时间序列数据或者面板数据，不仅数据披露更加规范，也更符合ESG理念的要求，研究更具有针对性。

（2）本书以系统化视角重点考察了投资者、消费者及社会公众在碳信息披露质量的价值传导中发挥的重要作用。除此以外，企业的利益相关者还包括供应商、员工、政府等，未来可以将更多的利益相关者纳入碳信息披露质量的价值系统，更加全面地考察碳信息质量的价值内涵。

（3）本书在研究消费者关系在碳信息披露质量与企业价值创造之间发挥的中介作用时，主要考察绿色消费者对绿色产品及服务的满意程度所发挥的作用。关于顾客满意的计量，考虑到研究使用的行业分类是证监会发布的行业分类标准，与CCSI的行业分类不同，因此采用顾客投诉互补计量的方法（Uusitalo et al.，2011；杨园华等，2015）。该计量方法可能无法充分衡量本书中顾客满意的内涵，未来可以进一步完善关于绿色消费者顾客满意度的计量方法。

参考文献

[1] 白长虹、刘炽：《服务企业的顾客忠诚及其决定因素研究》，载《南开管理评论》2002 年第 6 期。

[2] 毕楠、冯琳：《企业社会责任的价值创造研究——一个三维概念模型的构建》，载《财经问题研究》2011 年第 328 卷第 3 期。

[3] 蔡佳楠、李志青、蒋平：《上市公司环境信息披露对银行信贷影响的实证研究》，载《中国人口资源与环境》2018 年第 28 卷第 S1 期。

[4] 查尔斯·J. 福诺布龙、西斯·B. M. 范里尔：《声誉与财富：成功的企业如何赢得声誉》，郑亚卉译，中国人民大学出版社 2004 年版。

[5] 查贵良、麦强盛、杨维：《企业杠杆与业绩关系研究——基于碳信息披露视角》，载《会计之友》2021 年第 3 期。

[6] 陈华、陈智、张艳秋：《媒体关注、公司治理与碳信息自愿性披露》，载《商业研究》2015 年第 11 期。

[7] 陈华、黄红梅、李春玲：《碳信息自愿性披露对企业融资约束影响研究——基于产权异质性视角的分析》，载《价格理论与实践》2017 年第 9 期。

[8] 陈华、刘婷、张艳秋：《公司特征、内部治理与碳信息自愿性披露——基于合法性理论的分析视角》，载《生态经济》2016 年第 9 期。

[9] 陈华、王海燕、荆新：《中国企业碳信息披露：内容界定、计量方法和现状研究》，载《会计研究》2013 年第 12 期。

[10] 陈文婕：《论企业社会责任信息披露影响因素》，载《财经理论与实践》2010 年第 4 期。

[11] 崔秀梅、李心合、唐勇军：《社会压力、碳信息披露透明度与权益

资本成本田》，载《当代财经》2016 年第 11 期。

[12] 崔也光、李博、孙玉清：《公司治理、财务状况能够影响碳信息披露质量吗？——基于中国电力行业上市公司的数据》，载《经济与管理研究》2016 年第 37 卷第 8 期。

[13] 邓学衷、蔡萍：《企业社会责任、持续价值创造与财务治理》，载《科学经济社会》2010 年第 118 卷第 1 期。

[14] 董淑兰、邹安妮，刘芮萌：《社会信任、碳信息披露与企业绩效的关系研究——基于中国城市商业信用 CEI 指数》，载《会计之友》2018 年第 21 期。

[15] 杜湘红、伍奕玲：《基于投资者决策的碳信息披露对企业价值的影响研究》，载《软科学》2016 年第 30 卷第 9 期。

[16] 杜兴强：《增值表议》，载《财会通讯》1996 年第 10 期。

[17] 符少燕、李慧云：《碳信息披露的价值效应：环境监管的调节作用》，载《统计研究》2018 年第 35 卷第 9 期。

[18] 干胜道、陈冉、王满：《"四 E"财务理论框架初探》，载《财会通讯》2016 年第 10 期。

[19] 谷瑶：《投资者法律保护、产品市场竞争与企业绩效》，吉林大学出版社 2011 年出版。

[20] 顾雷雷、欧阳文静：《慈善捐赠、营销能力和企业绩效》，载《南开管理评论》2017 年第 20 卷第 2 期。

[21] 郭晔、苏彩珍、张一：《社会责任信息披露提高企业的市场表现了吗?》，载《系统工程理论与实践》2019 年第 39 卷第 4 期。

[22] 韩美妮、王福胜：《法治环境，财务信息与创新绩效》，载《南开管理评论》2016 年第 5 期。

[23] 何诚颖：《新冠病毒肺炎疫情对中国经济影响的测度分析》，载《数量经济技术经济研究》2020 年第 5 期。

[24] 何玉、唐清亮、王开田：《碳绩效与财务绩效》，载《会计研究》2017 年第 2 期。

[25] 何玉、唐清亮、王开田：《碳信息披露、碳业绩与资本成本》，载

《会计研究》2014 年第 1 期。

[26] 贺建刚：《碳信息披露、透明度与管理绩效》，载《财经论丛》2011 年第 159 卷第 4 期。

[27] 胡珺、黄楠、沈洪涛：《市场激励型环境规制可以推动企业技术创新吗？——基于中国碳排放权交易机制的自然实验》，载《金融研究》2020 年第 1 期。

[28] 胡铭：《基于顾客满意的企业社会责任与其绩效关系的实证研究》，载《嘉兴学院学报》2008 年第 2 期。

[29] 黄世忠、叶丰滢：《可持续发展报告信息质量特征评述》，载《财会月刊》2022 年第 4 期。

[30] 黄世忠：《ESG 视角下价值创造的三大变革》，载《财务研究》2021 年第 6 期。

[31] 黄世忠：《解码华为的"知本主义"——基于财务分析的视角》，载《财会月刊》2020 年第 9 期。

[32] 黄世忠：《支撑 ESG 的三大理论支柱》，载《财会月刊》2021 年第 19 期。

[33] 吉利、邓博夫、毛洪涛：《会计准则国际趋同、国有股权与股权资本成本——来自中国 A 股市场的经验证据》，载《会计与经济研究》2012 年第 5 期。

[34] 吉利、张正勇、毛洪涛：《企业社会责任信息质量特征体系构建——基于对信息使用者的问卷调查》，载《会计研究》2013 年第 1 期。

[35] 姜博、王爽：《企业社会责任信息披露、股权激励与融资约束》，载《会计与控制评论》2020 年第 1 期。

[36] 姜东模：《刍议企业价值基点——关注企业价值创造系统生命线》，载《会计之友（下旬刊）》2009 年第 8 期。

[37] 靳惠：《低碳经济背景下对我国企业碳会计信息披露研究》，经济科学出版社 2013 年版。

[38] 靳馨茹：《碳会计信息披露、媒体态度与企业声誉研究》，载《会计之友》2017 年第 23 期。

［39］李大元：《企业环境不确定性研究及其新进展》，载《管理评论》2010 年第 22 卷第 11 期。

［40］李海舰、冯丽：《企业价值来源及其理论研究》，载《中国工业经济》2004 年第 192 卷第 3 期。

［41］李海芹、张子刚：《CSR 对企业声誉及顾客忠诚影响的实证研究》，载《南开管理评论》2010 年第 13 卷第 1 期。

［42］李慧云、陈铮、符少燕：《碳信息披露质量评价的技术实现》，载《统计与决策》2016 年第 17 期。

［43］李慧云、符少燕、高鹏：《媒体关注、碳信息披露与企业价值》，载《统计研究》2016 年第 33 卷第 9 期。

［44］李慧云、刘镝：《市场化进程，自愿性信息披露和权益资本成本》，载《会计研究》2016 年第 1 期。

［45］李慧云、刘倩颖、欧倩、符少燕：《产品市场竞争视角下信息披露与企业创新》，载《统计研究》2020 年第 37 卷第 7 期。

［46］李慧云、石晶、李航等：《公共压力、股权性质与碳信息披露》，载《统计与信息论坛》2018 年第 33 卷第 8 期。

［47］李慧云、吴少燕、王任飞：《碳信息披露评价体系的构建》，载《统计与决策》2015 年第 13 期。

［48］李力、刘全齐、唐登莉：《碳绩效、碳信息披露质量与股权融资成本》，载《管理评论》2019 年第 31 卷第 1 期。

［49］李力、刘全齐：《新闻报道、政府监管对企业碳信息披露的影响》，载《贵州财经大学学报》2016 年第 3 期。

［50］李茂良：《股票市场流动性影响上市公司现金股利政策吗——来自中国 A 股市场的经验证据》，载《南开管理评论》2017 年第 20 卷第 4 期。

［51］李勤：《广东省上市公司社会责任与企业价值关系研究》，载《经济研究导刊》2012 年第 182 卷第 36 期。

［52］李世辉、葛玉峰、王如玉：《基于改进变权物元可拓模型的碳信息披露质量评价》，载《统计与决策》2019 年第 35 卷第 21 期。

［53］李姝、肖秋萍：《企业社会责任、投资者行为与股票流动性》，载

《财经问题研究》2012，年第 340 卷第 3 期。

[54] 李姝、赵颖、童婧：《社会责任报告降低了企业权益资本成本吗？——来自中国资本市场的经验证据》，载《会计研究》2013 年第 9 期。

[55] 李新娥、彭华岗：《企业社会责任信息披露与企业声誉关系的实证研究》，载《经济体制改革》2010 年第 3 期。

[56] 李秀玉、史亚雅：《绿色发展、碳信息披露质量与财务绩效》，载《经济管理》2016 年第 38 卷第 7 期。

[57] 李雪婷、宋常、郭雪萌：《碳信息披露与企业价值相关性研究》，载《管理评论》2017 年 29 卷第 12 期。

[58] 李亚静、朱宏泉、黄登仕：《股权结构与公司价值创造》，载《管理科学学报》2006 年第 9 卷第 5 期。

[59] 李长熙、张伟伟：《股权结构、独立董事制度、外部审计质量与环境信息披露——基于上市公司 2012 年度社会责任报告的经验证据》，载《南京财经大学学报》2013 年第 6 期。

[60] 李正、向锐：《中国企业社会责任信息披露的内容界定、计量方法和现状研究》，载《会计研究》2007 年第 7 期。

[61] 廉春慧、王跃堂：《企业社会责任信息、企业声誉与投资意向的实证研究》，载《东南大学学报（哲学社会科学版)》2018 年第 20 卷第 3 期。

[62] 刘建秋、宋献中：《社会责任、信誉资本与企业价值》，载《财贸研究》2010 年第 6 期。

[63] 刘建秋、宋献中：《社会责任与企业价值机理：一个研究框架》，载《财会通讯》2010 年第 21 期。

[64] 刘建秋、宋献中：《社会责任与企业价值研究：回顾与展望》，载《中南财经政法大学学报》2010 年第 180 卷第 3 期。

[65] 刘晓星、张旭、顾笑贤、姚登宝：《投资者行为如何影响股票市场流动性？——基于投资者情绪、信息认知和卖空约束的分析》，载《管理科学学报》2016 年第 19 卷第 10 期。

[66] 刘艳博、耿修林：《环境不确定下的营销投入、企业社会责任与企业声誉的关系研究》，载《管理评论》2021 年第 33 卷第 10 期。

[67] 刘银国、朱龙：《公司治理与企业价值的实证研究》，载《管理评论》2011 年第 2 期。

[68] 刘宇芬、刘英：《碳信息披露、投资者信心与企业价值》，载《财会通讯》2019 年第 18 期。

[69] 刘长奎、边季亚：《外部治理下碳信息披露质量对企业债务成本的影响》，载《东华大学学报（自然科学版）》2020 年第 46 卷第 2 期。

[70] 柳学信、杜肖璇、孔晓旭、张宇霖：《碳信息披露水平、股权融资成本与企业价值》，载《技术经济》2021 年第 40 卷第 8 期。

[71] 娄尔行、张为国：《新兴的增值表—资本主义企业会计的一个动向》，载《会计研究》1985 年第 1 期。

[72] 卢佳友、谢琦、周志方：《碳交易市场建设对企业碳信息披露的影响》，载《财会月刊》2021 年第 10 期。

[73] 罗党论、王碧彤：《环保信息披露与 IPO 融资成本》，载《南方经济》2014 年第 8 期。

[74] 罗润东、李琼琼、谢香杰：《2020 年中国经济学研究热点分析》，载《经济学动态》2021 年第 3 期。

[75] 马相则、王聪：《会计稳健性、碳信息披露与企业价值》，载《财会通讯》2020 年第 7 期。

[76] 马学斌、徐岩：《企业社会责任评价技术应用研究》，载《系统工程理论与实践》1995 年第 2 期。

[77] 马迎贤：《资源优势理论与完全竞争理论的比较研究》，载《外国经济与管理》1997 年第 10 期。

[78] 梅晓红、葛扬、朱晓宁：《环境合法性压力对企业碳信息披露的影响机制研究》，载《软科学》2020 年第 34 卷第 8 期。

[79] 潘施琴、汪凤：《碳信息披露水平能否提升企业财务绩效？——基于上证 A 股的实证经验》，载《安徽师范大学学报（人文社会科学版）》2019 年第 47 卷第 6 期。

[80] 齐丽云、郭亚楠、张碧波：《基于系统动力学的企业社会责任信息披露研究——以突发性事件为例》，载《系统工程理论与实践》2017 年第 37

卷第11期。

[81] 乔旭东、陈亮：《我国上市公司自愿披露水平影响股票流动性的实证分析预测》，载《预测》2007年第26卷第4期。

[82] 乔治·阿克洛夫：《柠檬市场：质量的不确定性和市场机制》，载《经济导刊》2001年第6期。

[83] 任力、洪喆：《环境信息披露对企业价值的影响研究》，载《经济管理》2017年第39卷第3期。

[84] 阮素梅、杨善林、张琛：《管理层激励、资本结构与上市公司价值创造》，载《经济理论与经济管理》2013年第7期。

[85] 申慧慧、吴联生：《股权性质，环境不确定性与会计信息的治理效应》，载《会计研究》2012年第8期。

[86] 沈洪、冯杰：《舆论监督、政府监管与企业环境信息披露》，载《会计研究》2012年第2期。

[87] 沈洪涛、游家兴、刘江宏：《再融资环保核查、环境信息披露与权益资本成本》，载《金融研究》2010年第12期。

[88] 沈洪涛：《"双碳"目标下我国碳信息披露问题研究》，载《会计之友》2022年第9期。

[89] 沈洪涛：《公司特征与公司社会责任信息披露》，载《会计研究》2007年3月。

[90] 沈洪涛：《绿色金融政策、公司治理与企业环境信息披露——以502家重污染行业上市公司为例》，载《财贸研究》2011年第5期。

[91] 史金艳、孙秀婷、刘芳芳：《投资者过度自信与企业投资行为——基于2006—2008年中国上市公司的实证研究》，载《东北大学学报（社会科学版）》2011年第13卷第1期。

[92] 宋海燕：《多视角下的企业价值创造》，载《统计与决策》2012年第72卷第24期。

[93] 宋晓华、蒋潇、韩晶晶等：《企业碳信息披露的价值效应研究——基于公共压力的调节作用》，载《会计研究》2019年第12期。

[94] 孙伟、周瑶：《企业社会责任信息披露与资本市场信息不对称关系

的实证研究》，载《中国管理科学》2012 年第 20 卷第 S2 期。

［95］孙玮：《企业财务绩效与碳信息披露关系研究》，北京林业大学博士学位论文，2013 年出版。

［96］谭伟强：《流动性与盈余公告后价格漂移研究》，载《证券市场导报》2008 年第 9 期。

［97］唐国平、李龙会：《环境信息披露、投资者信心与公司价值——来自湖北省上市公司的经验证据》，载《中南财经政法大学学报》2011 年第 189 卷第 6 期。

［98］唐勇军、马文、夏丽：《环境信息披露质量、内控"水平"与企业价值——来自重污染行业上市公司的经验证》，载《会计研究》2021 年第 7 期。

［99］田翠香、刘雨、李鸥洋：《浅议我国企业碳信息披露现状及改进》，载《商业会计》2012 年第 10 期。

［100］田宇、宋亚军：《碳信息披露、盈余质量与重污染企业财务绩效》，载《财会通讯》2019 年第 3 期。

［101］汪纯孝、韩晓芸、温碧燕：《顾客满意感与忠诚感关系的实证研究》，载《南开管理评论》2003 年第 4 期。

［102］汪炜、蒋高峰：《信息披露、透明度与资本成本》，载《经济研究》2004 年第 7 期。

［103］王化成：《论财务管理的理论结构》，载《财会月刊》2000 年第 4 期。

［104］王建明：《环境信息披露、行业差异和外部制度压力相关性研究——来自我国沪市上市公司环境信息披露的经验证据》，载《会计研究》2008 年第 6 期。

［105］王谨乐、史永东：《机构投资者、代理成本与公司价值——基于随机前沿模型及门槛回归的实证分析》，载《中国管理科学》2016 年第 24 卷第 7 期。

［106］王丽萍、李淑琴、李创：《环境信息披露质量对企业价值的影响研究——基于市场化视角的分析》，载《长江流域资源与环境》2020 年第 29 卷第 5 期。

［107］王钦池：《信号传递与信号均衡——关于信号理论的一个文献综述》，载《山西财经大学学报》2009 年第 31 卷第 S2 期。

［108］王珊珊、张晗：《我国 ESG 评价实践发展研究》，载《当代经理人》2020 年第 4 期。

［109］王苏生、康永博：《信息披露制度、公司风险投资（CVC）信息披露与公司价值》，载《运筹与管理》2017 年第 26 卷 12 期。

［110］王霞、徐晓东、王宸：《公共压力、社会声誉、内部治理与企业环境信息披露——来自中国制造业上市公司的证据》，载《南开管理评论》2013 年第 16 卷第 2 期。

［111］王雪：《上市公司自愿性披露行为研究》，西南财经大学硕士学位论文，2007 年出版。

［112］王毅、赵平：《顾客满意度与企业股东价值关系研究》，载《管理科学学报》2010 年第 13 卷第 6 期。

［113］王仲兵、靳晓超：《碳信息披露与企业价值相关性研究》，载《宏观经济研究》2013 年第 1 期。

［114］魏农建、唐久益：《基于企业社会责任的顾客满意实证研究》，载《上海大学学报（社会科学版）》2009 年第 16 卷第 2 期。

［115］魏玉平、杨梦：《企业碳信息披露：现状、问题及对策——基于 2015 年深市上市公司年报的统计分析》，载《财会通讯》2017 年第 10 期。

［116］温忠麟、叶宝娟：《有调节的中介模型检验方法：竞争还是替补?》，载《心理学报》2014 年第 46 卷第 5 期。

［117］温忠麟、叶宝娟：《中介效应分析：方法和模型发展》，载《心理科学进展》2014 年第 22 卷第 5 期。

［118］温忠麟、张雷、侯杰泰、刘红云：《中介效应检验程序及其应用》，载《心理学报》2004 年第 5 期。

［119］吴红军、刘啟仁、吴世农：《公司环保信息披露与融资约束世界经济》，2017 年第 40 卷第 5 期。

［120］吴红军：《环境信息披露、环境绩效与权益资本成本》，载《厦门大学学报（哲学社会科学版）》，2014 年第 3 期。

[121] 吴勋、徐新歌：《企业碳信息披露质量评价研究——来自资源型上市公司的经验证据》，载《科技管理研究》2015 年第 35 卷第 13 期。

[122] 肖华、张国清：《公共压力与公司环境信息披露——基于"松花江事件"的经验研究》，载《会计研究》2008 年第 5 期。

[123] 谢志华、崔学刚：《信息披露水平：市场推动与政府监管——基于中国上市公司数据的研究》，载《审计研究》2005 年第 4 期。

[124] 闫海洲、陈百助：《气候变化、环境规制与公司碳排放信息披露的价值》，载《金融研究》2017 年第 6 期。

[125] 阎建军、杨复兴：《企业价值理论探析》，载《经济问题探索》2004 年第 1 期。

[126] 杨华荣、陈军、陈金贤：《基于经济增加值的上市公司自愿性信息披露》，载《系统工程学》2007 年第 6 期。

[127] 杨洁、吴武清、蔡宗武：《企业社会责任对现金持有价值的影响——基于分位数回归模型的研究》，载《系统工程理论与实践》2019 年第 39 卷第 4 期。

[128] 杨洁、张茗、刘运材：《碳信息披露、环境监管压力与债务融资成本——来自中国 A 股高碳行业上市公司的经验数据》，载《南京工业大学学报（社会科学版）》2020 年第 19 卷第 6 期。

[129] 杨洁、张茗、刘运材：《碳信息披露如何影响债务融资成本——基于债务违约风险的中介效应研究》，载《北京理工大学学报（社会科学版）》2020 年第 22 卷第 4 期。

[130] 杨璐、范英杰：《环境信息披露质量、股权融资成本和企业价值》，载《商业会计》2016 年第 19 期。

[131] 杨皖苏、杨善林：《中国情境下企业社会责任与财务绩效关系的实证研究：基于大、中小型上市公司的对比分析》，载《中国管理科学》2016 年 1 期。

[132] 杨园华：《碳信息披露对企业价值创造的影响——基于中国上市公司的实证研究》，哈尔滨工业大学博士学位论文，2015 年出版。

[133] 杨子绪、彭娟、唐清亮：《强制性和自愿性碳信息披露制度对比研究——来自中国资本市场的经验》，载《系统管理学报》2018 年第 27 卷第 3 期。

[134] 叶陈刚、裘丽、张立娟：《公司治理结构、内部控制质量与企业财

务绩效》，载《审计研究》2016 年第 2 期。

[135] 叶陈刚、王孜、武剑锋、李惠：《外部治理、环境信息披露与股权融资成本》，载《南开管理评论》2015 年第 18 卷第 5 期。

[136] 叶淞文：《披露质量、环境不确定性与股权融资成本》，载《会计之友》2018 年第 9 期。

[137] 殷格非、崔征：《企业社会责任报告在中国》，载《WTO 经济导刊》2008 年 8 期。

[138] 于飞、苏彩云、陆文：《对企业利益相关者支持的影响——基于中国上市公司面板数据》，载《科技管理研究》2020 年第 40 卷第 15 期。

[139] 袁洋：《环境信息披露质量与股权融资成本——来自沪市 A 股重污染行业的经验证据》，载《中南财经政法大学学报》2014 年第 1 期。

[140] 苑泽明、王金月、李虹：《碳信息披露影响因素及经济后果研究》，载《天津师范大学学报（社会科学版）》2015 年第 2 期。

[141] 翟华云：《企业社会责任披露质量对投资者交易行为的影响研究——基于对我国上市公司的经验分析》，载《经济经纬》2012 年第 1 期。

[142] 张功富、宋献中：《我国上市公司投资：过度还是不足？——基于沪深工业类上市公司非效率投资的实证度量》，载《会计研究》2009 年第 5 期。

[143] 张国兴、张旭涛、汪应洛等：《节能减排政府补贴的最优边界问题研究》，载《管理科学学报》2014 年第 17 卷第 11 期。

[144] 张宏、唐非凡：《企业社会责任缺失对产品市场竞争力的影响研究——基于企业社会责任的调节作用》，载《生产力研究》2021 年第 11 期。

[145] 张娇宁、孙慧、马晓钰：《碳信息披露对企业债务融资成本的影响——基于环境规制与高管激励的双重调节效应研究》，载《中国注册会计师》2021 年第 12 期。

[146] 张晶、丁蕊、陆黎玮：《能源行业的碳信息披露、碳绩效对财务绩效的影响》，载《企业技术开发》2017 年第 36 卷第 5 期。

[147] 张娟、王君彩、弓秀玲：《碳信息自愿披露与权益资本成本》，载《现代管理科学》2015 年第 8 期。

[148] 张立民、李琰：《持续经营审计意见、公司治理和企业价值——基

于财务困境公司的经验证据》，载《审计与经济研究》2017 年第 32 卷第 2 期。

[149] 张平淡、王纯、张惠琳：《推动环境信息披露能改善投资效率吗?》，载《中国环境管理》2020 年第 12 卷第 5 期。

[150] 张巧良、宋文博、谭婧：《碳排放量、碳信息披露质量与企业价值》，载《南京审计学院学报》2013 年第 2 期。

[151] 张勤、章新蓉：《环境管制、政治关联和碳信息披露相关性研究》，载《财会通讯》2016 年第 33 期。

[152] 张鲜华：《社会责任表现对企业声誉的影响研究——来自 A 股上市公司的经验数据》，载《兰州学刊》2012 年第 12 期。

[153] 张兆国、靳小翠、李庚秦：《企业社会责任与财务绩效之间交互跨期影响实证研究》，载《会计研究》2013 年第 8 期。

[154] 张兆国、梁志钢、尹开国：《利益相关者视角下企业社会责任问题研究》，载《中国软科学》2012 年第 2 期。

[155] 张兆国、刘晓霞、张庆：《企业社会责任与财务管理变革——基于利益相关者理论的研究》，载《会计研究》2009 年第 3 期。

[156] 章金霞、白世秀：《碳信息披露对企业全要素碳排放效率影响研究》，载《生态经济》2019 年第 12 期。

[157] 赵玉珍、乔亚杰、赵俊梅：《机构投资者异质性、碳信息披露与企业价值关系研究》，载《价格理论与实践》2019 年第 10 期。

[158] 朱炜、孙雨兴、汤倩：《实质性披露还是选择性披露：企业环境表现对环境信息披露质量的影响》，载《会计研究》2019 年第 3 期。

[159] 朱卫东、洪波、王锦：《基于增加价值的企业社会责任对企业价值影响研究——来自 A 股上市公司的经验数据》，载《财会通讯》2014 年第 33 期。

[160] Aaker D. A., Keller K. L., Consumer Evaluations of Brand Extension. Journal of Marketing. Vol. 54, No. 1, 1990, pp. 27 – 41.

[161] Abbott W. F., Monsen R. J., On the Measurement of Corporate Social Responsibility: Self-reported Disclosures asa Method of Measuring Corporate Social Involvement. Academy of Management Journal, Vol. 22, No. 3, 1979, pp. 501 – 515.

[162] Adams C. A., Hill W., Roberts C. B., Corporate Social Reporting

Practices in Western Europe Legitimating Corporate Behavior? The British Accounting Review, Vol. 30, No. 1, 1998, pp. 1 – 21.

[163] Aerts W., Cormier D., Magnan M., Corporate Environmental Disclosure, Financial Markets and the Media: An International Perspective. Ecological Economics, Vol. 64, No. 3, 2008, pp. 643 – 659.

[164] Agarwal J., Osiyevskyy O., Feldman P. M., Corporate Reputation Measurement: Altern-ative Factor Structures, EntomologicalValidity, and Organizational Outcomes. Journal of Business Ethics, Vol. 130, No. 2, 2015, pp. 485 – 506.

[165] Akbaş H. E., Canikli S., Determinants of Voluntary Greenhouse Gas Emission Disclosure: an Empirical Investigation on Turkish Firms. Sustainability, Vol. 11, No. 1, 2019, pp. 107.

[166] Al-Tuwaijri S. A., ChristensenT. E., Hughes K., The Relations among Environmental Disclosure, Environmental Performance, and Economic Performance: A Simultaneous Equations Approach. Accounting, Organizations and Society, Vol. 29, No. 5 – 6, 2004, pp. 447 – 471.

[167] Amihud Y., Liquidity and Stock Returns: Cross-section and Time-series Effects. Journal of Financial Markets, Vol. 5, No. 1, 2002, pp. 31 – 56.

[168] Anderson C. F., MazvancheryS. K., Customer Satisfaction and Shareholder Value. Journal of Marketing, Vol. 68, 2004, pp. 172 – 185.

[169] Anderson E. W., Customer Satisfaction and Price Tolerance. Marketing Letters, Vol. 7, No. 3, 1996, pp. 265 – 74.

[170] Ans K., David L., Jonatan P., Corporate Responses in an Emerging Climate Regime: the Institutionalization and Com-mensuration of Carbon Disclosure. European Accounting Review, Vol. 17, No. 4, 2008, pp. 719 – 745.

[171] Antoine H., Do the Stock Markets Price Climate Change Risks? Paris: Paris School of Business Press, 2010, pp. 48 – 56.

[172] Ashbaugh-Skaife H., Collins D. W. et al., The Effect of SOX Internal Control Deficiencies on Firm Risk and Cost of Equity. Journal of Accounting Research, Vol. 47, No. 1, 2009, pp. 1 – 43.

[173] Banerjee S. , Gatchev V. A. , Spindt P. A. , Stock Market Liquidity and Firm Dividend Policy. Journal of Financial and Quantitative Analysis, Vol. 42, No. 2, 2007, pp. 369 – 397.

[174] Basdeo D. K. , Smith K. G. , Grimm C. M. et al. , The Impact of Market Action on Firm Reputation. Strategic Management Journal, Vol. 27, No. 12, 2006, pp. 1205 – 1219.

[175] Bearden W. , Teel J. , Selected Determinants of Consumer Satisfaction and Complaint Reports. Journal of Marketing Research, Vol. 20, No. 1, 1983, pp. 21 – 28.

[176] Beatty T. , Shimshack J. P. , The Impact of Climate Change Information: New Evidence from the Stock Market. Journal of Economic Analysis And Policy, Vol. 10, No. 1, 2010, pp. 1 – 29.

[177] Berens G. , Riel C. B. V. , Bruggen G. H. V. , Corporate Associations and Consumer Product Responses: The Moderating Role of Corporate Brand Dominance. Journal of Marketing, Vol. 69, No. 3, 2005, pp. 35 – 48.

[178] Bharatanatyam C. B. , Smith N. C. , Vowel D. J. , Integrating Social Responsibility and Marketing Strategy: An Introduction. California Management Review, Vol. 47, No. 1, 2004, pp. 345 – 357.

[179] Blanco B. , Lara J. M. G. , Tribo J. A. , Segment Disclosure and Cost of Capital. Journal of Business Finance of Accounting, Vol. 42, No. 3 – 4, 2015, pp. 367 – 41.

[180] Bo B. C. , Doowon L. , Jim P. , An Analysis of Australian Company Carbon Emission Disclosures. Pacific Accounting Review, Vol. 25, No. 1, 2013, pp. 58 – 79.

[181] Bolton R. , Drew J. A. , Muftistage Model of Customers' Assessments of Service Quality And Value. Journal of Consumer Research, Vol. 17, No. 4, 1991, pp. 375.

[182] Bortolotti B. , De J. F. , Nicodano G. , Schindele I. , Privatization and Stock Market Liquidity. Journal of Banking & Finance, Vol. 31, No. 2, 2007, pp. 297 – 316.

［183］ Botosan C. A. , Disclosure Level andthe Cost of Equity Capital. Accounting Review. Vol. 13, No. 9, 1997, pp. 323 – 349.

［184］ Brammer S, Millington A. , Corporate Reputation and Philanthropy: An Empirical Analysis. Journal of Business Ethics, Vol. 61, No. 1, 2005, pp. 29 – 44.

［185］ Branco M. C. , Rodrigues L. L. , Corporate Social Responsibility and Resource-Based Perspectives. Journal of Business Ethics, Vol. 69, No. 2, 2006, pp. 111 – 132.

［186］ Brown T. J. , Dain P. A. , The Company andthe Product: Corporate Associations and Consumer Product Responses. Journal of Marketing, Vol. 4, No. 1, 1997, pp. 68 – 84.

［187］ Bui B, Houqe M. N. , Zaman M. Climate Governance Effects on Carbon Disclosure and Performance. British Accounting Review, Vol. 52, No. 2, 2019.

［188］ Campbell J. L. , Why Would Corporations Behavior Socially Responsible Ways? An Institutional Theory of Corporate Social Responsibility. Academy of Mana-gementReview, Vol. 32, No. 1, 2017, pp. 946 – 967.

［189］ Cao Y. , Myers L. , Tsang A. , Yang Y. G. , ManagementFore-vasts and the Cost of Equity Capital. The Chinese University of Hongkong, Working Paper, 2017.

［190］ Chapple L. , Clarkson P. M. , Gold D. L. , The Cost of Carbon: Capital Market Effects of the Proposed Emission Trading Scheme (ETS). Abacus, Vol. 49, No. 1, 2013, pp. 1 – 33.

［191］ Cheng B. , Ioannou I. , Serafeim G. , Corporate Social Responsibility and Finance. Strategic Management Journal, Vol. 35, 2014, pp. 1 – 23.

［192］ Claes F. , A National Customer Satisfaction Barometer: The Swedish Experience. Journal of Marketing, Jun 1992, pp. 1 – 21.

［193］ Clarkson P. M. , Li. Y. , Richardson G. D. et al. , Revisiting The Relation Between Environmental Performance and Environmental Disclosure: An Empirical Analysis. Accounting, Organizations And Society, Vol. 33, No. 4, 2008, pp. 303 – 327.

[194] Clarkson P. M. , Fang X. , Li Y. et al. , The Relevance of Environmental Disclosures: Are Such Disclosures Incrementally Informative? Journal of Accounting And Public Policy, Vol. 32, No. 5, 2013, pp. 410 – 431.

[195] Clarkson P. J. , Guedes R. , Thompson. , On The Diversification, Observability, and Measurement of Estimation Risk. Journal of Financial And Quantitative Analysis, Vol. 31, 1996, pp. 69 – 84.

[196] Clarkson, P. , Fang, X. , Li, Y. , Richardson, G. D. , The Relevance of Environmental Disclosures for Investors and Other Stakeholder Groups: Are Such Disclosures Incrementally Informative? Journal of Accounting and Public Policy, Vol. 32, No. 5, 2013, pp. 410 – 431.

[197] Cohenj R. , R. Simnett. , CSR and Assurance Services: A Research Agenda. Auditing: A Journal of Practice & Theory, Vol. 34, No. 1, 2015, pp. 59 – 74.

[198] Cormier D. , Megan M. , Environmental Reporting Management: A Continental European Perspective. Journal of Accounting And Public Policy, Vol. 22, No. 1, 2003, pp. 43 – 62.

[199] Cotter J. , Najah M. M. , Institutional Investor Influence on Global Climate Change Disclosure Practices. Australian Journal of Management, Vol. 11, No. 7, 2012, pp. 324 – 335.

[200] Dannis M. P. , Freedman M. , The GAO Investigation of Corporate Environment Disclosure: An Opportunity Missed. Critical Perspectives on Accounting, No. 4, 2008.

[201] Datar V. T. , Naik Y. , Radcliffe R. , Liquidity and Stock Returns: An Alternative Test. Journal of Financial Markets, Vol. 1, No. 2, 1998, pp. 203 – 219.

[202] Deegan C. , Gordon B. A. , Study of The Environmental Disclosure Policies of Australian Corporations. Accounting and Business Research, Vol. 26, No. 3, 1996, pp. 187 – 199.

[203] Deephouse D. L. , Carter S. M. , An Examination of Differences Be-

tween Organizational Legitimacy and Organizational Reputation. Journal of Management Studies, Vol. 42, No. 2, 2005, pp. 329 – 360.

[204] Denis C. , Michel M. , Barbara V. V. , Environmental Disclosure Quality in Large German Companies: Economic Incentives, Public Pressures or Institutional Conditions? European Accounting Review, Vol. 14, No. 1, 2005, pp. 3 – 39.

[205] Derwall J. , Guester N. , Bauer R. et al. , The Eco-Efficiency Premium Puzzle. Financial Analysis Journal, 2005, pp. 51 – 63.

[206] Dhaliwal D. S. , Li O. Z. , Tsang A, Yang Y. G. , Voluntary Non-Financial Disclosure and the Cost of Equity Capital: The Case of Corporate Social Responsibility Reporting. Accounting Review, Vol. 86, No. 1, 2011, pp. 59 – 100.

[207] Donaldson T. , Thomas W. D. , Ties That Bind: A Social Contracts Approach to Business Ethics. Boston: Business Press, 1999.

[208] Duanmu J. L. , Bu M. , Pittman R. , Does Market Competition Dampen Environmental Performance? Evidence from China. Strategic Management Journal, Vol. 39, 2018, pp. 3006 – 3030.

[209] Easley D. , Kiefer N. M. , O'Hara M. , Cream-Skimming or Profit-Sharing? The Curious Role of Purchased Order Flow. Journal of Finance. Vol. 51, No. 3, 1996, pp. 811 – 833.

[210] Edmans A. , Block Holder Trading, Market Efficiency, and Managerial Myopia. Journal of Finance. Vol. 64, No. 6, 2009, pp. 2481 – 2513.

[211] Elias M. B. , The Influence of Corporate Carbon Disclosure on Investor Decisions and Attitudes in South Africa. Pretoria: University of Pretoria Press, 2011, pp. 89 – 94.

[212] Elizabeth S. , Kirsten E. , Corporate Environmental Disclosure aboutthe Effect of Climate Change. Corporate Social Responsibility and Environment Management, June 2008.

[213] Elkington J. , Towards the Sustainable Corporation: Win-Win-Win Business Strategies for Sustainable Development. California Management Review, Vol. 36, No. 3, 1994, pp. 90 – 100.

［214］ Elkington, J. , Cannibals with Forks: The Triple-Bottom Line of 21st Century Business. Oxford: Capstone Press, 1997, p. 405.

［215］ Eng L. L. , Mark Y. T. , Corporate Governanceand Voluntary Disclosure. Journal of Accounting and Public Policy, Vol. 22, No. 4, 2003, pp. 325 –345.

［216］ Epstein M. J. , Making Sustainability Work: Best Practices in Managing and Measuring Corporate Social, Environmental, and Economic Impacts. San Francisco: Berrett-Koehler Press, 2008, pp. 569 –589.

［217］ Falck O. , Heblich S. , Corporate Social Responsibility: Doing Well by Doing Good. Business Horizons. Vol. 50, No. 3, 2007, pp. 247 –254.

［218］ FASB. , SFAC No. 2. 1980, Par. 32.

［219］ Finster M. P. , Hernke M. T. , Benefits Organizations Pursue When Seeking Competitive Advantage by Improving Environmental Performance. Journal of Industrial Ecology, Vol. 18, No. 5, 2014, pp. 652 –662.

［220］ Flammer C. , Corporate Social Responsibility and Shareholder Reaction: The Environmental Awareness of Investors. Academy of Management Journal, Vol. 56, 2009, pp. 758 –781.

［221］ Fornell C. , Johnson M. D. , Anderson E. W. et al. , The American Customer Satisfaction Index: Nature, Purpose and Findings. Journal of Marketing, Vol. 5, No. 1, 1996, pp. 7 –18.

［222］ Fornell C. , A National Customer Satisfaction Barometer: The Swedish Experience. Journal of Marketing, Vol. 6, 1992, pp. 1 –21.

［223］ Freedman M. , Jaggi B. , Global Warming, Commitment tothe Kyoto Protocol, and Accounting Disclosures by the Largest Global Public Firms From Polluting Industries. International Journal of Accounting, Vol. 40, No. 3, 2005, pp. 215 –232.

［224］ Freedman M. , Stagliano A. J. , European Unification, Accounting Harmonization, and Social Disclosures. International Journal of Accounting, Vol. 27, No. 2, 1992, pp. 112 –122.

［225］ Freeman R. E. , Evan W. , Corporate Governance: A Stakeholder Interpretation. Journal of Behavioral Economics, Vol. 19, No. 4, 1990, pp. 337 – 359.

[226] Freeman R. E. , Strategic Management: A Stakeholder Approach. Boston: Pit-man Press, 1984, pp. 24 – 25.

[227] Galbreath J. , How Does Corporate Social Responsibility Benefit Firms? Evidence from Australia. European Business Review. Vol. 22, No. 4, 2010, pp. 411 – 431.

[228] GarcÍA-SÁNchez I. , Prado-Lorenzo J. , Greenhouse Gas Emission Practices and Financial Performance. International Journal of Climate Change Strategies and Management, Vol. 4, No. 3, 2012, pp. 260 – 276.

[229] Geoffrey R. , Frost. , The Introduction of Mandatory Environmental Reporting Guidelines: Australian Evidence. Abacus, Vol. 43, No. 2, 2007, pp. 190 – 216.

[230] Gozalino H. J. , Verhoevenp. , The Economic Consequences of Voluntary Environmental Information Disclosure. International Environmental Modeling and Software Society, February 2002, pp. 484 – 489.

[231] Graham E. , The Stock Market to The Rescue? Carbon Disclosure and the Future of Securities-Related Climate Change Litigation. Review of European Community and International Environmental Law, February 2009.

[232] Grauel J. , Gotthardt D. , The Relevance of National Contexts for Carbon Disclosure Decisions of Stock-Listed Companies: A Multilevel Analysis. Journal of Cleaner Production, Vol. 133, No. 10, 2016, pp. 1204 – 1217.

[233] Greene W. H. , The Econometric Approach to Efficiency Analysis, the Measurement of Productive Efficiency and Productivity Growth. London: Oxford University Press, 2008, pp. 192 – 250.

[234] Griffin J. J. , John F. M. , The Corporate Social Performance and Corporate Financial Performance Debate Twenty-Five Years of Incomparable Research. Business and Society, Vol. 36, No. 1, 1997, pp. 5 – 31.

[235] Griffin P. A. , Lont D. H. , Sun Y. , The Relevanceto Investors of Greenhouse Gas Emission Disclosures. UC Davis Graduate School of Management Research Paper, 2012, pp. 1 – 11.

[236] Gruca T. S. , Lopo L. R. , Customer Satisfaction, Cash Flow, and Shareholder Value. Journal of Marketing, Vol. 69, 2005, pp. 115 – 130.

[237] Guenther E. , Guenther T. , Schiemann F. et al. , Stakeholder Relevance for Reporting: Explanatory Factors of Carbon Disclosure. Business & Society, Vol. 55, No. 3SI, 2016, pp. 361 – 397.

[238] GÜRhan-Canli Z. , Batra R. , When Corporate Image Affects Product Evaluations: The Moderating Role of Perceived Risk? Journal of Marketing Research, Vol. 41, No. 2, 2004, pp. 197 – 205.

[239] Guthriej E. , Parker L. D. , Corporate Social Reporting: A Rebuttal of Legitimacy Theory. Accounting and Business Research, Vol. 19, No. 76, 1989, pp. 343 – 352.

[240] Haigh M. , Shapiro M. A. , Carbon Reporting: Does It Matter ? Accounting, Auditing and Accountability Journal, Vol. 25, No. 1, 2011, pp. 105 – 125.

[241] Hall R. , A Framework Linking Intangible Resources and Capabilities to Sustainable Competitive Advantage. Strategic Management Journal, Vol. 14, No. 8, 1993, pp. 607 – 618.

[242] Harris L. , Liquidity, Trading Rules and Electronic Trading Systems. Papers, 1990.

[243] Hart S. L. , Ahuja G. , Does It Pay to Be Green? An Empirical Examination of the Relationship between Emission Reduction and Firm Performance. Business Strategy and the Environment, Vol. 5, No. 1, 1996, pp. 30 – 37.

[244] Hart S. L. , Dowell G. , A Natural-Resource-Based View of The Firm: Fifteen Years After. Journal of Management, Vol. 12, No. 10, 2010, pp. 821 – 835.

[245] Hart S. L. , Milstein M. B. , Creating Sustainable Value. Academy of Management Executive, Vol. 17, No. 02, 2003, pp. 56 – 69.

[246] Hasseldine J. , Salama A. I. , Toms J. S. , Quantity Versus Quality: The Impact of Environmental Disclosures on the Reputations of UK. British Accounting Review. Vol. 37, No. 2, 2005, pp. 231 – 348.

[247] Hatakeda T. , Kokubu K. , Kajiwara T. et al. , Factors Influencing Cor-

porate Environmental Protection Activities for Greenhouse Gas Emission Reductions: The Relationship between Environmental and Financial Performance. Environmental and Resource Economics, Vol. 53, April 2012, pp. 455 – 481.

[248] He P. , Shen H. , Zhang Y. et al. , External Pressure, Corporate Governance, and Voluntary Carbon Disclosure: Evidence from China. Sustainability, Vol. 11, No. 10, 2019.

[249] Healy P. M. , Hutton A. P. , Palepu K. G. , Stock Performance and Inter-mediation Changes Surrounding Sustained Increases in Disclosure. Contemporary Accounting Research, Vol. 16, No. 3, 1999, pp. 485 – 520.

[250] Healy P. M. , Palepu K. G. , Information Asymmetry, Corporate Disclosure, and the Capital Markets: A Review of the Empirical Disclosure Literature. Journal of Accounting and Economics. Vol. 31, No. 1, 2001, pp. 405 – 440.

[251] Charles W. L. H. , Gareth R. J. , Strategic Management: An Integrated Approach. Boston: Houghton Mifflin Company Press, 2007, p. 235.

[252] Hogan J. , Lodhia S. , Sustainability Reporting and Reputation Risk Management: An Australian Case Study. International Journal of Accounting and Information Management. Vol. 19, No. 3, 2011, pp. 267 – 287.

[253] Homburg C. , Koschate N. , Do Satisfied Customers Really Pay More? A Study of the Relationship between Customer Satisfaction and Willingness to Pay. Journal of Marketing, Vol. 69, No. 2, 2005, pp. 84 – 96.

[254] Hsu A. W. , Wang T. , Doesthe Market Value Corporate Response to Climate Change? Omega, Vol. 41, No. 2, 2013, pp. 195 – 206.

[255] Hunt S. D. , Morgan R. M. , The ResourceAdvantage Theory of Competition: Dynamics, Path Dependencies, and Evolutionary Dimensions. Journal of Marketing. Vol. 35, No. 1, 1996, pp. 107 – 114.

[256] Indjejikian. R. J. , Accounting Information, Disclosure, and the Cost of Capital. Journal of Accounting Research, Vol. 45, No. 2, 2007, pp. 421 – 426.

[257] Jacobs B. W. , Singhal V. R. , Subramanian R. , An Empirical Investigation of Environmental Performance and the Market Value of the Firm. Journal of Op-

erations Management, Vol. 28, No. 5, 2010, pp. 430 –441.

[258] Jayant R. K. , Yee C. L. , Product Market Power and Stock Market Liquidity. Journal of Financial Markets, Vol. 14, No. 2, 2010, pp. 376 –410.

[259] Jeffrey T. D. , Wellie G. , Sarah M. , Accruals Quality and Internal Control over Financial Reporting. Accounting Review, Vol. 82, No. 5, 2007, pp. 1141 –1170.

[260] Jensen M. C. , William H. M. , Theory of the Firm: Managerial Behavior, Agency Costs and Ownership Structure. Journal of Financial Economics, Vol. 3, No. 4, 1976, pp. 305 –360.

[261] Jiang, Y. , Luo, L. , Xu, J. F. et al. , The Value Relevance of Corporate Voluntary Carbon Disclosure: Evidence From the United States and BRIC Countries. Journal of Contemporary Accounting & Economics, Vol. 17, No. 3, 2021, p. 100279.

[262] John L. C. , Chen H. , Dhaliwal D. S. et al. , The Information Content of Mandatory Risk Factor Disclosures in Corporate Filings. Review of Accounting Studies, Vol. 19, No. 1, 2014, pp. 396 –455.

[263] Jones T. M. , Andrew C. W. , Freeman R. E. , Stakeholder Theory: The State of Art. Malden: Blackwell Publishers Inc. Press, 2002.

[264] Kalu J. U. , Buang A. , Aliagha G. U. et al. Determinants of Voluntary Carbon Disclosurein the Corporate Real Estate Sector of Malaysia. Journal of Environmental Management, Vol. 182, No. 1, 2016, pp. 519 –524.

[265] Keynes J. M. , Allgemeine Theorie Der Besch? Ftigung, Des Zinses Und Des Geldes. Berlin: Berlin Press, 1936, pp. 550 –570.

[266] Khanna N. , Sonti R. , Value Creating Stock Manipulation: Feedback Effect of Stock Prices on Firm Value. Journal of Financial Markets, Vol. 7, No. 3, 2004, pp. 237 –270.

[267] Kim O. , Verrecchia R. E. , Market Liquidity and Volumearound Earnings Announcements. Journal of Accounting and Economics. Vol. 17, No. 1, 1994, pp. 41 –67.

[268] Kotler P. , Global Standardization Courting Danger. Journal of Consumer Marketing, Vol. 3, No. 2, 1986, pp. 13 – 15.

[269] Lambert R. , Leuz C. , Verrecchia R. E. , Accounting Information, Disclosure, andthe Cost of Capital. Journal of Accounting Research, Vol. 45, No. 2, 2007, pp. 385 – 420.

[270] Lankoski L. , Corporate Responsibility Activities and Economic Performance: A Theory of Why and How They Are Connected. Business Strategy and the Environment, Vol. 17, No. 8, 2008, pp. 536 – 547.

[271] Lee S. Y. , Park Y. S. , Klassen R. D. , Market Responses to Firms' Voluntary Climate Change Information Disclosure and Carbon Communication. Corporate Social Responsibility and Environmental Management, Vol. 21, No. 5, 2013, pp. 368 – 385.

[272] Lee S. , Heo C. Y. , Corporate Social Responsibility and Customer Satisfactionamong US Publicly Traded Hotels and Restaurants. International Journal of Hospitality Management, Vol. 28, No. 4, 2009, pp. 635 – 637.

[273] Lichtenstein D. R. , Drumwright M. E. , Braig B. M. , The Effect of Corporate Social Responsibility on Customer Donations to Corporate-Supported Nonprofits. Journal of Marketing, Vol. 68, No. 4, 2004, pp. 16 – 32.

[274] Little P. L. , Little B L. , Do Perceptions of Corporate Social Responsibility Contribute to Explaining Differences in Corporate Price-Earnings Ratios? A Research Note. Corporate Reputation Review, Vol. 3, No. 2, 2000, pp. 137 – 142.

[275] Liu X. B. , Anbumozhi V. , Determinant Factors of Corporate Environmental Information Disclosure: An Empirical Study of Chinese Listed Companies. Journal of Cleaner Production, Vol. 17, No. 6, 2009, pp. 593 – 600.

[276] Lock S. P. , Analyzing Sector-Specific CSR Reporting: Social and Environmental Disclosure to Investors inthe Chemicals and Banking and Insurance Industry. Corporate Social Responsibility and Environmental Management, Vol. 22, 2015, pp. 113 – 128.

[277] Luo L. , Lan Y. C. , Tang Q. , Corporate Incentives to Disclose Carbon Information: Evidencefromthe CDP Global 500 Report. Journal of International Fi-

nancial Management & Accounting, Vol. 23, No. 2, 2012, pp. 93 – 120.

[278] Luo X. , Bhattacharya C. B. , Corporate Social Responsibility, Customer Satisfaction, and Market Value. Journal of Marketing, Vol. 70, No. 4, 2006, pp. 1 – 18.

[279] Maier D. , Jeffrey D. U. , Moshe Y. V. , On the Foundations of the Universal Relation Model. New York: ACM Press, 1984.

[280] Maignan I. , Ferrell O. C. , Hult G. T. M. , Corporate Citizenship: Cultural Antecedents and Business Benefits. Journal of The Academy of Marketing Science, Vol. 27, No. 4, 1999, pp. 455 – 469.

[281] Maria O. , Subramanyam K. R. , Raghunandan K. , Internal Control Weakness and Cost of Equity: Evidencefrom SOX Section 404 Disclosures. Accounting Review, Vol. 82, No. 5, 2007, pp. 1255 – 1297.

[282] Marshall S. , Brown D. , Plumlee M. , The Impact of Voluntary Environmental Disclosure Quality on Firm Value. Academy of Management, Vol. 1, No. 1, 2009, pp. 1 – 6.

[283] Matisoff D. , Noonan D. , Convergence in Environmental Reporting: Assessingthe Carbon Disclosure Project. Business Strategy and The Environment, March 2013, pp. 285 – 305.

[284] Matsumura E. M. , Prakash R. , Vera-Muñoz S. C. , Voluntary Disclosures andthe Firm-Value Effects of Carbon Emissions. Accounting Review, Vol. 89, No. 2, 2014, pp. 695 – 724.

[285] Matsumura E. M. , Prakash R. , Vera-Mueoz S. C. , Firm-Value Effects of Carbon Emissions and Carbon Disclosures. Accounting Review, Vol. 89, No. 2, 2013, pp. 695 – 724.

[286] Matt W. , Fayez A. , Elayan S. F. , Li J. Y. , Factors Influencing Corporate Environmental Disclosures. Accounting Perspectives, January 2013, pp. 53 – 73.

[287] Mclaughlin K. C. P. , The Impact of Environmental Management on Firm Performance. Management Science, Vol. 42, No. 8, 1996, pp. 1199 – 1214.

[288] Mcwilliams A. , Siegel D. S. , Wright P. M. , Corporate Social Respon-

sibility: Strategic Implications. Journal of Management Studies, Vol. 43, 2006, pp. 1 – 18.

[289] Meek G., Roberts C., Factors Influencing Voluntary Annual Report Disclosures by U. S, U. K. and Continental European Multinational Corporations. Journal of International Business Studies, Vol. 20, No. 3, 1995, pp. 555 – 572.

[290] Melo T., Garridomorgado A., Corporate Reputation: A Combination of Social Responsibility and Industry. Corporate Social Responsibility and Environmental Management, Vol. 19, 2012, pp. 11 – 31.

[291] Mohamed C., Sylvain D., Jacques R., France's New Economic Regulations: Insights from Institutional Legitimacy Theory. Accounting, Auditing & Accountability Journal, Vol. 27, No. 2, 2014, pp. 283 – 316.

[292] Mohammad H., Agustini A. T., Purnamawati I., The Effect of Carbon Emission Disclosure on Firm Value: Environmental Performance and Industrial Type. Journal of Asian Finance, Economics and Business, Vol. 29, April 2021, pp. 60189 – 60197.

[293] Mohr L., Webb D., Effects of Corporate Social Responsibility and Price on Consumer Responses. Journal of Consumer Affairs, Vol. 39, No. 1, 2005, pp. 121 – 147.

[294] Mohr L., Webb D., Harris D. Do Consumers Expect Companies tobe Socially Responsible? The Impact of Corporate Social Responsibility on Buying Behavior. Journal of Consumer Affairs, Vol. 35, No. 1, 2001, pp. 45 – 72.

[295] Molloy C., Cuttingthe Carbon: Carbon Disclosure Project Aims To Foster a Green Economy. Accountancy Ireland, Vol. 42, No. 6, 2010, pp. 44 – 45.

[296] Najah M. M. S., Carbon Risk Management, Carbon Disclosure and Stock Market Effects: An International Perspective. Toowoomaba: University of Southern QueenIsland Press, 2012, pp. 1 – 3.

[297] Nieminen T., Niskanen J., The Objectivity of Corporate Environmental Reporting: A Study of Finish Listed Firms' Environmental Disclosures. Business Strategy and the Environment, Vol. 10, No. 1, 2001, pp. 29 – 37.

[298] Nishitani K. , Kokubu K. Whydoes the Reduction of Greenhouse Gas Emissions Enhance Firm Value? The Case of Japanese Manufacturing Firms. Business Strategy and the Environment, Vol. 21, No. 8, 2012, pp. 517 – 529.

[299] Norhasimah M. N. et al. , The Effects of Environmental Disclosure on Financial Performance in Malaysia. Procedia Economics and Finance, Vol. 35, 2016, pp. 117 – 126.

[300] Oliver R. , A Cognitive Decisions Model of the Antecedents and Consequences of Satisfaction. Journal of Marketing Research, Vol. 17, No. 4, 1980, pp. 460 – 469.

[301] Paul A. G. , David H. L. , Estelle Y. S. , The Relevance to Investors of Greenhouse Gas Emission Disclosures. Contemporary Accounting Research, Vol. 34, No. 2, 2017, pp. 1265 – 1297.

[302] Pinglin H. et al. , External Pressure, Corporate Governance, and Voluntary Carbon Disclosure: Evidence from China. Sustainability, Vol. 11, No. 10, 2019, p. 2901.

[303] Pinkse J. , Kolk A. , Challenges and Trade-Offs in Corporate Innovation for Climate Change. Business Strategy and the Environment, Vol. 19, No. 4, 2010, pp. 261 – 272.

[304] Plumlee M. , Brown D. , Marshall R. S. , Voluntary Environmental Disclosure Quality and Firm Value: Roles of Venue and Industry Type. Utah: University of Utah Press, 2009, pp. 56 – 71.

[305] Plumlee M. , Brown D. , Hayes R. M. , Voluntary Environmental Disclosure Quality and Firm Value: Further Evidence. Utah: University of Utah Press, 2010, pp. 185 – 197.

[306] Porta L. , Silanes L D. , Schleifer A. et al. , Corporate Ownership around the World. Journal of Finance, Vol. 54, No. 16, 1999, pp. 471 – 517.

[307] Porter M. E. , Vander L. C. , Green and Competitive: Ending the Stalemate. Harvard Business Review, Vol. 73, No. 5, 1995, pp. 120 – 134.

[308] Qian C. , Gao X. , Tsang A. , Corporate Philanthropy, Ownership

Type, and Financial Transparency. Journal of Business Ethics, Vol. 130, No. 4, 2015, pp. 851 – 867.

[309] Rajendra S., Shervani T., Fahey L., Market-Based Assets and Shareholder Value: A Framework for Analysis. Journal of Marketing, Vol. 62, 1998, pp. 2 – 18.

[310] Rappaport A., Creating Shareholder Value: A Guide for Managers and Investors. New York: Free Press, 1999, pp. 56 – 78.

[311] Reichheld F., Sasser W., Zero Defections. Harvard Business Review, Vol. 68, No. 5, 1990, pp. 105 – 11.

[312] Richardson A. J., Welker M., Hutchinson I. R., Managing Capital Market Reactions to Corporate Social Responsibility. International Journal of Management Reviews, Vol. 1, No. 1, 1999, pp. 17 – 43.

[313] Roberts P. W., Dowling G. R., Corporate Reputation and Sustained Superior Financial Performance. Strategic Management Journal, Vol. 23, No. 12, 2002, pp. 1077 – 1093.

[314] Roberts P. W., Dowling G. R., The Value of A Firm's Corporate Reputation: How Reputation Helps Attain and Sustain Superior Profitability. Corporate Reputation Review, Vol. 1, No. 1, 1997, pp. 72 – 76.

[315] Roberts P. W., Dowling G. R., Corporate Reputation and Sustained Superior Financial Performance. Strategic Management Journal, Vol. 23, No. 12, 2002, pp. 1077 – 1093.

[316] Roman R., Sefa H., Bradley A., The Relationship Between Social and Financial Performance: Repainting A Portrait. Business and Society, Vol. 38, No. 1, 1999, pp. 109 – 125.

[317] Ruokonen E., Temmes A., The Approaches of Strategic Environmental Management Used by Mining Companies in Finland. Journal of Cleaner Production, October 2018, pp. 466 – 476.

[318] Russo M. V., Fouts P. A., A Resource-Based Perspective on Corporate Environmental Performance and Profitability. Academy of Management Journal,

Vol. 40, 1997, pp. 534 – 559.

[319] Zeng S. X. et al. , Factors that Drive Chinese Listed Companies in Voluntary Disclosure of Environmental Information. Journal of Business Ethics, Vol. 109, No. 3, 2012, pp. 309 – 321.

[320] Sabri B. , Dimitrios G. , Hatem R. , Annual Report Readability and Stock Liquidity. Financial Markets, Institutions and Instruments, Vol. 28, No. 2, 2019, pp. 159 – 186.

[321] Saka C. , Oshika T. , Disclosure Effects, Carbon Emissions and Corporate Value. Sustain-Ability Accounting Management and Policy Journal, Vol. 5, No. 1, 2014, pp. 22 – 45.

[322] Scheuer M. W. , Carbon Emissions and Company Performance. Colorado: The Colorado College Press, 2009, pp. 36 – 38.

[323] Schon L. M. , Steinmeier M. , Walk The Talk? How Symbolic and Substantive CSR Actions Affect Firm Performance Depending on Stakeholder Proximity. Corporate Social Responsibility and Environmental Management, Vol. 23, 2016, pp. 358 – 372.

[324] Seiders K. , Voss G B. , Grewal D. , Do Satisfied Customers Buy More? Examining Moderating Influences ina Retailing Context. Journal of Marketing, Vol. 69, No. 4, 2005, pp. 26 – 43.

[325] Sen S. , Bhattacharya C. B. , Does Doing Goodalways Lead to Doing Better? Consumer Reactions to Corporate Social Responsibility. Journal of Marketing Research, Vol. 38, No. 2, 2001, pp. 225 – 243.

[326] Sengupta P. , Corporate Disclosure Quality and the Cost of Debt. Accounting Review. Vol. 19, No. 1, 1998, pp. 459 – 474.

[327] Servaes H. , Tamayo A. , The Impact of Corporate Social Responsibility on Firm Value: The Role of Customer Awareness. Management Science, Vol. 59, 2013, pp. 1045 – 1061.

[328] Shiu Y. M. , Yang S. L. , Does Engagement in Corporate Social Responsibility Provide Strategic InsuranceLike Effects? Strategic Management Journal,

Vol. 38, 2017, pp. 455 – 470.

[329] Shrivastava P., The Role of Corporations in Achieving Ecological Sustainability. Academy of Management Review, Vol. 20, No. 4, 1995, pp. 936 – 960.

[330] Srinivasan S., Hanssens D. M., Marketing and Firm Value: Metrics, Methods, Findings, and Future Directions. Journal of Marketing Research. Vol. 46, No. 3, 2009, pp. 293 – 312.

[331] Stanny E., Ely K., Corporate Environmental Disclosuresabout the Effects of Climate Change. Corporate Social Responsibility and Environmental Management, Vol. 15, No. 6, 2008, pp. 338 – 348.

[332] Surroca J., Tribo J. A., Waddock S., Corporate Responsibility and Financial Performance: The Role of Intangible Resources. Strategic Management Journal, Vol. 31, 2010, pp. 463 – 490.

[333] Su-Yol L. Existing and Anticipated Technology Strategies for Reducing Greenhouse Gas Emission in Korea's Petrochemical and Steel Industries. Journal of Cleaner Production, Vol. 40, No. 2, 2013, pp. 83 – 92.

[334] Sweeney J. C., Soutar G. N., Consumer Perceived Value: The Development of a Multiple Item Scale. Journal of Retailing, Vol. 77, No. 2, 2001, pp. 203 – 220.

[335] Szymanski D., Henard D., Customer Satisfaction: A Meta-Analysis of the Empirical Evidence. Journal of the Academy of Marketing Science, Vol. 29, No. 1, 2001, pp. 16 – 35.

[336] Tang A. K., Lai K. H., Cheng T., Environmental Governance of Enterprises andtheir Economic Upshot through Corporate Reputation and Customer Satisfaction. Business Strategy and the Environment, Vol. 21, No. 6, 2012, pp. 401 – 411.

[337] Toms J. S., Firm Resources, Quality Signals andthe Determinants of Corporate Environmental Reputation: Some UK Evidence. British Accounting Review, Vol. 34, No. 3, 2002, pp. 257 – 282.

[338] Uusitalo K., Hakala H., Kautonen T., Customer Complaints asa Source of Customer Focused Process Improvement: A Constructive Case Study. Operations Man-

agement, Vol. 14, No. 9, 2011, pp. 297 –312.

[339] Verrecchia R. E. , Essays On Disclosure. Journal of Accounting and Economics, Vol. 32, No. 1, 2001, pp. 97 –180.

[340] Vikas M. , Eugene W. A. , Dual Emphasis andthe Long-term Financial Impact of Customer Satisfaction. Marketing Science, Vol. 24, No. 4, 2005, pp. 544 –555.

[341] Vikas M. , Kamakura W. A. , Satisfaction, Repurchase Intent, and Repurchase Behavior: Investigating the Moderating Effect of Customer Characteristics. Journal of Marketing, Vol. 38, 2011, pp. 131 –142.

[342] Vilanova M. , Lozano J. M. , Arenas D. , Exploring the Nature of the Relationship between CSR and Competitiveness. Journal of Business Ethics, Vol. 87, No. 1, 2009, pp. 57 –69.

[343] Vishwanathan P. , Oosterhout H. J. V. , Heugens P. P. et al. , Strategic CSR: A Concept Building Meta-Analysis. Journal of Management Studies, Vol. 57, 2019, pp. 314 –350.

[344] Walden W. D. , Schwartz B. N. , Environmental Disclosures and Public Policy Pressure. Journal of Accounting and Public Policy, Vol. 16, No. 2, 1997, pp. 125 –154.

[345] Walther B. R. , Discussion of Information Transparency and Coordination Failure: Theory and Experiment. Journal of Accounting Research, Vol. 42, No. 2, 2004, pp. 197 –205.

[346] Wang H. , Choi J. , Li J. , Too Little ortoo Much? Untangling the Relationship between Corporate Philanthropy and Firm Financial Performance. Organization Science, Vol. 19, 2008, pp. 143 –159.

[347] Wang J. , Zhu W. D. , The Impact of Capital Structure on Corporate Performance Based on Panel Threshold Model. Computer Modeling and New Technologies, Vol. 18, No. 5, 2014, pp. 162 –167.

[348] W. C. E. D. , Our Common Future. Oxford: Oxford University Press, 1987, pp. 34 –44.

[349] Weber M. , The Business Case for Corporate Social Responsibility: A Company-Level Measurement Approach for CSR. European Management Journal, Vol. 26, No. 4, 2008, pp. 247 – 261.

[350] Webster J. F. , Determiningthe Characteristics of the Socially Conscious Consumer. Journal of Consumer Research, Vol. 2, No. 3, 1975, pp. 188 – 196.

[351] Wegener M. , The Carbon Disclosure Project, an Evolution in International Environmental Corporate Governance: Motivations and Determinants of Market Response to Voluntary Disclosures. Brock: Brock University Press, 2010.

[352] Welker M. , Disclosure Policy, Information Asymmetry, and Liquidity in Equity Markets. Contemporary Accounting Research, Vol. 11, No. 2, 1995, pp. 801 – 827.

[353] Wendy G. , Shan Z. , An International Examination of Assurance Practices on Carbon Emissions Disclosures. Australian Accounting Review, January 201, pp. 54 – 66.

[354] Wild J. J. , Leopold A. B. , Subramanyam K. R. , Financial statement analysis. Boston: McGowan Hill Press, 2001.

[355] Xu X. , Zeng S. , Chen H. , Signaling Good by Doing Good: How does Environmental Corporate Social Responsibility Affect International Expansion? . Business Strategy and the Environment, Vol. 27, 2018, pp. 946 – 959.

[356] Yeosun Y. , Gurhan-Canli, Zeynep. , The Effects of Partnering with Good Causes on Corporate and Organization Image. Advances in Consumer Research, No. 30, 2003, pp. 322 – 324.

[357] Zeghal D. , Ahmed S. A. , Comparison of Social Responsibility Disclosure Media Used by Canadian Firms. Accounting Auditing and Accountability Journal, Vol. 3, No. 1, 1990, pp. 38 – 53.

[358] Zhang Y. , Wei J. , Zhu Y. et al. , Untangling the Relationship between Corporate Environmental and Corporate Financial Performance: The Double-edged Moderating Effects of Environmental Uncertainty. Journal of Cleaner Production, April 2020.

后　记

本课题组负责的安徽省哲学社会科学规划青年项目"安徽省企业碳信息披露对关系专用性投资价值创造的传导机制研究"（AHSKQ2022D042）在课题组成员的共同努力下，现付梓出版。同时，本书出版得到了安徽省优秀青年教师培育项目"基于 ESG 理念的碳信息披露质量对企业价值创造的影响机制研究"（tlxyrc202315）、铜陵学院人才科研启动基金项目"碳信息披露、关系专用性投资与价值创造"（2023tlxyrc35）和安徽省高校人文社会科学重大项目"安徽省物流业与制造业融合发展研究"（SK2014ZD050）的资助。

在课题研究和书稿出版期间，铜陵学院会计学院院长徐诗举教授、副院长杨英教授和工商管理学院副院长雷勖平教授给予了大力支持。在项目研究期间，合肥工业大学张晨教授以及安徽工业大学商学院院长章铁生教授、曾祥飞副教授给予了指导和帮助，并就模型构建、数据处理和政策建议完善提出了建设性意见，在此一并表示感谢。

感谢致力于公司治理研究的国内外专家、学者和政府部门及企事业单位的领导。在研究与写作过程中，本书还引用了大量文献资料，我们尽可能全部列出，但也许有遗漏之处，在此，向全部文献资料的提供者和原作者表示真挚的感谢！

刘捷先

2024 年 4 月于铜陵学院翠湖校区